范文澜 著

群经概论

专题史研究文库

长江出版传媒 崇文书局

图书在版编目（CIP）数据

群经概论 / 范文澜著. -- 武汉 : 崇文书局，2024.
10. --（专题史研究文库）. -- ISBN 978-7-5403-7772
-4

Ⅰ. Z126.27

中国国家版本馆 CIP 数据核字第 2024CT2002 号

丛书策划　郑小华
项目统筹　何　丹
责任编辑　郑小华
封面设计　甘淑媛
责任校对　侯似虎
责任印制　李佳超

群经概论
QUNJING GAILUN

出版发行　　长江出版传媒｜崇文书局

地　　址　武汉市雄楚大街 268 号 C 座 11 层
电　　话　(027)87679712　邮政编码　430070
印　　刷　湖北新华印务有限公司
开　　本　880mm×1230mm　1/32
印　　张　12.5
字　　数　290 千
版　　次　2024 年 10 月第 1 版
印　　次　2024 年 10 月第 1 次印刷
定　　价　78.00 元

（如发现印装质量问题，影响阅读，由本社负责调换）

目　　录

1

第一章　经名数及正义

第一节　经名

周时书册，有以木为之者，方版之类是也；有以竹为之者，简策之类是也。《仪礼·聘礼》记云："百名以上书于策，不及百名书于方。"《左传正义》云："凡为书字一行可尽者，书于简，数行可尽者书于方，方所不容者乃书于策。"按此以字数分者也。亦有以事分者：杜预《春秋左传序》云："大事书于策，小事简牍而已。"又隐十一年《传》："凡诸侯有命，告则书，不然则否。"注："谓承其书辞告命，乃书之于策；若所传闻行言，非将君命，则记在简牍而已，不得记于典策。"据此知周时书册，凡事之重大正确者，始书于策，否则简牍而已。

孔子修订六经，将以垂教后世，故《易》《诗》《书》《礼》《乐》《春秋》皆书于策，其长二尺四寸，《孝经》谦半之，《论语》八寸策者，三分居一，又谦焉。（《左传序》正义引郑玄注《论语》序。又《仪礼·聘礼》贾疏引郑序云"策尺二寸"，误。）众札之间，必有物联缀，始便翻诵，或用韦，或用丝，而丝之用尤便于韦，故因丝而得经名。

《说文》："经，织从丝也。"编册之丝横，而名以直丝之经，其故何欤？段玉裁云："织之从丝谓之经，必先有经而后有纬，是故三纲五常六艺，谓之天地之常经。"按段说是也。或者以为古无经名，自孔子述周公旧典，传之弟子，师儒习业，故后人尊奉而称

1

经。其所以称经者，古时朝廷大典，圣贤大训，多铸于金版。《墨子》曰："书于竹帛，镂于金石。"《逸周书·大聚解》云："周公旦陈营邑建都之制，别阴阳之利，水土之宜，命曰大聚。武王乃召昆吾冶而铭之金版。"《周官》："职金旅上帝，飨诸侯，职金供金版。"说者以为金版者，国之典策也。太公《金匮》曰："屈一人之下，申万人之上。武王曰请著金版。"《庄子·徐无鬼》篇女商曰："从说之则以金版、六弢。"《左传·昭公六年》"郑人铸刑书"。又二十九年晋赵鞅、荀寅"赋晋国一鼓铁，以铸刑鼎，著范宣子所为刑书焉"。张衡《西京赋》曰："乃为金策，用锡此土。"金策犹金版也。凡此可证大典常刑，古皆铸金。《国语·吴语》"挟经秉枹"，注："经，兵书也。"按战阵之间，十行一嬖大夫，十旌一将军，无皆各挟持兵书之理。此经当是金之假借，即下文丁宁、镦于之属，秉枹所以击金，故吴王秉枹，亲就鸣钟鼓、丁宁、镦于，振铎，而勇怯尽应，声动天地也。"金""经"既可通用，或孔门诸儒以金策尊夫子手定之书，其后金字废而经字用，遂以常道为训，其实常道固为后起之义，即织布先经之说，亦未必得其朔也。（或说如此，姑记之。）

《管子·戒》篇云："泽其四经。"《庄子·天道》篇云："孔子繙十二经。"（《释文》：六经加六纬合为十二经；一说《易》上下经并十翼为十二；一说《春秋》十二公经。）《天运》篇云："孔子治《诗》《书》《易》《礼》《乐》《春秋》六经。"《荀子·劝学》篇云："学恶乎始，恶乎终？始乎诵经，终乎读礼。"按此皆战国诸子称经之始。（《管子》一书为战国时人所假托。）自此以上，则未有以经名《易》《诗》《书》《礼》《乐》《春秋》者。

第二节　经数

六经　《诗》《书》《易》《礼》《乐》《春秋》（《庄子·天运》篇）

四经　《诗》《书》《礼》《乐》（《管子·戒》篇所云"四经"，即《礼记·经解》篇之"四术"。）

五经　《易》《诗》《书》《礼》《春秋》（扬雄《法言》问神篇、寡见篇，《汉书·武帝纪》）

五经　《乐》《书》《礼》《易》《诗》（《白虎通·五经》篇。《困学纪闻》云："《乐经》既亡而有五经，自汉武立博士始也。"）

七经　《易》《书》《诗》《礼》《春秋》《论语》《孝经》（《后汉书·赵典传》："典学孔子七经。"《三国志·蜀志·秦宓传》："文翁使相如东受七经。"）

九经　《易》《诗》《书》《礼记》《左传》（皆孔颖达疏）、《周礼》《仪礼》（皆贾公彦疏）、《公羊》（徐彦疏）、《穀梁》（杨士勋疏。皆唐人也。）

十经　五经五纬（《南史·周续之传》："数年通五经五纬十经。"）

十一经　四书加《孝经》、《诗》、《书》、三《礼》、《三传》（元何异孙《十一经问答》）

十二经　（蜀石经无《孟子》，南宋补刻。南宋石经无《孟子》，明补刻。）

十三经　唐人九经加《孝经》《论语》《尔雅》（皆邢昺疏），

《孟子》（邵武士人托名孙奭撰疏，见《朱子语类》。）《日知录》云："自汉以来，儒者相传但言五经，而唐时立之学官，则云九经者，《三礼》《三传》分而习之，故为九也。其刻石国子学则云九经，并《孝经》《论语》《尔雅》。宋时程、朱诸大儒出，始取《礼记》中之《大学》《中庸》及进《孟子》以配《论语》，谓之四书。本朝因之而十三经之名始立。"

十四经　十三经加《大戴记》（史绳祖《学斋占毕》：先时尝并《大戴记》于十三经，称十四经。）

第三节　唐人正义

唐贞观十四年，太宗以经学多门，章句繁杂，诏孔颖达与颜师古、司马才章、王恭、王琰撰《五经义训》，凡一百八十卷，号义赞，诏改为《正义》。永徽二年，诏中书门下与博士学士考正之，就加增损，书始布下。按《正义》行而汉魏以下经说，亡佚略尽，实儒学之一大厄运。刘申叔先生论《正义》之得失甚精，兹全录其文如下：

汉代之时，立经学于学官，为经学统一之始。唐代之初，为五经撰《正义》，又为注疏统一之始。汉崇经学，而诸子百家之学亡；唐撰《正义》，而两汉魏晋南北朝之经说，凡与所用之注相背者，其说亦亡。故《正义》之学，乃专守一家，举一废百之学也。近世以来，说经巨儒，渐知孔氏《正义》之失。阎百诗之言曰："秦汉大儒，专精雠校训诂声音；魏晋以来，颇改师法。《易》有王弼，《书》有伪孔，杜预之《春秋》，范宁之《榖梁》，《论语》何晏解，

《尔雅》郭璞注，皆昧于声音训诂，疏于校雠者也。疏于校雠，则多讹文脱字，而失圣人之本经；昧于声音训诂，则不识古人语言文字，而失圣人之真意，若是则学者之大患也。隋唐以来，如刘焯、刘炫、陆德明、孔颖达者，皆好尚后儒，不知古学，于是为《义疏》，为《释文》，皆不能全用汉人章句，而经学有不明矣。"（臧琳《经义杂记》序。方东树以此文为伪撰，恐未必然。）段若膺之言曰："魏晋间师法尚在，南北朝时说经义者虽多，而罕识要领，至唐人作《正义》，自以为六艺所折衷，其去取甲乙，时或倒置。"（臧琳《经义杂记》序）江艮庭之言曰："唐初陆、孔专守一家，又偏好晚近，《易》不用荀、虞而用王弼，《书》不用郑氏而用伪孔，《左氏春秋》则舍贾、服而用杜预，汉学之未坠，惟《诗》、《礼》、《公羊》而已。《穀梁》退糜氏而用范氏解，犹可也，《论语》用何晏，而孔、包、周、马、郑之注仅存；《尔雅》用郭璞，而刘、樊、孙、李之注尽亡。尤可惜者，卢侍中《礼记注》，足与康成媲美，竟湮没无传，承斯学者，欲正经文，岂不难哉！"（臧琳《经义杂记》）江郑堂之言曰："唐太宗命诸儒萃章句为注疏，惜乎孔冲远之徒，妄出己见，取去失当，《易》用辅嗣而废康成，《书》去马、郑而信伪孔，《穀梁》退糜氏而进范宁，《论语》专主平叔，弃珠玉而收瓦砾。"（《汉学师承记》自序）沈小宛之言曰："孔冲远奉敕撰定《五经正义》，以昏耄之年，任删述之任，观其尚江左之浮谈，弃河朔之朴学，《书》、《易》则屏郑家，《春秋》则废服义。"（先曾祖《左传旧疏考正》序）就诸家之说观之，大抵谓六朝经学胜于唐人，以六朝南北学相较，则北学又胜于南，以北人宗汉学，而南人不尽宗汉学也。至冲远作疏，始轻北而重南，传南而遗北，而汉学始亡，斯固不易之确论。然自吾观之，则废黜汉注，固为唐人《正义》之大疵，然其所以贻误后世者，则专主一家之故也。夫前儒经

5

说，各有短长，汉儒说经，岂必尽是？魏晋经学，岂必尽非？即其书尽粹言，岂无千虑而一失？即其书多曲说，亦岂无千虑而一得乎？西汉儒林，虽守家法，然众家师说不同，纷纭各执，学官所立，未尝偏用一家言也。北朝儒士，亦耻言服、郑之非，然当时南学尚存，北儒虽执守精专，未尝立己说为说经之鹄也。至冲远作疏，始立《正义》之名。夫所谓《正义》者，即以所用之注为正，而所舍之注为邪，故定名之始，已具委弃旧疏之心。故其例必守一家之注，有引伸而无驳诘。凡言之出于所用之注者，则奉之为精言，凡言之非出于所用之注者，则拒之若寇敌，故所用之注，虽短亦长，而所舍之言，虽长亦短。甚至短人之长，长己之短，故自有《正义》，而后六朝之经义失传；且不惟六朝之说废，即古说之存于六朝旧疏者，亦随之而竟泯。况《正义》之书，颁行天下，凡试明经，悉衷《正义》。（《旧唐书》云：贞观七年，颁新定《五经》于天下，永徽四年，颁孔颖达《五经正义》于天下，每年明经，依此考试。）是《正义》之所折衷者，仅一家之注，而士民之所折衷者，又仅一家之疏，故学术定于一尊，使说经之儒，不复发挥新义，昧天下之目，锢天下之聪，此唐代以后之儒所由无心得之学也。向使冲远作疏，不复取决于一家，兼采旧说，裒取损益，进退众议，不复参私意于其间，则隋唐以前之经说，或不至湮没不彰，乃竟师心自用，排黜众家，或深文周内，或显肆雌黄，岂非儒林之恨事哉！不惟此也，冲远《正义》，非惟排黜旧说也，且掩袭前儒之旧说，而讳其所从来。阮芸台之言曰："唐初诸经《正义》，无不本之南北朝人，或攘或掩，实存而名亡。"沈小宛之言曰："冲远之书，吹毛求疵，剜肉为创，掇前儒所驳之短，以诬彼短，袭前儒所解之长，以矜己长，割裂颠倒，剿窃博揽。"（先曾祖《左氏传旧疏考正》序）黄春谷之言曰："孔氏之书，进退众义，而不复更举其人。至如《礼记》疏，间涉熊、皇，而体段薔然不见；《毛诗疏》空言焯、炫，而标著阒然无闻。虽复肃、毓时陈，崔、卢偶掇，然疏中精义之出于谁何，只成虚粕。又况《左传》之颠倒弥甚矣。"（先曾祖《左氏传旧疏考正》序）故先曾祖孟瞻先生作《左氏传旧疏考正》，谓《左传正义》经唐人所删定者，仅驳刘炫说百余条，余皆光伯述议也。乃削去旧疏之姓，袭为己语，反覆根寻，得实证百余条。又谓他疏上下割裂，前后矛盾，亦可援左疏类推。先祖伯山先生承之，复作《周易尚书旧疏考正》，而唐人干没旧疏之迹，显黯呈露，则冲远说经，无一心得之说矣。以雷同剿说之书，而欲使天下士民，奉为圭臬，非是则黜为异端，不可谓非学术之专制矣。故孔冲远《五经正义》成，而后经书无异说；颜师古《五经定本》立，而后经籍无异文。非惟使经书无异说也，且将据俗说以易前言；非惟使经籍无异文也，且将据俗文以更古字。后之学者，欲探寻古义，考正古文，不亦难哉！盖唐人之学，富于见闻，而短于取舍，故所辑之书，不外类书一体。《括地志》者地学之类书也，《通典》者史学之类书也，《文苑英华》者文学之类书也，《法苑珠林》者佛典之类书也。盖富于见闻，则征材贵博，短于取舍，则立说多讹。且既以编辑类书为撰述，故为经作疏，亦用纂辑类书之例，而移之以说经，此《五经正义》之书所由出于剿袭。而颠倒割裂，不能自成一家言也。（唐人修《晋书》《隋书》，亦多出于剿袭，而颜师古《前汉书注》、章怀太子《后汉书注》，其攘窃与《五经正义》同。）而犹欲颁为定式，非驱天下士民于狭陋乎？故自《五经正义》颁行，而后贾氏疏《仪礼》《周礼》，徐氏疏《公羊》，杨氏疏《谷梁》，亦用孔氏之例，执守一家之言，例不破注。即宋儒孙奭疏《孟子》（朱子以为系邵武士人所作，伪托名于孙奭），邢昺疏《尔雅》《论语》《孝经》，咸简质固陋，以空言相演，至与讲章无殊，不可谓非孔氏启之也。况学术既归于统一，以锢人民之思想，则一二才智之士，不得不以己意说经，而穿凿附会之习开。故唐成伯玙作《毛诗指说》以经序为毛公所续，遂开宋儒疑序之先，而赵匡、啖助、陆淳（作《春秋集传纂例》及《春秋微旨》）、卢仝（韩昌黎赠之诗曰："《春秋三传》束高阁，独抱遗经相始终。"）复掊击《三传》，荡弃家法，别成一派。而玄宗又改《礼记》旧本，以《月令》为首篇，无知妄作，莫此为甚。即韩愈、李翱亦作《论语笔解》，缘词生训，曲说日繁，此皆以己意说经之书也。盖《正义》之失，在于信古过笃，惟信古过笃，故与之相反者，即以蔑古逞奇。故唐人说经之穿凿，不可谓非孔氏《正义》之反动力也，夫孔氏《正义》，既不能持经说之平，则唐人经学之稍优者，惟陆德明《经典释文》，旁采古音，不尚执一，汉儒古注其片言只字，或赖此而仅存，岂可与孔氏之书并斥乎？又《经典释文》而外，若李鼎祚《周易集解》汇集群言，发明汉学，有存古之功。而李玄植作《三礼音义》，王恭作《三礼义证》，亦详于制度典章，皆唐代经生之翘楚也。自是以降，经学愈微，而学术亦日衰矣。

陈先生曰：自永徽四年颁《五经正义》后，阅三百四十六年，至宋咸平二年，诏邢昺与杜镐、舒雅、孙奭、李慕清、崔偓佺等校定《周礼》，《仪礼》，公羊、穀梁《春秋传》，《孝经》，《论语》，《尔雅》。义疏校定者：《周礼疏》五十卷，《仪礼疏》五十卷，皆唐贾公彦撰。（《仪礼疏》本齐黄庆、隋李孟悊。贾《疏》有自相矛盾者，即以黄、李二家说不同。此为前人所未道。王鸣盛、阮元以徐彦无考，谓即"北齐徐遵明"，遵明必不如此浅陋。且其疏有用《穀梁》杨疏者，其人必在杨士勋后。洪颐煊《读书丛录》、姚范《援鹑堂笔记》又以疏中有三府掾，定为北齐人。但三府掾虽非唐官制，亦如孔《疏》中有旧疏语也。）《公羊传疏》三十卷（《唐志》

不著，始见《崇文总目》），唐徐彦撰。（董逌《广川藏书记》意其人在贞元、长庆之后，清儒疑即徐遵明，非是。）《穀梁传疏》十二卷，唐杨士勋撰。合《五经正义》为九经。惟《孝经疏》三卷，《论语疏》二十卷，《尔雅疏》十一卷，为邢昺所撰者。然《论语疏》本据皇侃，《孝经疏》亦据元行冲，故亦以校定概之。贾公彦亦有《孝经疏》五卷，《论语疏》十五卷，不知当时何以不用。邢氏三经疏中，以《孝经》为最善，凡王肃、韦昭、谢安、袁宏、王献之、殷仲文、谢万、刘瓛、梁武帝、严植之诸注，并见征引，又有皇侃《义疏》，刘炫《述议》，盖唐开元十年，玄宗集诸家注，自注《孝经》，诏元行冲为疏，行冲疏当兼收魏晋以下南北人说，虽经删削，犹在《论语》《尔雅》疏上，职是故也。至《孟子正义》十四卷，托名孙奭，实南宋邵武士人所撰（详《朱子语类》），更非邢昺诸疏之比。陈氏澧谓亦甚有精善处，则亦未可废也。

第四节　汉魏博士考

博士一官，盖置于六国之末（《汉书·贾山传》："祖祛，故魏王时博士弟子也。"），而秦因之。汉兴，因秦制，员至数十人（《汉书·百官公卿表》序），文帝始置一经博士（《后汉书·翟酺传》。考文景时博士如张生如晁错乃《书》博士，如申公如辕固如韩婴皆《诗》博士，如胡母生如董仲舒乃《春秋》博士，是专经博士文、景时已有之，但未备五经，而复有传记博士，故班固言置五经博士，自武帝始也），并立传记。（《刘歆传》、赵岐《孟子题辞》）武帝始罢黜百家，专立五经，而博士之员大减。（《武帝纪》《孟子题辞》）宣帝之末，增员至十二人。（《宣帝纪》、《百官公卿表》序、

《儒林传》赞、《刘歆传》）元帝复立京氏《易》博士，未几而废。（《后汉书·范升传》）平帝复立古文《尚书》、《毛诗》、《逸礼》、《乐经》、《春秋》，增员至三十人。（《儒林传》赞、《王莽传》、《艺文志》、《三辅黄图》）后汉初博士共十四人（《续汉书·百官志》、《后汉·儒林传》），后立《春秋》左氏、穀梁博士，未几而罢。（《后汉书》陈元传、贾逵传）自是讫后汉之末，无所增损。至魏立《穀梁春秋》《礼记》，而古文家经如《费易》、古文《尚书》、《毛诗》、《周礼》、《左氏春秋》，遂并立于学官，博士亦增于汉矣。（《魏志》文帝纪、高贵乡公纪、王肃传，《后汉书·儒林传》注引《魏略·儒宗传》）蜀汉与吴亦置博士，虽员数无考，而风尚略同。（《蜀志·许慈传》又《尹默传》、《晋书·儒林传》、《吴志·虞翻传》注引《虞翻别传》）博士自六国秦时已有弟子，汉兴仍之。（《史记·叔孙通传》《汉书·循吏传》）武帝特为博士置弟子五十人（《武纪》及《儒林传》），其后大增员数。（《儒林传》、《后汉书·党锢传》又《儒林传》、《魏志·王肃传》注引《魏略·儒宗传》序）博士之于弟子，职在教授及课试（《汉书·儒林传》、《后汉书·徐防传》又《顺帝纪》又《质帝纪》、《通典》六十三及五十三、《魏志·王肃传》注引《魏略·儒宗传》、《魏志·明帝纪》），后汉中叶以后，课试之法密，而教授之事轻。（《后汉书·儒林传》、《通典》五十三、《魏志·杜畿传》注引《魏略·儒宗传》、《王肃传》注引《魏略·儒宗传》序）又汉博士皆专经教授，魏则兼授五经（《魏志·高堂隆传》）；汉博士弟子，专受一经，后汉以后则兼五经（后汉建初残墓砖：十五入大学受《礼》，十六受《诗》，十七受□，十八受《易》，十九受《春秋》）；汉博士课试弟子，惟以一艺，后汉以后则兼试五经（《通典》五十三），此其略也。汉博士秩卑而职尊，除教授弟子外，或奉使，或议政。中兴以后，此制渐废，专议典礼而已。博士秩汉初四百石，宣帝后为比六百石，魏时为第五品。(《通典》三十六) 其长，自秦以后谓之仆射，中兴后为祭酒。(《百官公卿表》序、《续汉书·百官志》) 博士任用，或征召，或荐举，或选试，或以贤良文学明经诸科进，或由他官迁。博士或兼给事中。其迁擢也，于内则迁中二千石、二千石或迁千石及八百石，于外则为郡国守相，或为侯王太傅，或为部刺史州牧，或为牧令，盖清要之官，非同秩之文吏比矣。(**本篇录自王国维《观堂集林》**)

第五节　今古文家法 陈伯弢先生

今古文肇称于马、班，中古文独发于中垒。

《汉书·艺文志》："刘向以中古文《易经》校施孟、梁丘经，或脱去'无咎''悔亡'，唯费氏经与古文同。又以中古文校欧阳、大小夏侯三家经文，《酒诰》脱简一，《召诰》脱简二，文字异者七百有余，脱字数十。"师古说中古文曰："中者天子之书也，言中以别于外耳。"龚氏自珍不信中古文，立十二证：一曰秦烧天下儒书，汉因秦宫室，不应宫中独藏《尚书》。二曰萧何收秦图籍，乃地图之属，不闻收《易》与《书》。三曰假使中秘有《尚书》，何必遣晁错往伏生所受二十九篇？四曰假使中秘有《尚书》，不应安国献孔壁书，始知曾多十六篇。五曰假使中秘有《尚书》，以武、宣之为君，诸大儒之为臣，百余年间，无言之者。不应刘向始知校《召诰》《酒诰》，始知与博士本异文七百。六曰此中秘书，既是古文，外廷所献古文，遭巫蛊不立，古文亦不亡，假使有之，则是烧书者更始之火，赤眉之火，而非秦火矣。七曰中秘既是古文，外廷自博士以迄民间，应奉为定本，斠若画一，不应听其古文家今文家，纷纷异家法。八曰中秘有书，应是孔门百篇全经，不但《舜典》《九共》之文，终西汉世具在，而且孔安国之所无者，亦在其中，孔壁之文又何足贵。今试考其情事，然耶否耶。九曰秦人后千古儒者独刘向、歆父子见全经，而生平不曾于二十九篇外，引用一句，表章一事。十曰亦不传受一人，斯为空前，斯谓绝后，此古文者迹过如扫矣。异哉！十一曰假使中秘书并无百篇，则向作《七略》，当载明是何等篇，其不存者亡于何时，其存者又何所受，而皆无原委，千古但闻有中古文之名。十二曰中秘既有五经，独《易》《书》著，其三经何以蔑闻。予谓此中古文或即刘歆所自序之言，托于其父，并无此事也。（详《定盦文集补》）汉章为一一释之。秦始皇帝三十四年，丞相李斯曰："臣请史官非《秦纪》皆烧之，非博士官所藏，天下敢有藏《诗》、《书》、百家语者，悉诣守尉杂烧之。"然则秦博士官所藏者不烧，犹之《秦纪》。（太史公本之）迨沛公入咸阳，萧何独先收秦律令图书藏之，沛公具知天下厄塞、户口多少、强弱处、民所疾苦者，以何得秦图书也。此时所收图书，非止地图，即张苍所修律令，叔孙通所辑礼仪，张良、韩信所序次兵法，皆在其内。《萧何传》独举厄塞户口言之者，以沛公当时得力处在地图耳。而《艺文志》又明言："及秦燔书，《易》为巫卜之事，传者不绝。"安知古文《易》不在何所收图书之内？龚氏所疑之二可释矣。《志》又明言"武帝末鲁恭王得古文《尚书》及《礼记》《论语》《孝经》凡数十篇，孔子后孔安国悉得其书，以考伏生二十九篇，得多十六篇，安国献之，遭巫蛊事，未列于学官。"《刘歆传》亦云："鲁恭王得古文于坏壁之中，《书》十六篇，天汉之后，孔安国献之。"是中古文《尚书》即非萧何所收秦图书之一，亦为孔子后人所献，龚氏所疑之一可释矣。龚谓语出刘歆，未足为据。《太史公书·儒林传》曰："孔氏有古文《尚书》，安国以今文读之，因以起其家。逸《书》得十余篇。"十余篇者即《舜典》《汩作》《九共》《大禹谟》《弃稷》《五子之歌》《胤征》《汤诰》《咸有一德》《典宝》《伊训》《肆命》《原命》《武成》《旅獒》《毕命》（作冏命误）十六篇，其余篇则安国亦不能读。故王充《论衡》曰："孝景帝时，鲁共王坏孔子教授堂以为殿，得百篇《尚书》于墙壁中，武帝使使者取视，莫能读者，遂秘于中，外不得见。至孝成皇帝，征为古文《尚书》学，东海张霸案百篇之序，空起百两之篇，献之成帝，帝出秘书百篇以校之，皆不相应。"（见《正说》篇）又曰："成帝读百篇《尚书》，博士郎吏莫能晓知，征天下能为《尚书》者，东海张霸造作百二篇奏上，成帝出秘《尚书》以校考之，无一字相应者。"（见《佚史》篇）然则汉中秘所收壁中之文，自有百篇《尚书》，不独孔氏所献逸十六篇有《舜典》《九共》等名，而成帝出中秘书校张霸百两篇，正与刘向以中古文校欧阳、夏侯书无异。龚氏所疑之四之七之八皆释矣。龚氏又疑中书有《尚书》，何以至刘向始知（其三其五）。则志传明言孝惠除挟书之律，开献书之路，孝文始使掌故晁错，从伏生受《尚书》，其时中秘书未备也。孝武建藏书之策，置写书之官，凡鲁、河间王所得，孔安国及诸人所献，皆充秘府。至成帝时始陈发秘藏，校理旧文，而刘向及歆始校中古文。何足为疑。龚氏又疑向、歆既见中古文何以不传（其九其十其十一），则《后汉书·刘陶传》，称陶明《尚书》《春秋》，为之训诂，推三家《尚书》及古文，是正文字三百余事，名曰中文《尚书》。后世亦不闻中文之学，或引用一句，表章一事，传受一人，况中古文自向、歆之前，外人不得见，向、歆之后，博士不肯对，寖致失传，与中文等。百篇名见《书序》，何必复于《七略》载明，岂得谓绝后空前，迹过如扫。龚氏又疑中秘既有古文《易》《书》，何以三经蔑闻

13

（其二），何龚氏之不详考也。刘歆谓校理旧文，得此三事，旧文即古文，三事者谓《尚书》、逸《礼》及《左氏春秋》（本王氏补注说）。此非歆一人私言，《论衡》亦称鲁恭王得佚《尚书》百篇，《礼》三十，《春秋》三十篇（今本误三百篇），《论语》二十一篇，上言武帝，遣吏发取古经《论语》，此时皆出。（见《佚文》篇）又言《春秋左氏传》者，出孔氏壁中，孝武皇帝时鲁共王得佚《春秋》三百篇，左氏传也。（见《乐书》篇）然则鲁恭王所得孔壁中书，皆取入中秘，《左氏春秋》三十篇与北平侯张苍所献同。（见《说文》序）逸《礼》三十九篇即《礼》古经，出鲁淹中，合高堂生所传《士礼》十七篇，为五十六卷，与河间献王所献同之。（见郑君《六艺论》）中文又有《论语》《孝经》，正不独有《易》《书》。且又有一显证，《河间献王传》言王所得书皆古文先秦旧书，《周官》《尚书》《礼记》《孟子》《老子》之属，似《周官》一经，惟出河间，而《史记·封禅书》称上与公卿诸生议封禅，群儒采《尚书》《周官》《王制》之望祀射牛事，与明帝永平二年诏有司采《周官》议冕服同。可见汉中秘书亦有《周官》（献王以元光五年薨，元鼎四年后乃以得宝鼎议封禅），乌得云三经菱闻。《志》又称孝文时魏文侯乐人窦公献其书，乃《周官·大宗伯》之《大司乐》章，假令秘府无《周官》，何自知《大宗伯》有《大司乐》章。以《周官》古文校窦公书，正如刘向以古文《易》《书》校三家经，龚氏顾皆菱闻，而独疑《易》《书》。又疑中古秘书既不亡，则烧书者非秦火而更始赤眉之火（其六），龚氏岂未见《日知录》已云："此中古文，不知即安国所献者否，及王莽末，遭赤眉之乱，焚烧无余。"顾氏此言本于牛弘。《隋书·牛弘传》云："至孝成之世，诏刘向父子雠校篇籍，汉之典文，于斯为盛。及王莽之末，长安兵起，宫室图书，并从焚烬。"然则烧中古文者实非秦火。《后汉书·杜林传》

云："林前于西州得漆书古文《尚书》一卷，常宝爱之，虽遭艰困，握持不离身。出以示卫宏、徐巡曰：'林流离兵乱，常恐斯经将绝，何意东海卫子、济南徐生复能传之，是道竟不坠于地也。古文虽不合时务，然愿诸生无悔所学。'宏、巡益重之，于是遂行。"是即马、郑传注之古文也。漆书一卷实即中古文流遗于兵燹之余者。龚氏所疑，皆疑所不当疑，不先辨之，古文之源流不显，然而庄氏今文家说，又谓漆书为杜林所伪造矣。（庄氏说见后）

厥初文字区分。

费直传《易》，其本皆古字，号古文《易》。（《释文》）孔安国古文《尚书》读应《尔雅》。（《汉志》及《后汉书·贾逵传》）河间献王得古文，立毛氏《诗》、左氏《春秋》博士，《左氏传》多古字古言。（《景十三王传》《楚元王交传》）鲁共王得古文《尚书》及《礼记》《论语》《孝经》凡数十篇，皆古字。（《传》《志》）是当时所谓古文者，皆以有古字，而未明言为古何字，与汉隶之今字异称。贾公彦《仪礼》疏曰："高堂生传十七篇，是今文也。孔子宅得古《仪礼》五十六篇，其字皆篆书，是古文也。"贾意以古文即篆书。案《说文叙》曰："孔子书六经，左丘明述《春秋传》，皆以古文。古文，孔子壁中书也，奇字即古文而异者也。篆书即小篆，秦始皇帝所作也。"然则孔子安知有秦篆而书之？《说文叙》又云："周宣王太史籀著大篆十五篇，与古文或异。"孔颖达《书》疏曰："或以古文即大篆，非也，秦有大篆，若大篆是古文，不得云古文遂绝。"是孔子所书之古文，非小篆，亦非大篆，必别有一种。《书》伪孔传序则曰："鲁共王坏孔子旧宅，于壁中得先人所藏古文，皆科斗文字，科斗书废已久，时人无能知者，定其可知者为'隶古定'，更以竹简写之。"（案《儒林传》："孔安国以今文字读古文。"《论衡·正说》篇："武帝发取壁中古文得《论语》，后更隶写以传诵。")宋自吴才老、朱子后疑东晋所出《孔传》为伪，王柏《书疑》遂并疑科斗文字。曰："予尝求科斗之书体，茫昧恍惚，不知其法，后世所传夏商鬴鬲盘匜之类，举无所谓科斗之形。或谓科斗者，颛顼之时书也，序者之言不过欲耀孔壁所藏之古，以世代之远而傅会之，且曰科斗书废已久，时人无能知者，又不知何以参伍点画、考验偏旁而更为隶古哉。"段玉裁《说文解字注》因引王隐《晋书》"太康元年汲郡民盗发魏安釐王冢，得竹书漆字科斗之文，科斗文者周时古文，其头粗尾细，似科斗之虫，故俗名之焉"，谓据此则科斗文乃晋人里语，而孔安国叙《尚书》，乃有科斗文字之喻，其作伪显然矣。汉章案孔传序伪，而古文为科斗形说，非始于晋人。《西京杂记》滕公驾至东都门，得石椁而铭焉，文字古异，左右莫能知，以问叔孙通。通曰："科斗书也。"孔衍《家语》后序："鲁共王得《尚书》《春秋》《论语》《孝经》，时人已不复知有古文，谓之科斗书。"（《水经》泗水注同）此二事皆在晋前。（杜预《春秋传》后序亦云："汲郡发旧冢者，大得古书，皆简编科斗文字，不能尽通。"）即曰《杂记》为葛洪伪撰，《家语》后序为王肃伪撰，而《后汉书·卢植传》："植上书曰，古文科斗近于为实，而厌抑流俗，降在小学，中兴以来，通儒达士，班固、贾逵、郑兴父子，并敦悦之。今《毛诗》《左氏》《周礼》各有传记，其与《春秋》共相表里，宜置博士为立学官。"郑君《书赞》曰："《书》初出屋壁，皆周时象形文，官人所谓科斗书，以形言之为科斗，指体即周之古文。"古文为科斗书，得此二证已如铁案，不可动摇。皮氏锡瑞《五经通论》顾谓郑君《书赞》不可信，岂卢子幹奏御之书，亦不可信乎？（皮竟不引《卢植传》，非讳之，即健忘耳。）卢子幹言班、贾、郑莫不敦悦，郑兴父子注古文《周官》经，为杜子春所传；贾注左氏古文《春秋》经，为陈元所传，又注古文《尚书》，为杜林所传。推知林所藏漆书古文，亦如汲冢所藏竹简漆书科斗文，当时以能读科斗文者称为古文。后世如晋卫恒序古文曰："自黄帝至三代，其文不改（按此语有病），及秦用篆书，焚烧先典而古文绝。鲁恭王坏孔子宅，得科斗书，汉世秘藏，希得见之，魏初传古文者，出于邯郸淳，恒祖敬侯（案即卫觊）写淳《尚书》，后以示淳而淳不别。"（见《晋书·卫瓘传》）是魏初邯郸淳、卫觊并能读古文，束皙读嵩山下科斗书曰："此汉明帝显节陵中策文也。"（《晋书·皙传》：时有人于嵩山下得竹简一枚，上两行科斗书，莫有识者，张华问皙。）王僧虔读襄阳古冢科斗书，曰此《考工记》，《周官》所阙文也。（《南齐书·文惠太子传》："时襄阳有盗发古冢者，相传云楚王冢，获竹简书，青丝编简，广数分，长二尺，皮节如新，盗以把火自照，后人有得十余简，以示抚军王僧虔。僧虔曰云云。"）下至唐代李阳冰、韩昌黎犹能识科斗书。（《昌黎先生文集·科斗书后记》："大历时李监阳冰独能篆书，贞元中愈于汴州，识开封令服之者，阳冰子，授予以其家科斗《孝经》、汉卫宏《官书》两部，合一卷。愈宝蓄之，曰古书得其据依，盖可讲。"又唐张读《宣室志》："泉州南山石壁上，有凿成文字一十九言，字势甚古，郡中无能识者，传至东洛，时故吏部侍郎韩愈自尚书郎为河南令，见而识之，详究其义，其字则科斗篆书。"）而谓两汉古文家，不能参伍点画，考验偏旁，定其可知者为隶古定，非其理也。皮氏又谓《说文》所列古文，不似科斗，科斗之说，乃东汉古文家自相矜炫，不知卫恒已详言古文体势曰："因声会意，类物有方，日处君而盈其度（案此即《说文》古文⊖），月执臣而亏其旁（古文☽），云委蛇而上布（⚟），星离离以舒光（⚛），禾卉苯蕁以垂颖（《说文》禾卉无古文，偏旁作屮。又云古文或以屮为艸），

17

山岳峨嵯而连冈（古文岳作 **岇**），虫跂跂以若动，鸟似飞而未扬。观其错笔缀墨，用心精专，势和体均，发止无间。或守正循检，矩折规旋；或方圆靡则，因事制权；其曲如弓，其直如弦，矫然特出，若龙腾于川（案此即王隐所谓头粗），森尔下颓，若雨坠于天。（案此即所谓尾细）或引笔奋力，若鸿雁高飞，邈邈翩翩，或纵肆阿那，若流苏悬羽，靡靡绵绵。信黄唐之遗迹，为六艺之范先，籀篆盖其子孙，隶草乃其曾玄，睹物象以致思，非言辞之所宣。"（亦见《卫恒传》）观恒所举数字，与《说文》所列古文皆合（《三国·魏志》注引《魏略》云邯郸淳善《苍》、《雅》、虫篆、许氏《字指》），与郑《书赞》所云科斗书皆周时象形文字亦合。郑云指体即古文，言形为科斗。今本《说文》之古文或无科斗形者，后人以籀篆体改之，且古字亦多或。（语本《周礼》外府注）黄元同先生曰："许书所谓古文者有苍颉初造之古文，有史籀后出之古文，郑注《礼》所谓古文者，鲁淹中之科斗书也。淹中之书间有后出之古文。"（《士昏礼》注：古文止作趾。《士相见礼》注：古文妥作绥。）汉章又案《魏书·江式传》式已言邯郸淳石经，校之《说文》古字小异，知此可无疑矣。

继乃家法角立。

古文既皆古字，非通知字学及今文学者，必不能读。郑君《书赞》曰："卫、贾、马二三君子之业，则雅才好博，既宣之矣。"《周礼》序曰："世祖以来，通人达士，大中大夫郑少赣及子大司农仲师，故侍郎卫次仲，侍中贾君景伯，南郡太守马季长，皆作解诂。玄窃观二三君子之文章，顾省竹帛之浮辞，其所变易，灼然如晦之见明，其所弥缝，奄然如合符复析，斯可谓雅达广揽者也。就其原文字之声类，考训诂，捃秘逸，谓二郑者同宗之大儒，明理于典籍，粗识皇祖大经《周官》之义，存古字，发疑正读，亦信多善，徒寡且约，用不显传于世，今赞而辨之，庶成此家，世所训也。"（以上佚文并引见孔、贾疏。）由郑此言推之，古文各经，必皆以发疑正读为家法。今文家谓孔安国以今文读古文，但略缀以文字，绝无章句训义，古《尚书》说由刘歆创立耳。今案古文家惟费直《易》以象、象、系辞、文言解说上下经无章句，明见《儒林传》。《传》又云孔安国以今文字读古文《尚书》，因以起其家。（何氏焯曰谓别起家法。）安国为谏大夫，授都尉朝，朝授胶东庸生。司马迁从安国问故，迁书载《尧典》《禹贡》《洪范》《微子》《金縢》诸篇，多古文说，向使安国无古文说，迁书安得载其说，岂迁书之古文书说，亦刘歆为之乎？况《毛诗》有《故训传》三十卷，《周官》有传四篇，《左氏传》有《左氏微》一篇，《铎氏（椒）微》三篇，《虞氏（卿）微传》二篇，《张氏（苍）微》十篇，可见古文家非无训义。《刘歆传》曰："初《左氏传》多古字古言，学者传训诂而已。及歆治《左氏》，引传文以解经，转相发明，由是章句义理备焉。"然则歆之前，左氏非无训故也。《儒林传》明言贾谊为《左氏传》训故，授赵人贯公，为河间献王博士，无训故，安能授人以自立家法？《艺文志》又言《孝经》古孔氏一篇，诸家说不安处，古文字读皆异。又可见古文家法，自发疑正读始。西汉然，东汉亦然。马融《周礼传》云，《周官》既出于山岩屋壁，复入于秘府，五家之儒（孙氏诒让曰：五家谓高堂生、萧奋、孟卿、后苍、戴德、戴圣。《礼记正义》序引《六艺论》所谓高堂生及五传弟子是也），莫得见焉。至孝成皇帝，达才通人刘向、子歆校理秘书，始得列序，著于《录》《略》。奈遭天下仓卒，兵革并起，又疾疫丧荒，弟子死丧，徒有里人河南缑氏杜子春尚在，永平之初，年且九十，家于南山，能通其读，颇识其说，郑众、贾逵往受业焉。（引见贾疏）然则古文家法通其读，乃识其说，当时杜林所以宝爱漆书古文《尚书》一卷者，亦以林能通其读。林有苍颉《训纂》一篇，又有《苍颉故》一篇。《艺文志》谓《苍颉》多古字（案即科斗书），俗师失其读，宣帝时征齐人能正读者，张敞从受之。传至外孙之子杜林，作为训故。《杜邺传》谓邺母张敞女，邺壮从敞子吉学问，吉子𫠬幼孤，从邺学问，尤长小学。邺子林，清静好古，亦有雅才，其正文字过于邺、𫠬，故世言小学者由杜公。可见杜林以通小学，始能通古文，古文之家法如是，异于信口说而背传记者，故桓谭、马融并目今文为俗儒。

汉武继周而王，立学官者今文。

《汉书·儒林传》赞曰：自武帝立五经博士，一经说至百余万言，大师众至千余人。初《书》唯有欧阳（时为博士者，当书欧阳和伯曾孙高）、《礼》后（苍。张氏金吾曰：“苍事宣帝为博士，则后氏《礼》非武帝所立可知。”《经典释文》曰：“汉初立高堂生《礼》博士。”汉章案《史记·儒林传》：“言《礼》自鲁高堂生。”《索隐》引谢承曰：秦氏季代有鲁人高堂伯，伯是其字，自汉以来，儒者皆号生。据此则高堂生在秦季世，与叔孙通同时，未必老寿逮汉武帝初年，当仍作后苍为是。苍为武帝博士，无妨逮事宣帝也）、《易》杨（何。沈氏钦韩曰：“其后施、孟、梁丘之《易》，皆本田何。三家不出于杨，杨本不立博士，故不言所终，《易》杨为《易》田之讹。”汉章案田何之《易》，授王同，同授杨何，何弟子京房，授《易》梁丘贺，不得云梁丘之《易》，不出于杨。且《史记》云言《易》者本于杨何之家，杨字不讹）、《春秋》公羊（当是兰陵褚大）而已。至孝宣世，复立大小夏侯《尚书》（夏侯胜与从兄子建，并出于兒宽），大小戴《礼》（戴德、戴圣并出于后苍），施仇、孟喜、梁丘贺《易》（三家并出于田王孙，王孙师丁宽，宽师田何，而梁丘又出杨何），《穀梁春秋》（瑕丘江公孙）。至元帝世，复立京氏《易》。（京房受《易》焦延寿）而《艺文志》立学官者，又有鲁（申公）齐（辕固生）燕（韩生）三家《诗》，庆普（亦后苍弟子）《礼》传不详立于何世。《史记》称韩生为博士孝文时，辕固为博士孝景时，《汉书·楚元王传》又称文帝时申公为博士。是三家《诗》立学官，在文、景世。（惟庆普《礼》之立无考）文、景时博士，不专重今文。《左氏春秋》先师贾谊，文帝召以为博士，谊弟子贯公与毛公并为河间献王博士，《毛诗》《左氏》皆古文也。即武帝世，自孔安国外，亦有读说古文为今文者。《尚书》疏引刘向《别录》曰：武帝末民有得《大誓》书于壁内者献之，与博士使读说之，数月皆起传以教人。（《文选注》引《七略》同）王充《论衡·正说》篇又曰：孝宣皇帝时，河内女子发老屋，得逸《易》《礼》《尚书》各一篇奏之。宣帝下示博士，然后《易》《礼》《尚书》各益一篇。是则汉家自有故事，何以哀帝欲建立《左氏春秋》及《毛诗》、逸《礼》、古文《尚书》，令刘歆与五经博士讲论其义，诸博士不肯置对。盖恐如宣帝建立《穀梁春秋》，五经名儒大议殿中，平其同异，而《穀梁》遂大行于世也。（荀悦《汉纪》宣帝甘露三年立《左氏传》博士，与翟酺谓文帝始置五经博士同误。）挟恐见破，守缺保残，至使左氏诸经及《周官》六篇，平帝、王莽世始置博士，立学官，不久即罢，惜哉！

光武营洛以还，行民间者古学。

《后汉书·徐防传》注引《汉官仪》曰："光武中兴，恢宏稽古。《易》有施、孟、梁丘贺、京房；《书》有欧阳和伯，夏侯胜、建；《诗》有申公、辕固、韩婴；《春秋》有严彭祖、颜安乐；《礼》有戴德、戴圣，凡十四博士。（《后汉书》同误衍《毛诗》）时尚书令韩歆上疏欲为《左氏》立博士，范升与歆争之，未决。陈元上书讼《左氏》，下其议，范升复与元相辩难（升议有云《春秋》之家有邹、夹，如令《左氏》得置博士，邹、夹并复求立，是知当时邹氏、夹氏《春秋》犹有传者），凡十余上，帝卒立魏郡李封为《左氏》博士。后群儒蔽固者，数廷争之。及封卒，光武重违众议，因不复补。（见范升、陈元、儒林传）章帝建初八年，诏选高才生受学左氏、穀梁《春秋》，古文《尚书》，《毛诗》，以扶微学，广异义。（本纪）卒未立于学官。（《经典释文》及《左传正义》并云和帝元兴十一年郑兴父子奏上《左氏》乃立学官，元兴改元止一年，郑兴子众以章帝建初八年卒，不及和帝世，钱氏大昕详辨之。）桓帝时高彪明于《左氏》，上立博士章。（《隶释》外黄令高彪碑文）灵帝时卢植又上书，请立《毛诗》《左氏》《周礼》博士。（本传前已详之）皆不果行。然其时学官虽主今文，而学者则治古文。如《周易》费、高二家未得立，费氏本以古字号古文《易》，陈元（长孙）、郑众（仲师）皆传之。马融（季长）亦为《易传》，授郑玄（康成），玄作《易注》。荀爽（慈明）又作《易传》。自是费氏《易》兴，而高氏遂衰。孔氏自安国以下，世传古文《尚书》及《毛诗》，孔僖（仲和）守其业。汝南周防（伟公）又师事徐州刺史盖豫，受古文《尚书》，陈留杨伦（仲礼）则师事司徒丁鸿，习古文《尚书》，而扶风杜林所传古文《尚书》，贾逵（景伯）为之作训，马融作传，郑玄注解。由是古文《尚书》显于世。初九江谢曼卿（讲学大夫陈侠所传）善《毛诗》，乃为其训。东海卫宏（敬仲）从曼卿受学，因作《毛诗序》。后从大司空杜林，更受古文《尚书》，作训旨，济南徐巡师事宏，后从林受学，亦以儒显。宏少与河南郑兴（少赣）俱好古学。兴子众与贾逵并传《毛诗》，马融作《毛诗传》，郑玄作《毛诗笺》，申明毛义。众与逵又传《周官经》，马融亦作《周官传》，授郑玄，玄作《周官注》。又以《礼》古经校《小戴礼》，取其义长者为郑氏学。至于《左氏春秋》，传者尤多。

陈国颖容（子严）师事太尉杨赐，著《左氏条例》五万余言；南阳谢该（文义）善明《春秋左氏》，河东乐详（文载）条《左氏疑滞》七十二事以问该，该皆为通解之，名《谢氏释》。济阴张驯（子俊）能诵《左氏》，南阳尹敏（幼季）受古文《尚书》，兼善《毛诗》《左氏春秋》；而扶风贾徽（元伯）作《左氏条例》。徽子逵，列《公羊》《穀梁》不如《左氏》四十事，奏之，名曰《左氏长义》。逵又作《左氏训诂》；郑众亦作《左氏条例章句》。马遵为三家同异之说；南阳延笃（叔坚）受《左氏》于贾逵之孙伯升，因注之；汝南彭汪（仲博）记先师奇说及旧注；魏郡许淑（惠卿）、扶风孔嘉（山甫）并作注解。（以上并本《后汉书》，参《释文》叙录）郑玄注未成，与河南服虔（子慎）遇客舍，听服在车上与人说注传，意多与己同，玄尽以所注与之，遂为《服氏注》。（见《世说新语》）马融又为古文《孝经传》、古文《论语注》。斯皆不视学官好尚为转移，今文有师法，古文曷尝无师法欤？（朱氏睦楔有《授经图》，洪氏亮吉有《传经表》。）

魏晋而降，今文就湮，古文亦乱。

《三国·魏志》黄初五年，置《春秋穀梁》博士。盖于后汉十四博士外，增置一人。《王朗传》称朗《易传》及王肃《尚书》、《诗》、《论语》、《三礼》、《左氏解》并列学官，则《毛诗》《周礼》《左氏春秋》以王入学置博士。故《杜恕传》注引《魏略·乐详传》云："魏有博士十余人。"晋、宋《书志》并云："晋初承魏制，置博士十九人，江左初减为九人，元帝末增《仪礼》《春秋》《公羊》博士各一人，合为十一人，后又增为十六人，不复分掌五经，谓之太学博士。"而《荀崧传》云："元帝践阼，简省博士，置《周易》王氏，《尚书》郑氏，古文《尚书》孔氏，《毛诗》郑氏，《周官》、《礼记》郑氏，《春秋左传》杜氏，《论语》、《孝经》郑氏博士各一人。其《仪礼》《公羊》《穀梁》及郑《易》，皆省不置。崧转太常，以为不可，上疏曰：'世祖武皇帝崇儒典学，太学有石经古文先儒典训，贾、马、郑、服、杜、孔、王、何、颜、尹之徒，章句传注众家之学，置博士十九人。（案依崧此疏，则晋初博士十九人，虽人数同，而不专立王氏学。颜即《颜氏春秋》，尹即尹更始《穀梁章句》。）今五经合九人，准古计今，犹未能半，愿为郑《易》，郑《仪礼》，《春秋》公羊、穀梁各置博士一人。'诏曰：'《穀梁》肤浅，不足置博士，余如奏。'会王敦之难不行。"此传文与《志》不合。盖《仪礼》《公羊》后乃增置，而郑《易》、尹氏《穀梁》未立学也。由是南北章句，好尚不同：河洛《尚书》《周易》则郑康成，《左传》则服子慎；江左《周易》则王辅嗣，《尚书》则孔安国，《左传》则杜元凯，《诗》则并主于毛公，《礼》则同遵于郑氏。所谓南人约简，得其英华；北学深芜，穷其枝叶者。（以上并见《北史·儒林传》序）皆后汉魏晋古文家学，而今文之家法皆亡。《经典释文》叙录、《隋书·经籍志》并曰：《周易》梁丘、施氏、高氏，亡于西晋，孟氏、京氏有书无师。永嘉之乱，欧阳、大小夏侯《尚书》并亡。《齐诗》魏代已亡，《鲁诗》不过江东，《韩诗》虽存，无传之者。（北宋始亡）后汉大小戴、庆氏三《礼》皆立博士。（案《释文》此言与《后汉书》续《汉志》十四博士不合。《隋志》则云后汉惟曹充传庆氏，以授其子褒。）庆氏久亡。（案庆氏《礼》自曹充外又有董钧、贺纯。《建康实录》云：贺纯其先庆普世传礼学，避安帝讳为贺氏。）《大戴》无传者，《春秋》三传至隋，《公羊》《穀梁》浸微，殆无师说。是西汉诸今文家法，多亡于西晋。然古文家法亦乱。同一费氏《易》，有郑有王；同一《左氏春秋》，有服有杜。古《孝经》安国之本，亡于梁乱；古《论语》亦绝无师说。而东晋元帝时豫章内史梅赜奏上孔安国传古文《尚书》与马、

24

郑所注古文不同，反谓马、郑注非孔旧本，秘府存其经文，无有传者。齐明帝建武中吴兴姚方兴又于大航头买得《舜典孔传》一篇，比马、郑所注多二十八字。于是古文《尚书》有两本。

唐宋之际，古文更伪，今文又淆。

唐初孔颖达撰定《五经正义》，《易》《书》《春秋》传皆取南学，称孔安国传为古文《尚书》。玄宗天宝三载，又诏集贤学士卫包改古文从今文。马氏《通考》曰："汉之所谓古文者科斗书，今文者隶书也。唐之所谓古文者隶书，今文者世所通用之俗字也。"宋太祖开宝中诏以陆氏所释，乃古文《尚书》，与明皇所定经文驳异。令陈鄂删定改从明皇书，是《尚书》经文，至宋初尽改为今文。乃至宋初又有一古文《尚书》。晁公武《郡斋读书志》有古文《尚书》十三卷，谓为汉孔安国以隶古写定五十九篇之书。并云：其书自汉迄唐，行于学官。（按此言大误，孔氏真古文，两汉并未立学。东晋始以伪古文置博士。）明皇不喜古文，改从今文，由是古文遂绝。皇朝吕大防得本于宋次道、王仲至家，作字奇古，非字书傅会穿凿者所能到。王氏《困学纪闻》辨之云，《释文叙录》：《尚书》之字，本为隶古。既是隶写古文，则不全是古字。穿凿之徒，务欲立异，依傍字部，改变经文，欺惑后生，不可承用。然则今所传古《尚书》，未必安国本。此所谓古文者，吕微仲得本于宋次道、王仲至家。郭忠恕尝定古今文《尚书》及释文，今本疑忠恕所定也。其案郭忠恕定古今《尚书》，一在周世宗时，一在宋太宗时。所撰《汗简》，古文《尚书》外，有古《周易》、古《周礼》、古《春秋》、古《月令》、古《孝经》、古《论语》、古《乐章》、古《毛诗》、古《礼记》、古《尔雅》，皆依傍《说文》《字林》《魏石经》等为之。薛孝宣顾信其书，为作《书古文训》，惑矣！抑忠恕之前，已有一本《尚书孔疏》，引孔子壁内之书，治皆作乱。《周礼贾疏》引三兵三海，颜师古《匡谬正俗》引《汤誓》予则孥戮女。释玄应《一切经音义》引高宗梦得说砅砥劦丹，徐锴《说文系传》引骥唼及才生明（江氏声《尚书今古文集注音疏》皆采之），此正《释文叙录》所斥为立异者。至贾昌朝《群经音辨》、丁度《集韵》、宋庠《国语补音》、夏竦《古文四声训》所引古文《尚书》，即忠恕本。而忠恕之后，又有一本。吾丘衍《学古篇》以为今有古文《尚书》，系后人不知篆者，纂集而成，盖向壁诡造，无代无之也。又《释文》称东晋《古文孔传》始兴时，范宁已变为《今文集注》。（臧氏镛堂云：此今文犹今字，《孔传》隶古定范改今字。）则东晋已变古文为今文，何以唐玄宗又诏卫包改之？岂古文不止一本，今文亦不止一本欤？至是古今文之混淆甚矣！（此段附辨古今文，与家法无涉。以宋人有依以说《书》者，亦不可不辨。）

清自古文《尚书》疏证于潜丘，治古学者，风发响应，力反之东汉。

江氏藩撰《汉学师承记》首传阎潜丘，以潜丘力攻伪古文，马、郑之学，复显于世。嗣是胡朏明击陈抟之《易图》，惠定宇刘王弼之《易注》，陈长发作《毛诗稽古编》，顾震沧成《春秋大事表》，沈冠云考《周官禄田》，凌次仲撰《礼经释例》，莫不吐弃空言，潜心考索。当时立学官者，虽有宋元人经说，一切置之，正如后汉时人不从今文家言。故江氏记戴东原之言，谓当代学者，吾以钱晓征为第二人，而讥之曰：东原盖毅然以第一人自居。然东原岂能如晓征？晓征博综群籍，拟以汉儒在高密之下，即贾逵、服虔亦瞠乎后矣！况不及贾、服者哉？又论惠定宇曰：拟诸汉儒，马融、赵岐辈不能及也。观所言可见一时风尚，心慕力追贾、马、郑、服之学也。（孔㧑轩《骈文》亦云："郑乡绝学，倘千百载而重兴；戴氏遗书，于十三经其有补。"）

又有《公羊春秋》发明于曲阜，说今文者波属云委，抗希乎西京。

皮氏锡瑞曰：国朝诸儒，昌明汉学，亦止许、郑古文。及孔广森专主《公羊》，始有今文之学。阳湖庄氏（案庄方耕名存与，弟子葆琛名述祖，存与孙卿珊名绥甲。）乃推今《春秋公羊》义并及诸经。刘逢禄、宋翔凤、龚自珍、魏源继之，而三家《尚书》、三家《诗》，皆能绍承绝学。凌曙、陈立师弟，陈寿祺、乔枞父子，各以心得，著为专书，二千余年之坠绪，得以复明；十四博士之师传，不至中绝。常州学派，蔚为大宗。龚自珍诗所谓"秘纬户户知何休"者，其有功于圣经甚大，实亦由治《公羊春秋》，渐通《诗》《书》《易》《礼》之今文义也。（《五经通论》）皮氏之言如此。朱氏一新则曰：魏默深之攻故训传（案见《诗古微》），《书古微》以杜林漆书诬马、郑，遂欲废斥古文，其经学实足误人。又曰：近儒惟陈卓人（即立）深明家法，亦不过为穿凿。若刘申受（逢禄）、宋于庭（翔凤）、龚定盦（自珍）、戴子高（望）之徒，蔓衍支离，凡群经略与《公羊》相类者，无不旁通而曲畅之；即绝不相类者，亦无不锻炼而傅会之。（《无邪堂答问》）得失皆见矣。

第二章　周易

第一节　易名

《周礼·大卜》三《易》云："一曰《连山》，二曰《归藏》，三曰《周易》。"杜子春云："《连山》伏牺，《归藏》黄帝。"郑玄《易赞》及《易论》云："夏曰《连山》，殷曰《归藏》，周曰《周易》。"郑玄又释云："《连山》者象山之出云，连连不绝；《归藏》者万物莫不归藏于其中；《周易》者言易道周普，无所不备。"（《周易正义》第三《论三代易名》）《正义》不是郑说，以为案《谱世》等群书，神农一曰连山氏，亦曰列山氏；黄帝一曰归藏氏，既连山、归藏，并是代号，则《周易》称周，取岐阳地名。《毛诗》云"周原膴膴"是也。案《左传》昭二年"季札观书于太史氏，见《易象》与《鲁春秋》，曰周礼尽在鲁矣"。又《左传》载筮辞，其用《周易》者，则必云以《周易》筮，不使与他筮混，可知周为代名无疑。惟以《连山》《归藏》为神农黄帝《易》，恐未足信，郑君说为夏殷二代易名，或较近是。

《易纬乾凿度》云："易一名而含三义，所谓易也，变易也，不易也。"又云："易者其德也，变易者其气也，不易者其位也。"郑玄依此义作《易赞》及《易论》云："易一名而引三义，易简一也，变易二也，不易三也。"（《正义》第一《论易之三名》）《说文》易字说解引《秘书》说"日月为易，象阴阳也"。《参同契》曰："日月为易，刚柔相当。"陆德明引虞翻注《参同契》云："字从日下

28

月。"按易本象形字。日月之说，不可为典要。

第二节　八卦及重卦

《易·上系》曰："河出图，洛出书，圣人则之。"《正义》曰："《春秋纬》云河以通乾出天苞，洛以流坤吐地符。河龙图发，洛龟书感。《河图》有九篇，《洛书》有六篇，孔安国以为《河图》则八卦是也，《洛书》则九畴是也。"按中国文化发源于河洛之间，行用一种绘图文字（"书，如也"，是"书"即象形文字），圣人则效其法，作为八卦，以代结绳，实无神秘之可言，纬书诬妄，不足信。

《下系辞》曰："古者包牺之王天下也，仰则观象于天，俯则观法于地，观鸟兽之文，与地之宜，近取诸身，远取诸物，于是始作八卦，以通神明之德，以类万物之情。"按伏牺当即《上系》所称之圣人，取法《河图》《洛书》而作八卦者。惟彼为绘图文字，而此则仅单简之点画，未知于义何取。阴阳象数之说，后世圣哲所附益，太古至质之俗，恐未必如此。或者河洛之文书，是一种形符，伏牺以其不便于用，改为一种音符。远古发声极简，仅此八声，已可包举一切。（三代古音仅十九纽，则伏牺时八声自在意中。）钱大昕曰："乾健，坤顺，坎陷，离丽，兑说，取谐声，而震巽艮独否，何也？曰古书皆以音见义，古读动如董，故《说文》东训动，震动或作振董，以动训震，取同位之双声也。蒙象传以巽与实合韵，入与纳通，纳亦与内通，巽可协实，亦可协入矣。艮从目从匕，亦当兼取匕声，古音支真两部相近，如振恒为槽恒，祇敬为振警之类，垠鄂亦作沂鄂，则艮止音亦相近也。"八卦皆取谐声，殆即音符之遗证矣。

重卦之人，诸儒说各不同，《魏志》高贵乡公云："后圣重之为六十四。"此说较为妥帖。据《正义》则凡有四说：

（一）伏牺——王辅嗣等

（二）神农——郑玄等

（三）夏禹——孙盛（著《晋阳秋》，今佚无可考）

（四）文王——司马迁等

《正义》采王辅嗣说，以为伏牺既画八卦，即自重为六十四卦。按八卦本初民最简单之文字，作之者亦未必如吾人所想像含神秘性之所谓圣人。大概伏牺时代既造八个音符，已足于用，其后民智渐进，声音渐繁，知合两个音符表一意思。迄神农时代，八卦相配，共得六十四卦，此乃自然之程迹，未必真有神农其人者，忽取八卦重之为六十四卦，果如此，将何所为乎？自是而下，民智益进，六十四符号，已穷于用，而河洛之间，其图书经长时期之进步，其形符文字更便于伏牺、神农所传之音符文字（中国语为单节语，故音符之字不能如多节语之向前发达），故黄帝时史官，因而造字，六十四卦，自然废置，仅用作卜筮符号，失文字之效用。三《易》之卦，其性质固非伏牺、神农之旧矣。兹列六十四卦如下：

乾	泰	大壮	小畜	需	大有	大畜	夬
坤	否	豫	观	比	晋	剥	萃
震	无妄	复	益	屯	噬嗑	颐	随
巽	姤	升	恒	井	鼎	蛊	大过
坎	讼	师	解	涣	未济	蒙	困
离	同人	明夷	丰	家人	既济	贲	革
艮	遁	谦	小过	渐	蹇	旅	咸
兑	履	临	归妹	中孚	节	睽	损

贾公彦《周礼》太卜疏说重卦云先以下卦三爻为本（内卦为贞即下卦），加上卦（外卦为悔即上卦），如乾加以乾为纯乾，乾加以坤则为泰卦，顺是以下，皆如是。

第三节　卦辞及爻辞

卦辞爻辞之作者，据《正义》凡有二说：

（一）文王作卦辞爻辞。知者按《系辞》云："《易》之兴也，其于中古乎？作《易》者其有忧患乎？"又曰："《易》之兴也，其当殷之末世，周之盛德耶？当文王与纣之事耶？"又《乾凿度》云："垂皇策者牺，卦道演德者文，成命者孔。"《通卦验》又云："苍牙通灵昌之成，孔演命，明道经。"准此诸文，伏牺制卦，文王系辞，孔子作十翼，《易》历三圣，只谓此也。故史迁云文王囚而演《易》，即是作《易》者其有忧患乎？郑学之徒，并依此说也。

（二）文王作卦辞，周公作爻辞。知者验爻辞，多是文王后事。案升卦六四"王用享于岐山"。武王克殷之后，始追号文王为王。若爻辞是文王所制，不应云"王用享于岐山"。又明夷六五"箕子之明夷"。武王观兵之后，箕子始被囚奴，文王不应预言箕子明夷。又既济九五"东邻杀牛，不如西邻之禴祭"。说者皆云西邻为文王，东邻为纣。文王之时，纣尚南面，岂容自言己德，受福胜殷，又欲抗君之国，遂言东西相邻而已？又《左传》韩宣子适鲁，见《易》象云，吾乃知周公之德。周公被流言之谤，亦得为忧患也。验此诸说，以为卦辞文王，爻辞周公，马融、陆绩等并同此说。所以只言三圣，不数周公者，以父统子业故也。（《左传》昭公二年《正义》曰："先代大儒，郑众、贾逵等，或以为卦下之象辞，文王所作，爻下之象辞周公所作。")《正义》依用第二说，实未必然。陈澧《东塾读书记》曰："孔子言《易》之兴，揣度其世与事，而未明言文王所作也。孔子所未言，后儒当阙疑而已，何必纷竞乎？惠定宇必以为文王作，撰《周易述》，用赵宾说而小变之，以'箕子'为'其子'，又据《禹贡》冀州'治梁及岐'，《尔雅》'梁山，晋望也'，因谓岐山亦冀州之望，夏都冀州，王用享于岐山者为夏王。纡曲如此，更可以不必矣。"陈氏说最通，与穿凿求解者相去远矣。

第四节　十翼

《左传正义》曰："《易》有六十四卦，分为上下二篇（自乾至离三十卦为上篇，自咸至未济三十四卦为下篇），及孔子又作《易传》十篇以翼成之，后世谓孔子所作为传，本文为经。孔子述卦下总辞谓之为彖，述爻下别辞谓之为象，以其无所分别，立二名以辨之。"案卦下亦有象传，《正义》说小误。

《周易正义》曰："十翼之辞，孔子所作，先儒更无异论。但数十翼，亦有多家，一家数十翼云，上彖一，下彖二，上象三，下象四，上系五，下系六，文言七，说卦八，序卦九，杂卦十，郑学之徒，并同此说，故今亦依之。"兹据《正义》解释十翼如下：

彖——褚氏、庄氏并云"彖断也"，断定一卦之义，所以名为彖也。

象——象辞有二：一曰大象，二曰小象。

大象者如乾卦象曰"天行健，君子以自强不息"，总象一卦，故谓之大象。但万物之体，自然各有形象，圣人设卦以写万物之象。今夫子释此卦之所象，故言象曰，天有纯刚，故有健用，今画纯阳之卦，以此拟之，故谓之象。象在彖后者，彖详而象略也。

小象者，如乾卦"潜龙勿用，阳在下也，见龙在田，德施普也"，自此以下至"盈不可久"，是夫子分释六爻之象辞，谓之小象。

系——谓之系辞者凡有二义：

（一）论字取系属之义，圣人系属此辞于爻卦之下，故上系第六章云"系辞焉以断其吉凶"，第十二章云"系辞焉以尽其言"，是系属其辞于卦爻之下，则上下二篇经辞是也。文取系属之义，故字体从系。

（二）又音为系，取纲系之义。卦之与爻，各有其辞以释其义，则卦之与爻，各有纲系，所以音谓之系也。夫子本作十翼，申说上下二篇经文，系辞条贯义理，别自为卷，总曰系辞。分为上下二篇者，以简编重大，是以分之。或以上篇论《易》之大理，下篇论《易》之小理，事必不通。

文言——文言惟乾坤二卦有之，以乾坤其《易》之门户邪，其余卦及爻，皆从乾坤而出，义理深奥，故特作《文言》以开释之。庄氏曰："文谓文饰，以乾坤德大，故特文饰以为《文言》。"今谓夫子但赞明易道，申说义理，非为文饰华彩，当谓释二卦之经文，故称《文言》。

说卦——《说卦》者，陈说八卦之德业变化及法象所为也。

序卦——《序卦》者，文王既繇六十四卦分为上下二篇，其先后之次，其理不见，故孔子就上下二经，各序其相次之义，故谓之《序卦》焉。

杂卦——上《序卦》依文王上下而次序之，此《杂卦》孔子更以意错杂而对辨，其次第不与《序卦》同。故韩康伯云，《杂卦》

者杂糅众卦，错综其义，或以同相类，或以异相明也。

陈澧《东塾读书记》曰："《汉书·儒林传》云费直以彖、象、系辞、文言十篇，解说上下经，此千古治《易》之准的也。孔子作十篇，为经注之祖，费氏以十篇解说上下经，乃义疏之祖。费氏之书已佚，而郑康成、荀慈明、王辅嗣皆传费氏《易》，此后诸儒之说，凡据十篇以解经者，皆得费氏家法者也。其自为说者，皆非费氏家法也。说《易》者当以此为断。"

又曰："《儒林传》云丁宽作《易说》三万言，训故举大谊而已。此班氏特笔也。训故举大谊，凡说经者皆然，岂复有加于此，而此独云训故举大谊而已，若有所减损者。汉时《易》家有阴阳灾变之说，丁宽说《易》则无之，惟训故举大谊，故特著之也。自商瞿至丁宽六传，而其说不过如此，此先师家法也。"（丁宽再传，乃分为施、孟、梁丘三家。）

陈说甚精，特录之以为治《易》准绳。

第五节　周易传授

孔子作十翼，《易》道大明，传商瞿及卜商二人。瞿授桥庇（子庸）。子庸授馯臂（子弓），子弓授周丑（子家），子家授孙虞（子乘），子乘授田何（子庄）。此汉以前传《易》之大略也。

汉兴，田何授丁宽（子襄），丁宽授田王孙，王孙授孟喜（长卿），别为孟氏《易》。又授施仇（长卿）别为施氏《易》。又授梁丘贺（长翁）别为梁丘氏《易》。施氏《易》宣帝时立，永嘉之乱亡佚。

孟氏《易》宣帝时立，后无传者。焦赣（延寿）别有隐氏

《易》灾异之传，自云受之孟氏。京房（君明）因以延寿《易》为孟氏学，别为京氏《易》。又有虞光，殆亦孟氏别传，数传至虞翻（仲翔），当汉献帝时作《周易注》。

京氏《易》元帝时立，后无传者。

梁丘氏《易》，宣帝时立，永嘉之乱亡佚。

按施、孟、梁丘、京氏《易》，汉时立于学官，皆今文也。古文惟费氏《易》，民间传之。后汉大儒如马融（季长）、郑玄（康成）、荀爽（慈明）、王弼（辅嗣）、王肃（子雍）。

郑氏《易》说爻辰，荀氏《易》说卦气升降，较京房《易》、虞翻《易》用纳甲等为善，以言《易》大谊则未也。王辅嗣始一扫而空之，范宁诋为罪深桀、纣，究非笃论。

右文所举传《易》师儒，乃略述其最要者，欲知其详，可读《史记》以下各史《儒林传》。

第六节　王弼、韩康伯易注 及孔颖达正义

孔子十翼与经上下篇，本自分立，郑康成欲使学者寻省易了，合象、大象、《文言》于卦辞后，六爻、象辞总附于六爻经文后。王辅嗣注《易》复分小象于每爻爻辞后，今本《易经》是也。

《周易正义》序云："秦亡金镜，未坠斯文，汉理珠囊，重兴儒雅。其传《易》者，西都则有丁、孟、京、田，东都则有荀、刘、马、郑，大体更相祖述，非有绝伦。唯魏世王辅嗣之注，独冠古今，所以江左诸儒，并传其学，河北学者，罕能及之。其江南义

疏，十有余家，皆辞尚虚玄，义多浮诞。原夫《易》理难穷，虽复玄之又玄，至于重范作则，便是有而教有，论住内外之空，就能就所之说，斯乃义涉于释氏，非为教于孔门也。"据此知王辅嗣《易》注，不特摧陷汉儒阴阳灾异之说，且又不同江南虚玄浮诞之论，孔颖达称为独冠古今，当必有所见矣。（《大般若波罗密多经》住内空。《唯识论》用为能相，体为所相。）唐初吴儒陆德明撰《经典释文》，《周易》以王辅嗣为主，系辞以下用韩康伯注本。陆澄曰："弼于注经中，已举系辞，故不复别注。"（见《南齐书·陆澄传·与尚书令王俭书》）

《唐书·艺文志》：《周易正义》十六卷，国子祭酒孔颖达、颜师古、司马才章、王恭、太学博士马嘉运、太学助教赵乾叶、王琰、于志宁等奉诏撰。《旧书·经籍志》卷数十四，与孔序同。其书本删定江南义疏为之，故初名义赞，又题兼义。疏中称旧疏说家者，多不著其名，兹略记所引各家说如下：

崔觐、刘贞简（崔觐未知何代人，有《易注》十三卷、《统例》十卷。或曰即《北史》徐遵明之弟子清河崔觐。刘贞简为齐步兵校尉刘巘，有《周易乾坤义》一卷、《四德例》一卷，《正义》引刘氏说凡两条。）

周简子（陈尚书左仆射周弘正，有《讲疏》十六卷，《正义》引周氏说凡十二条。）

张氏（陈谘议参军张讥，有《讲疏》三十卷，《正义》引张氏说凡七条。）

何氏（隋国子祭酒何妥，有《讲疏》十三卷，《正义》引凡七条。）

褚氏（梁五传博士褚仲都，有《讲疏》十六卷，《正义》引凡十五条。）

庄氏（《隋志》《唐志》易家均无其书名，不知为何人，《正义》引凡二十条。）

卢氏（或曰即《魏书》卢景裕，《正义》引凡一条。）

第七节　象数

（一）象

《易·上系》曰："夫《易》何为者也？夫《易》开物成务，冒天下之道如斯而已者也。"（韩康伯曰：冒，覆也，言《易》通万物之志，成天下之务，其道可以覆冒天下也。）

又曰："八卦而小成，引而申之，触类而长之，天下之能事毕矣。"据此二文，可知《易》道广大，所谓天下之道之事，莫不包举于其中，作《易》者即综合此无穷之道之事，探其本末，得其原则所在，立为六十四纲领，参互错综，可以驭万事万理，譬犹算学之公式，可以应用于各算题也。欲证某公式之正确与否，必演一实题以示例，欲证某卦所含之义理若何，必有卦辞爻辞以说明之。象者所以说一卦一爻之义理，犹数字之用以证公式也。故由卦爻以观象，则事顺而义明，拘象以求卦，则撮末而理碍。王辅嗣云："夫《易》者象也，象之所生，生于义也，有斯义，然后明之以其物。"（乾文言注）又云："夫象者出意者也，言者明象者也。尽意莫若象，尽象莫若言。言主于象，故可寻言以观象，象主于意，故可寻象以观意。意以象尽，象以言著，故言者所以明象，得象而忘言，象者所以存意，得意而忘象。犹蹄者所以存兔，得兔而忘蹄，筌者所以存鱼，得鱼而忘筌也。然而言者象之蹄也，象者意之筌也。是故存言者，非得象者也；存象者非得意者也。象生于意而存象焉，则所存者乃非其象也；言生于象而存言焉，则所存者乃非其言也。然则忘象者乃得意者也，忘言者乃得象者也。得意在忘象，得象在忘言，故立象以尽意而象可忘，重画以尽情而画可忘也。是故触类可为其象，合义可为其征。义苟在健，何必马乎？类苟在顺，何必牛乎？（大壮九三有乾亦云羝羊；坤卦无乾象亦云牝马。）爻苟合顺，何必坤乃为牛？义苟应健，可必乾乃为马？（遁无坤九三亦称牛，明夷无乾六二亦称马。）而或者定马于乾，案文责卦，有马无乾，则伪说滋蔓，难可纪矣。互体不定，遂及卦变，变义不足，推致五行，一失其原，巧喻弥甚，纵复或值，而义无所取，盖存象忘意之由也。忘象以求其意，义斯见矣。"（《周易略例·明象》篇）胡渭《易图明辨》解释王氏此文甚善，兹录以当吾说。胡氏云："按王氏筌蹄之喻，虽出于庄子而其义不同。其所谓忘言忘象者，亦谓学《易》者观象玩辞，期于自得，久之当有所融释脱落耳；非若为先天之学者，欲尽弃周、孔之言，专于羲皇心地上驰骋也。"

《日知录》云："圣人设卦观象而系之辞，若文王、周公是已。夫子作传，传中更无别象。荀爽、虞翻之徒，穿凿附会，象外生象，以同声相应为震巽，同气相求为艮兑，水流湿，火就燥为坎离，云从龙则曰乾为龙，风从虎则曰坤为虎。十翼之中，无语不求其象，而《易》之大指荒矣。"澧案："夫子作传所以解经之取象也，如潜龙则解曰阳在下，牝马则解为地类也；而荀、虞之徒，又于传中生象，诚有如亭林所讥者矣。"（此节录自陈澧《东塾读书记》）陈氏又云："乾为天为圜为君云云，朱子《本义》云：'此章广八卦之象，其间多不可晓者，求之于经，亦不尽合。'（权载之《明经策问》云巽之于人为广颡白眼，坎之于马为美脊薄蹄，诚曲成以弥纶，何取象之琐细！）黄东发《日钞》云：'愚恐此是古者占卜之杂象，如今卦影然，占得某象者，即知为某卦。'（澧案此当云占得某卦者即知为某象。）澧谓东发之说，盖得之矣。此章之象凡一百十三，为数虽不多，然其类甚备。有天之类（如乾为天，震为雷），地之类（如坤为地，震为大涂），人之类（如乾为君为父，坤为母），人身之类（如巽于人为寡发，为广颡），人情之类（如坤为吝啬，震为决躁），人病之类（如坎于人为加忧，为心病，为耳聋），动物之类（如乾为良马，坤为子母牛），植物之类（如乾为木果，震为敷），珍宝之类（如乾为玉，为金），器物之类（如坤为布为釜），物形之类（如乾为圆，巽为绳直），物色之类（如乾为大赤，震为玄黄），以类推之，必更多也。此为占事知来之用，所以遂知来物，非为解经而作，故求之于经多无之，且未必孔子所作，乃自古相传有此术，后世如东方朔、管辂、郭璞之流，盖得其传者也。"

（二）数

《上系辞》曰："天一地二，天三地四，天五地六，天七地八，天九地十。"又曰："是故《易》有太极，是生两仪，两仪生四象，四象生八卦。"寻此两条所云一为数学级数，一为几何级数。盖谓天地变化，万物滋殖，虽极繁赜，而其变化程迹，不外依此二例以演进。故蓍龟所以成天下之亹亹者，其计算即根据于此。天数五，地数五，即天一至地十之数也。分而为二以象两，揲之以四，以象四时，即两仪四象也。

"大衍之数五十"一章，专说蓍卜之法，焦循《易通释》说之曰："循按天地之数五十有五，大衍之数五十，其用四十有九，三数不齐，说者牵合傅会，实而按之，皆不可信。经生不明算数，而其法传诸畴人,尚可考见焉。五十有五为天地之合数,自天一地二天三地四天五地六天七地八天九地十相加所得之数也。明云天数五,地数五,五位相得而各有合。天数二十五,地数三十,合一三五七九为二十五,合二四六八十为三十。又合二十五三十为五十有五。云二十五,云三十五,云五十五,皆是实数。惟变化而行鬼神,乃有大衍之数。

"何为变化?在卦爻为旁通,在算数为互乘。衍字与演同,大衍犹云大通,乃由少而蔓延,引申而至于广大。大衍之数五十者,天一地二天三地四互乘之数也。何为互乘?一乘二为二,二乘三为六,此一二三之互乘也。二乘三为六,六乘四为二十四,此二三四之互乘也。三乘四为十二,一乘十二仍为十二,此三四一之互乘也。四乘一为四,四乘二为八,此四一二之互乘也。合为五十,所谓大衍也。彼此互乘,蕃衍滋溢,故得为衍。衍数自为衍数,合数自为合数,大衍之五十,与天地之数五十有五,各有一数,不能牵合者也。

"大衍之数五十,仅以一二三四互乘者,何也?传云'揲之以四,以象四时',四时春木夏火,秋金冬水,土寄于其中,蓍法既准此以施其揲,则必从四时之木火金水而衍之可知。木火金水即一二三四也。以数之生者衍之,而得成数之六七八九,生数能变,成数已定,不能变也。是天地之数衍一二三四而得六七八九,故相传以为五十不用者此也。非不用大衍之数五十也。

"其用四十九者,郑康成谓五十之数,不可以为七八九六是也。宋李泰伯曰:'五十而用四十九,分于两手,挂其一则存者四十八,以四揲之,十二揲之数也。左手满四,右手亦满四矣。乃扐其八而谓之大多。左手余一,则右手余三,左手余三,则右手余一,左手余二,则右手亦余二矣。乃扐其四而谓之少。三少则扐为十二,并挂而十三，其存者三十六，为老阳，以四计则九揲也，故称九。三多则扐二十四并挂而二十五，其存者二十四，为老阴，以四计之，则六揲也，故称六。一少两多则扐二十，并挂而二十一，其存者二十八，为少阳，以四计之则七揲也，故称七。一多两少，则扐十六，并挂而十七，其存者三十二，为少阴，以四计之，则八揲也，故称八。'（见《易图叙论》，在《盱江全集》）"

右说根据数理，真确可信，汉儒五行爻辰诸说，焦氏所谓牵合傅会者也。

第八节　汉儒易说略义

（一）互体

《困学纪闻》云："京氏谓自二至四为互体，三至五为约象，今皆指为互体。"《日知录》云："凡卦二至四，三至五，两体交互，各成一卦，先儒谓之互体。其说已见于《左氏》。庄公二十二年'陈侯筮遇观䷓之否䷋，曰风为天于土上，山也'，注'自二至四有艮象（四爻变故），艮为山是也'。然夫子未尝及之，后人以杂物撰德之语当之，非也。其所论二与四，三与五，同功而异位，特就两爻相较言之，初何尝有互体之说。"

张惠言《周易郑氏义》曰："互卦有二例。蒙䷃注云互体震☳。同人䷌注云卦体有巽☴。颐䷚注云自二至五有二坤之等，三爻为卦也。大畜䷙注云自九三至上九而颐䷚象，四爻为卦也。然则当有五爻之互，阙不具耳。（案虞仲翔解豫䷏曰豫初至五体比䷇故利建侯，即五爻之互。）又既济䷾九五爻云，互体为坎☵。

旅 ䷷ 初六云互体艮。或郑以上下分象皆为互体。"

互体之说，殊嫌破碎，新安王炎尝问张南轩曰："伊川令学者先看王辅嗣、胡翼之、王介甫三家《易》，何也？"南轩曰："三家不论互体故耳。"据此则宋儒亦知互体之非矣。

（二）爻辰

京房（君明）郑玄（康成）释《周易》，皆言爻辰。爻辰者以乾坤十二爻当十二律十二辰也。惠栋《易汉学·郑氏易》作十二月爻辰图及爻辰所值二十八宿图。张惠言《周易郑氏义》作爻辰图，视惠图为精密。兹变通诸图列为表如下。

乾坤十二爻	十二律	十二辰	二十四气	二十八宿
乾初九	黄钟	子	大雪 冬至	危 虚 女
坤六四	大吕	丑	小寒 大寒	牛 斗
乾九二	大簇	寅	立春 雨水	箕 尾 心
坤六五	夹钟	卯	惊蛰 春分	房 氐
乾九三	姑洗	辰	清明 谷雨	亢 角 轸
坤上六	仲吕	巳	立夏 小满	翼 张

续表

乾坤十二爻	十二律	十二辰	二十四气	二十八宿
乾九四	蕤宾	午	芒种 夏至	星 柳
坤初六	林钟	未	小暑 大暑	鬼 井
乾九五	夷则	申	立秋 处暑	参 觜 毕
坤六二	南吕	酉	白露 秋分	昴 胃
乾上九	无射	戌	寒露 霜降	娄 奎 壁
坤六三	应钟	亥	立冬 小雪	室 危

（三）纳甲

虞仲翔据《参同契》以注《易》因用纳甲之说。（孟长卿亦用之，惟孟说不可详考。）（小畜上九日月几望，《易》说曰："月十五盈乾甲，十六见巽辛，内乾外巽，故月几望。"中孚六四"月几望"，晁氏说之曰："孟、荀、一行，'几'作'既'，孟喜曰'十六日也'。"案孟氏说纳甲之证，惟此一条耳。）虞说见《上系辞》注，而说坤象"西南得朋，乃与类行，东北丧朋，乃终有庆"曰，此指说易道阴阳消息之大要也。谓阳月三日变而成震，出庚，至月八日成兑，见丁，庚西丁南，故西南得朋，谓二阳为朋。二十九日消乙入坤，灭藏于癸，乙东癸北，故东北丧朋，谓之以坤灭乾，坤为丧也。惠定宇《易汉学》说纳甲甚详，兹录其图如下：

八卦纳甲之图

（庚）月三日生明为震象 　　（辛）十六日生魄为巽象

（甲）十五日望为乾象 　　　（乙）二十九日晦为坤象

（丁）八日上弦为兑象 　　　（丙）二十三日下弦为艮象

　　王引之《经义述闻》、焦理堂《易图略》皆有驳虞氏之说，陈兰甫《东塾读书记》驳纳甲语尤简明，学者可参阅之。

（四）卦气

　　惠栋《易汉学》曰："孟氏卦气图，以坎离震兑为四正卦，余六十卦，卦主六日七分，合周天之数。内辟卦十二，谓之消息卦。（辟卦十二即复、临、泰、大壮、夬、乾、姤、遁、否、观、剥、坤。）乾盈为息，坤虚为消，其实乾坤十二画也。系辞云乾之策二百一十有六，坤之策一百四十有四，凡三百有六，当期之日。夫以二卦之策，当一期之数，则知二卦之爻，周一岁之用矣。四卦震离兑坎主四时，爻主二十四气，十二卦主十二辰，爻主七十二候，六十卦主六日七分，爻主三百六十五日四分之一，辟卦为君，杂卦为臣，四正为方伯，二至二分寒温风雨，总以应卦为节。"

《易是类谋》曰："冬至日在坎，春分日在震，夏至日在离，秋分日在兑。四正之卦，卦有六爻，爻主一气（共主二十四气），余六十卦，卦主六日七分八十分日之七。岁有十二月，三百六十五日四分曰之一，六十而一周。"

孔颖达曰："六十卦卦有六爻，爻别主一日，凡主三百六十日，余有五日四分之一者，每日分为八十分，五日分为四百分，四分日之一，又分为二十分，是四百二十分，六十卦分之，六七四十二，卦别各得七分，是每卦六日七分也。"

（五）旁通

六爻变易者为旁通。《乾·文言》曰："六爻发挥，旁通情也。"陆绩注云："乾六爻发挥旁通于坤，此旁通之法所由昉也。"

例如：

乾☰（下乾上乾）下卦旁通坤☷，上卦旁通坤☷，重卦旁通坤䷁。

坤䷁（下坤上坤）下卦旁通乾☰，上卦旁通乾☰，重卦旁通乾☰。

屯䷂（下震上坎）下卦旁通巽☴，上卦旁通离☲，重卦旁通鼎䷱。

蒙䷃（下坎上艮）下卦旁通离☲，上卦旁通兑☱，重卦旁通革䷰。

凡此卦与彼卦旁通者，则此卦之义互见于彼卦，所谓比例也。如：

师䷆与同人䷌为旁通卦，而同人言大师克相遇。

需䷄与晋䷢为旁通卦，故晋者进也，需者不进也。

涣䷺与丰䷶为旁通卦，故丰言遇夷主，而涣言匪夷所思。

鼎䷱与屯䷂为旁通卦，故鼎言雉膏不食，而屯言屯其膏。

讼䷅与明夷䷣为旁通卦，故讼言食旧德，明夷则言不食。

履䷉与谦䷎为旁通卦，故履者礼也，而谦以制礼。（系辞）

有旁通之卦，即有相错之卦，故系辞言八卦相错，即各卦亦然。如：

乾䷀与坤䷁旁通，而否䷋泰䷊即为乾坤相错之卦。

震䷲与巽䷸旁通，而恒䷟益䷩即为震巽相错之卦。

坎䷜与离䷝旁通，而既济䷾未济䷿即为坎离相错之卦。

凡此卦与彼卦相错者，则此卦之义亦互见于彼卦。如：

蒙䷃革䷰为困䷮贲䷕之相错，故蒙称困蒙。

睽䷥蹇䷦为旅䷝节䷻之相错，故蹇称中节。

家人䷤解䷧为涣䷺丰䷶之相错，故丰称蔀其家。

故旁通相错之义，均因比例而后见，然咸有一定之例，可以类求。一爻变易者为变化，故变化可附于旁通。

《说坤传》云："然后能变化既成万物也。"虞注云："谓乾变而坤化，《左氏传》昭二十九年传云'在乾之姤又曰坤之剥'，均一爻之变化也。"此变化之法所由昉也。例如：

乾䷀初九变姤䷫，九二变同人䷌，九三变履䷉，九四变小畜䷈，九五变大有䷍，上九变谦䷎。

坤䷁初六变复䷗，六二变师䷆，六三变谦䷎，六四变豫䷗，六五变比䷇，上六变剥䷖。

屯䷂初九变比䷇，六二变节䷻，六三变既济䷾，六四变随䷐，九五变复䷗，上六变益䷩。

条举数卦，余可类推。盖变化者即阳爻变阴，阴爻变阳之谓也。

（六）反复

六爻移易者为反复。（凡反复之卦必相连，义必相反，见《杂卦传》。）

《乾·文言》传云"反复其道"，复象云"反复其道"，此反复之法所由昉也。虞氏观象注云"观反临也"，渐象注云"反成归妹"。盖反复者六爻交易之谓也。例如：

临䷒（下兑上坤）反复之则为观䷓（下坤上巽），而观反复亦为临。

渐䷴（下艮上巽）反复之则为归妹䷵（下兑上震），而归妹反复亦为渐。

约举二例，余可类求。舍乾坤二卦而外，无一非反复之卦也。

一爻移易者为往来。

蹇六四爻辞云："往蹇来连。"荀爽注云："欲往之三来还承五。"此往来之法所由昉也。虞氏蛊象注云"泰初之上"，临象注云"五上易位"。即往来之例也。例如：

蛊䷑（下巽上艮）初六九二易贲䷕，九二九三易本卦，九三六四易未济䷿，六四六五易本卦，六五上九易井䷯，上九初六易泰䷊。

颐䷚（下震上艮）初九六二易蒙䷃，六二六三易本卦，六四六五易本卦，六五上九易屯▓▓，上九初九易本卦。

约举二例，余可类求。盖移易之两爻，悉为阳爻，或悉为阴爻，则均易本卦。若一阴一阳，则改易他卦，此一定之例也。

二例而外别有上下易之例。上下易者，六爻交易之谓也。《系辞》第十二章云："易之以书契，盖取诸夬。"虞注云："履上下易也，大壮大过夬。"此三卦盖取直两象上下相易，故俱言易之，此上下易之法所由昉也。又虞氏小畜象注云："豫四之坤初为复。"大畜象注云："此萃五之复二成临。"惠栋《易例》云："豫者复两象易也，萃者临两象易也。"例如：

履▓▓（下兑上乾）使乾居下而兑居上，则为夬▓▓（下乾上兑）。

豫▓▓（下坤上震）使震居下而坤居上，则为复▓▓（下震上坤）。

临▓▓（下兑上坤）使坤居下而兑居上，则为萃▓▓（下坤上兑）。

要而论之，《易经》之位，上下无常，刚柔相易，不可为典要，惟变所适。故易爻无定位，观于反复往来上下易三例，可以知矣。

系辞曰："列贵贱者存乎位。"然《易经》之言位也，至为无定。如五为君位，二三四为臣位，而乾之九四首言或跃在渊，则以臣位而有君象矣，君位岂有定哉。乾之上九则曰贵而无位者非指隐忍不仕者言也，乃指功成不居者言。约举二例，可以知《易》之无定矣。

（七）升降

升降之说见于荀爽解"云行雨施"云：乾坤二卦成两既济，阴阳和均而得其正。解"日月合其明"云：坤五之乾二成离，乾二之坤五为坎。解"或跃在渊"云：坎下居坤初。解"行而未成"云：谓行之坤四。解"含宏光大"云：乾二居坤五为含，坤五居乾二为宏，坤初居乾四为光，乾四居坤初为大。但荀氏明升降于乾坤二卦，于诸卦则不详升降者，二与五易，初与四易，三与上易。若本卦无可易，则以此卦之二爻交彼卦之五爻，以此卦之初爻交彼卦之四爻，以此卦之三爻交彼卦之上爻，即系辞所谓各指其所之也。例如：

乾䷀（下乾上乾）初与坤四易姤䷫，二与坤五易同人䷌，三与坤上易履䷉；四与坤初易小畜䷈，五与坤二易大有䷍，上与坤三易夬䷪。

坤䷁（下坤上坤）初与乾四易复䷗，二与乾五易师䷆，三与乾上易谦䷎；四与乾初易豫䷏，五与乾二易比䷇，上与乾三易剥䷖。

屯䷂（下震上坎）初与四易萃䷬，二与五易临䷒，三与鼎上易既济䷾；四与初易萃䷬，五与二易临䷒，上与鼎三易益䷩。

凡此卦某爻与彼卦某爻互交，而他卦某爻亦与彼卦某爻互交者，则两卦之义象必同。例如：

睽䷥二之五为无妄䷘，井䷯二之噬嗑䷔五亦为无妄䷘，故睽之噬肤即噬嗑之噬肤。

坎䷜三之离䷝上成丰䷶，噬嗑䷔上之三亦成丰䷶，故离之日昃，丰之日中即噬嗑之日中。

晋䷢上之三为小过䷽，小畜䷈上之豫䷏三亦为小过䷽，故小过遇其妣，即晋之王母遇其祖，即豫之祖考。渐䷴上之归妹䷵三，则归妹成大壮䷡，渐成蹇䷦，蹇大壮相错成需䷄，故归妹以须，须即需也。

归妹䷵四之渐䷴初，则渐成家人䷤，归妹成临䷒，临通遁䷠相错为谦䷎履䷉，故眇能视跛能履，临二至五即履二谦五之比例。

若援此类推，可得引伸触类之义矣。

此例《焦氏易图略》言之最详。其言曰："洞渊九容之数，如积相消，必得两数相等者交互求之，而后可得其数。此即两卦相孚之义也。非有孚则不相应，非同积则不相将。传明云'哀多益寡'，又云'叁伍错综其数'。又云'引而伸之，触类而长之'。其脉络之钩贯，或用一言或用一字，转相牵系，似极繁赜，而按之井然，不啻方圆弦股以甲乙丙丁之字指之，虽千变万化，缘其所标以为之识，无不了然可见。"

又升降之法，先二五而后初四三上者为当位，不俟二五而初四三上先行者为失道。故升降一门必兼言当位不当位，《焦氏易图略》一书，可参考也。

自五至七条，引刘申叔《经学教课书》。

第九节　连山　归藏

《周礼》太卜掌三《易》之法：一曰《连山》，二曰《归藏》，三曰《周易》。其经卦皆八，其别皆六十有四。又簭人掌三《易》，以辨九簭之名，一曰《连山》，二曰《归藏》，三曰《周易》。据此二文知周代三《易》并用，惟《连山》《归藏》，为何时之《易》？杜子春云："《连山》伏羲，《归藏》黄帝也。"孔颖达曰："《连山》起于神农，《归藏》起于黄帝。"皇甫谧曰："夏人因炎帝曰《连山易》，其卦以纯艮为首，艮为山，山上山下，是名连山。云气出内于山，夏以十三月为正人统，退渐正月故以艮为首。"贾公彦曰："殷人因黄帝曰《归藏》，《归藏易》以纯坤为首，坤为地，万物莫不归而藏于其中。殷以十二月为正地统，故以坤为首。"总上诸家之说，可知：

《连山》起于伏牺或神农，而夏人因之。

《归藏》起于黄帝，而殷人因之。

《汉书·艺文志》不载《连山》《归藏》，是汉时或已亡佚。桓谭曰："《连山》八万言，《归藏》四千三百言，夏《易》烦而殷《易》简。"又曰："《连山》藏于兰台，《归藏》藏于太卜。"桓谭之说，未知可信否。

《唐书·艺文志》有《连山》十卷（司马膺注），此即刘炫所伪造者。《北史·刘炫传》："时牛弘奏购求天下遗逸之书，炫遂伪造书百余卷，题为《连山易》《鲁史记》等，录上送官，取赏而去。后人有讼之，经赦免死，坐除名。"今炫书亦亡，李淳风《乙巳占》云："有冯羿者得不死之药于西王母，姮娥窃之以奔月，将往，枚筮于有黄。有黄占之曰：'吉。翩翩归妹，独将西行，逢天晦芒，无恐无惊，后且大昌。'姮娥遂托身于月。（《续汉·天文志》上注引张衡《灵宪》与此略异。严可均疑为《归藏》之文。）"按此当即刘炫伪书之遗文。又郦道元《水经注》引《连山易》云："有崇伯鲧伏于羽山之野。"是元魏时亦有所谓《连山》者矣。（姮娥奔月宫事，见《淮南子》。尧殛鲧于羽山，其神化为黄熊，以入于羽渊，见《左传》。造《连山》者窃以此傅会成之。）

《隋书·经籍志》有《归藏》十三卷（晋太尉参军薛贞注）。胡应麟曰："《七略》无《归藏》，《晋中经簿》始有此书，《隋志》因之，称此书惟载卜筮，不类圣人之旨。"盖唐世固疑其伪矣。

《归藏》在赵宋时仅存《初经》《齐母》《本蓍》三篇；元明之际，三篇又亡，严可均辑得八百四十六字，今略录数条如下。

昔者桀筮伐唐，而枚占于荧惑，曰不吉，不利出征，惟利安

处，彼为狸，我为鼠，勿用作事，恐伤其父。(《御览》八十二又九百十二)

剥良人得其玉，君子得其粟。(《御览》八百四十)

上有高台，下有雍池，以此事君，其贵若化，若以贾市，其富如何。(《御览》四百七十二)

有人将来，遗我货贝，以正则彻，以求则得，有喜则至。(《艺文类聚》八十四)

昔女娲筮，张云幕而枚占，神明占之曰，吉。昭昭九州，日月代极，平均土地，和合万国。(《北堂书钞》《初学记》《御览》引《归藏启筮》)

空桑之苍苍，八极之既张，乃有夫羲和，是主日月，职出入以为晦明。(《山海经·大荒南经》注引《启筮》)

滔滔洪水，无所止极，伯鲧乃以息石息壤，以填洪水。(《山海经·海内经》注引《启筮》)

鲧死三岁不腐，剖之以吴刀，化为黄龙。(《海内经》注引《启筮》)

鲧殛死三岁不腐，副之以吴刀，是用出禹。(《初学记》二十二引《启筮》)

昔彼九冥，是与帝辩，同宫之序，是为九歌。(《山海经·大荒西经》注引《启筮》)

昔者羿善射，弹十日，果毕之。(《山海经·海外东经》注引《郑母经》。案此事见《淮南子》。)

初坤初乾，初离初坎，初兑初艮，初震初巽。(《路史》后纪五，又《发挥》引《归藏》初经。《玉海》三十五亦引此文，惟字略异)

瞿有瞿有，觚宵梁为酒。尊于两壶两羭，饮之三日然后稣。士有泽，我取其鱼。（《尔雅·释畜》注引此文。疏云《归藏齐母经》之文也，瞿有，卦名。）

著末大于本为上吉，蒿末大于本为次吉，荆末大于本次吉，箭末大于本次吉，竹末大于本次吉。著一五神，蒿二四神，荆三三神，箭四二神，竹五一神，筮犯皆藏，五筮之神明皆聚焉。（《御览》七百二十七引《归藏》，不著篇名，严可均断为本著篇文。）

总观上引诸文，迂诞浅薄，不可与《周易》比长短。其为后人依托，实无疑义。孔子曰："吾得坤乾焉。"苟今所见《归藏》果不伪，则孔子亦何贵此乾坤为哉。

第三章　尚书

第一节　尚书名义

　　《史记·孔子世家》："序《书》传，上纪唐虞之际，下至秦缪，编次其事，故《书》传自孔氏。"《汉书·艺文志》曰："《易》曰'河出图，洛出书，圣人则之'，故《书》之所起远矣，至孔子纂焉，上断于尧，下讫于秦，凡百篇，而为之序，言其作意。"据马、班二氏说，孔子定《书》百篇，且为之序，是《书》果出于孔门也。然《尚书》之名，果孔子所加乎？称之曰"尚"，又何所取义乎？《尚书纬璇玑钤》云："因而谓之'书'加'尚'以尊之。"郑康成《书赞》云："孔子撰《书》，乃尊而命之曰'尚书'，'尚'者'上'也，盖言若天书然。"马融《书传序》云："上古有虞氏之书，故曰《尚书》。"《论衡·须颂》篇曰："或说《尚书》曰'尚'者'上'也，上所为，下所书也。下者谁也？曰臣子也。然则臣子书上所为矣。"王肃《书注序》云："上所言，下为史所书，故曰'尚书'也。"伪《孔安国序》云："济南伏生，年过九十，失其本经，口以传授，裁二十余篇，以其上古之书，谓之《尚书》。"总上诸说，伪《孔序》不足论。郑说本于书纬，以尚书为尊崇之义，殆未必然。王说略同《论衡》，信如其说，则似当曰下书矣。窃意马融之言，较为精当。《墨子·明鬼》篇云："《尚书》夏书，其次商周之书。"是明谓上古之书，及夏商周书也。其所以独称尚书，不与夏商周以代为号者，盖《尧典》等篇，以时代言之则最古，以德业

54

言之则道冠三王故也。可知尚书之名，旧已有之，因其记上古事，列在百篇之首，即以概称全书，不必孔子所加矣。

《尚书正义》曰："郑作《书论》，依《尚书纬》云（案即《璇玑钤》），'孔子求书，得黄帝玄孙帝魁之书，迄于秦穆公，凡三千二百四十篇（《史记索隐》引作三千三百三十篇，多九十篇。），断远取近，定可以为世法者百二十篇，以百二为《尚书》，十八篇为《中候》（书纬名）。去三千一百二十篇。'"伪《孔序》阴袭其说，谓："先君孔子生于周末，睹史籍之烦文，惧览之者不一，讨论坟典，断自唐、虞以下，迄于周，芟夷烦乱，翦截浮辞，举其宏纲，撮其机要，足以垂世立教，典、谟、训、诰、誓、命之文凡百篇。"案纬候矫诬之言，本不足信；《史记》《汉书》明云"序书"，作伪者岂未之睹耶？

《周礼》"外史掌三皇五帝之书"，注云："即楚灵王所谓三坟五典。"（《左》昭十二年贾逵注同。）疏引《孝经纬》云："三皇无文，文字起于黄帝。今此有三皇之书者，三皇虽无文，以有文字之后，仰录三皇时事故也。"案《周易集解》伏曼容注引《尚书大传》曰："乃命五史以书五帝之虫事。"（虫事犹故事也）据此可作《尧典》为周代史官仰录之证，亦可证称《尚书》不称《唐虞书》之故。

顾亭林《日知录》云："窃疑古时有《尧典》，无《舜典》，有《夏书》，无《虞书》，而《尧典》亦《夏书》也。《孟子》引'二十八载，放勋乃殂落'而谓之'尧典'，则序之别为'舜典'者非矣。"《左氏传》庄公八年引"皋陶迈种德"，僖公二十四年引"地平天成"，二十七年引"赋纳以言"，文公七年引"戒之用休"，襄公五年引"成允成功"，二十一年、二十三年两引"念兹在兹"，二十六年引"与其杀不辜，宁失不经"，哀公六年引"允出兹在兹"，十八年引"官占惟先蔽志"，《国语》周内史过引"众非元后，何戴，后非众，罔与守邦"而皆谓之"夏书"，则后之目为"虞书"者赘矣。何则？记此书者必出于夏之史官，虽传之自唐，而润色成文，不无待于后人者，故篇首言"曰若稽古"，以古为言，明非当日之记也。世更三世，事同一家，以夏之臣，追记二帝之事，则言尧可以见舜，不若后人之史，每帝立一本纪而后为全书也。案顾氏说甚精谛，惟谓"古有《尧典》而无《舜典》"则非是。虞书之名，后儒所加，古者《尚书》《夏书》，并为一科，故分言则有《尚书》《夏书》，篇首有"曰若稽古"，追记上古事者《尚书》也，《墨子》所称者即此。其篇数不多，故并于《夏书》而合称之，顾氏所疑者即此。《正义》言马融、郑玄、王肃、《别录》题皆曰"虞夏书"，以虞夏同科，殆即墨子《尚书》《夏书》合称之遗意矣。

第二节　尚书篇目

孔子定《尚书》为百篇，郑玄《书序》以为《虞夏书》二十篇，《商书》四十篇，《周书》四十篇。《史记·儒林传》曰："秦时焚书，伏生壁藏之，其后兵大起，流亡。汉定，伏生求其书，亡数十篇，独得二十九篇，即以教于齐鲁之间。"又曰："孔氏有古文《尚书》，而安国以今文读之，因以起其家，逸书得十余篇。盖《尚书》滋多于是矣。"案太史公生西汉之初，亲从安国问故，说《尚书》当以《史记》为准绳。又《艺文志》云："刘向以中古文校欧阳、大小夏侯三家经文，《酒诰》脱简一，《召诰》脱简二。率简二十五字者，脱亦二十五字，简二十二字者，脱亦二十二字。"据此文尤可信伏生所传之经，实由残余之二十九篇，写成今文，无一字出于口诵。若卫宏《尚书序》（《汉书·儒林传》注引）所云："伏生老不能正言，使其女传教晁错，齐人语与颖川异，错所不知十二三，略以意读之而已。"王充（《论衡·正说篇》）所云："济南伏生抱百篇，藏于山中，孝景皇帝时始求《尚书》，伏生已出山中，景帝使晁错往从受《尚书》二十余篇。伏生老死，书残不竟。晁错传于倪宽。至孝宣帝之时，河内女子发老屋，得逸《易》《礼》《尚书》各一篇，奏之。宣帝下示博士，然后《易》《礼》《尚书》各益一篇，而《尚书》二十九篇始定矣。"又曰："或曰《尚书》二十九篇者，法北斗与七宿也，四七二十八篇，其一曰斗矣，故二十九篇。"以上诸说，皆不足信。

《汉书·艺文志》尚书家：《尚书》古文经四十六卷（自注为五十七篇），经二十九卷（自注大小夏侯二家），欧阳经三十二卷，欧阳章句三十一卷，大小夏侯章句各二十九卷，大小夏侯解故二十九篇。

陆德明《经典释文》云："江左中兴，元帝时，豫章内史梅赜奏上孔传古文《尚书》，亡《舜典》一篇，购不能得，乃取王肃注《尧典》，从'慎徽五典'以下分为《舜典》篇以续之，学徒遂盛。"

清儒治汉人《尚书》之学者，自阎百诗以下，无虑数十家，皆有精湛独到之功，惟众说纷纭，异同间出，学者至此，不禁浩然兴叹。阳湖孙星衍独集众说之长，撰《尚书今古文注疏》，又撰《古文尚书马郑注》，学者读此两书，得其途径，则九达之衢，庶不至徬徨无归乎。

《古文尚书马郑注》序曰"书有四而伪者二，亡者三"：一曰，汉文帝使晁错所受伏生《尚书》二十八篇，《泰誓》后得，大小夏侯为二十九，欧阳三分《盘庚》为三十一；马氏、郑氏三分《泰誓》，又分《顾命》出《康王之诰》为三十四，益以《书序》而为之注，即《隋·经籍志》所称马融注《尚书》十一卷，郑玄注《尚书》九卷也。一曰，汉武帝末，孔子壁中所出古文《尚书》，杜林得之西州、郑氏受张恭祖皆即其本，较伏生书增多十六篇，合于伏生书二十九并序，为四十六篇。古者竹帛异施，篇卷同耳。故《艺文志》云"古文经四十六卷"。而班固自注为五十七篇者，内分《盘庚》《泰誓》各为三，《顾命》为二，《九共》为九，除序数之为五十八，武成后亡，故云五十七篇也。一曰，汉成帝时，张霸所作《百两篇》，既以中书校之非是，乃黜其书。一曰，晋元帝时梅赜所上《尚书》孔传五十八篇引《书序》以冠各篇之首。今考梅赜书篇数，与古不相应，伏生二十九篇本文，存此书中，亦或删改。《尚书》，一厄于秦火，则百篇为二十九；再厄于建武，而亡武成；三厄于永嘉，则众家书及古文尽亡；四厄于梅赜则以伪乱真；五厄于孔颖达则以是为非，而马、郑之注亡于宋；六厄于唐开元时诏卫包改古文从今文，则并伪《孔传》中所存二十九篇本文失其真；七厄于宋开宝中李鄂删定《释文》，并陆德明音义，俱非其旧矣。

兹本孙氏《尚书》篇目表稍变其法，分列如下：

虞夏书名	夏侯尚书篇数	欧阳尚书篇数	孔壁古文篇数	马郑尚书篇数		伪孔尚书篇数	
	有或无	有或无	有或无	注	述	真	伪
尧　典	1	1	1	1	0	2	0
舜　典	0	0	1	0	1	0	0
汨　作	0	0	1	0	1	0	0
九　共	0	0	9	0	9	0	0
稿　饫	0	0	0	0	0	0	0
大禹谟	0	0	1	0	1	0	1
皋陶谟	1	1	1	1	0	2	0
弃　稷	0	0	1	0	1	0	0

续表

虞夏书名	夏侯尚书篇数	欧阳尚书篇数	孔壁古文篇数	马郑尚书篇数		伪孔尚书篇数	
	有或无	有或无	有或无	注	述	真	伪
禹　贡	1	1	1	1	0	1	0
甘　誓	1	1	1	1	0	1	0
五子之歌	0	0	1	0	1	0	1
胤　征	0	0	1	0	1	0	1
总　数	4	4	19	4	15	6	3

说明：（一）马郑注伏生书分二十九篇为三十四篇，述古文二十四篇，故表中分"注""述"二类。

（二）伪孔分《尧典》之半为《舜典》，又分《皋陶谟》之半为《益稷》，故表中列作二篇。

（三）《虞夏书》共二十篇。

商书篇名	夏侯尚书篇数	欧阳尚书篇数	孔壁古文篇数	马郑尚书篇数		伪孔尚书篇数	
	有或无	有或无	有或无	注	述	真	伪
帝　告	0	0	0	0	0	0	0
釐　沃	0	0	0	0	0	0	0
汤　征	0	0	0	0	0	0	0
汝　鸠	0	0	0	0	0	0	0
汝　方	0	0	0	0	0	0	0
夏　社	0	0	0	0	0	0	0
疑　至	0	0	0	0	0	0	0
臣　扈	0	0	0	0	0	0	0
汤　誓	1	1	1	1	0	1	0
仲虺之诰	0	0	0	0	0	0	1
汤　诰	0	0	1	0	1	0	1

续表

商书篇名	夏侯尚书篇数	欧阳尚书篇数	孔壁古文篇数	马郑尚书篇数		伪孔尚书篇数	
	有或无	有或无	有或无	注	述	真	伪
咸有一德	0	0	1	0	1	0	1
典　宝	0	0	1	0	1	0	0
明　居	0	0	0	0	0	0	0
伊　训	0	0	1	0	1	0	1
肆　命	0	0	1	0	1	0	0
徂　后	0	0	0	0	0	0	0
太　甲	0	0	0	0	0	0	3
沃　丁	0	0	0	0	0	0	0
咸　乂	0	0	0	0	0	0	0
伊　陟	0	0	0	0	0	0	0
原　命	0	0	1	0	1	0	0
仲　丁	0	0	0	0	0	0	0
河亶甲	0	0	0	0	0	0	0
祖　乙	0	0	0	0	0	0	0
盘　庚	1	3	3	3	0	3	0
说　命	0	0	0	0	0	0	3
高宗肜日	1	1	1	1	0	1	0
高宗之训	0	0	0	0	0	0	0
西伯戡黎	1	1	1	1	0	1	0
微　子	1	1	1	1	0	1	0
总　数	5	7	13	7	6	7	10

说明：（一）本表第二部连接于第一部。

（二）《商书》四十篇内《太甲》三篇，《咸乂》四篇，《盘庚》三篇，《说命》三篇。

周书篇名	夏侯尚书篇数	欧阳尚书篇数	孔壁古文篇数	马郑尚书篇数		伪孔尚书篇数	
	有或无	有或无	有或无	注	述	真	伪
泰　誓	1	1	3	3	0	0	3
牧　誓	1	1	1	1	0	1	0
武　成	0	0	1	0	1	0	1
洪　范	1	1	1	1	0	1	0
分　器	0	0	0	0	0	0	0
旅　獒	0	0	1	0	1	0	1
旅巢命	0	0	0	0	0	0	0
金　縢	1	1	1	1	0	1	0
大　诰	1	1	1	1	0	1	0
微子之命	0	0	0	0	0	0	1
归　禾	0	0	0	0	0	0	0
嘉　禾	0	0	0	0	0	0	0
康　诰	1	1	1	1	0	1	0
酒　诰	1	1	1	1	0	1	0
梓　材	1	1	1	1	0	1	0
召　诰	1	1	1	1	0	1	0
洛　诰	1	1	1	1	0	1	0
多　士	1	1	1	1	0	1	0
无　逸	1	1	1	1	0	1	0
君　奭	1	1	1	1	0	1	0
成王政	0	0	0	0	0	0	0
将薄姑	0	0	0	0	0	0	0
多　方	1	1	1	1	0	1	0

续表

周书篇名	夏侯尚书篇数	欧阳尚书篇数	孔壁古文篇数	马郑尚书篇数		伪孔尚书篇数	
	有或无	有或无	有或无	注	述	真	伪
周　　官	0	0	0	0	0	0	1
立　　政	1	1	1	1	0	1	0
贿息慎之命	0	0	0	0	0	0	0
亳　　姑	0	0	0	0	0	0	0
君　　陈	0	0	0	0	0	0	1
顾　　命	1	1	1	1	0	1	0
康王之诰	0	0	1	1	0	1	0
毕　　命	0	0	0	0	0	0	0
君　　牙	0	0	0	0	0	0	1
冏　　命	0	0	1	0	1	0	1
蔡仲之命	0	0	0	0	0	0	0
粊　　誓	1	1	1	1	0	1	0
吕　　刑	1	1	1	1	0	1	0
文侯之命	1	1	1	1	0	1	0
秦　　誓	1	1	1	1	0	1	0
总　　数	20	20	26	23	3	20	12

说明：（一）本表第一部连接第二部。

（二）大小夏侯及欧阳均并《顾命》《康王之诰》为一篇。

（三）《周书》四十篇，内《泰誓》以三篇计。

下列一表，系《虞夏书》，《商书》，《周书》，合计之数共百篇。

伏生壁藏得存二十八篇，《泰誓》后得，大小夏侯为二十九篇，欧阳三十一篇。（分《盘庚》为三篇，大小夏侯不分。）孔壁古文五十八篇,《武成》后亡,为五十七篇。马、郑泘伏生书分二十九篇为三十四篇,述古文二十四篇。伪《安国书传》五十八篇。

	尚书篇数	夏侯尚书篇数	欧阳尚书篇数	孔壁古文篇数	马郑尚书篇数		伪孔尚书篇数	
					注	述	真	伪
虞夏	20	4	4	19	4	15	6	3
商书	40	5	7	13	7	6	7	10
周书	40	20	20	26	23	3	20	12
总数	100	29	31	58	34	24	33	25
					58		58	

第三节　书序

《史记·孔子世家》:"孔子因史文,作《春秋》,纪元年,正时日月,盖其详哉。至于序《尚书》,则略无年月,或颇有,然多阙不可录,故疑则传疑,盖其慎也。"又云:孔子"序《书》传,上纪唐虞之际,下至秦缪,编次其事"。马融、郑康成皆曰:"《书》序孔子所作。"

《释文》云:"马、郑之徒,百篇之序,总为一卷。"《正义》云:"作序者,不敢厕于正经,故谦而聚于下。"知今伪《孔传》以序散入经中,冠诸各篇,非旧式也。兹录《书》序于下,以知各篇大意。

(1)《尧典》　昔在帝尧,聪明文思,光宅天下,将逊于位,让于虞舜,作《尧典》。(自"曰若稽古"至"陟方乃死"是也。古文《尚书》与今文同。)

（2）《舜典》　虞舜侧微，尧闻之聪明，将使嗣位，历试诸难，作《舜典》。（郑云"细注逸"。）

（3）《汩作》《九共》《稾饫》　帝釐下土方（马融曰"釐，赐也，理也"），设居方，别生分类，作《汩作》，《九共》九篇，《稾饫》。（郑玄曰《汩作》逸，《九共》九篇逸，《稾饫》亡。郑以有目无书者谓之亡，有书而不立学官者谓之逸。分别甚明。）

（4）《大禹》《皋陶谟》《益稷》　（段玉裁云："'大禹'之下，当是脱一'谟'字。"）皋陶矢厥谟，禹成厥功，帝舜申之，作《大禹》《皋陶谟》《益稷》。（《皋陶谟》篇自"曰若稽古皋陶"至"俞往钦哉"与今文《尚书》同。郑云："《大禹谟》逸，《弃稷》逸。"）

（5）《禹贡》　禹别九州，随山浚川，任土作贡。

（6）《甘誓》　启与有扈战于甘之野，作《甘誓》。

（7）《五子之歌》　太康失邦，昆弟五人须于洛汭，作《五子之歌》。（郑云"《五子之歌》逸"。）

（8）《胤征》　羲和湎淫，废时乱日，胤往征之，作《胤征》。（郑云"《胤征》逸"。）

以上《虞夏书》。

（9）《帝告》《釐沃》　自契至于成汤八迁，汤始居亳，从先王居，作《帝告》《釐沃》。（郑云"《帝告》亡，《釐沃》亡"。）

（10）《汤征》　汤征诸侯，葛伯不祀，汤始征之，作《汤征》。（郑云"《汤征》亡"。）

（11）《女鸠》《女方》　伊尹去亳适夏，既丑有夏，复归于亳，入自北门，乃遇女鸠、女方，作《女鸠》《女方》。（郑云"《女鸠》亡，《女方》亡"。）

（12）《夏社》　汤既胜夏，欲迁其社不可，作《夏社》。（郑云"《夏社》亡"。）

（13）《疑至》《臣扈》　（郑云"《疑至》亡，《臣扈》亡"。）

（14）《汤誓》　伊尹相汤伐桀，升自陑，遂与桀战于鸣条之野，作《汤誓》。

（15）《典宝》　夏师败绩，汤遂从之，遂伐三朡，俘厥宝玉，谊伯、仲伯作《典宝》。（郑云"《典宝》逸"。）

（16）《仲虺之诰》　汤归自夏，至于大坰，仲虺作诰。（郑云"《仲虺之诰》亡"。）

（17）《汤诰》　汤既黜夏命，复归于亳，作《汤诰》。（郑云"《汤诰》逸"。）

（18）《咸有一德》　伊尹作《咸有一德》。（郑云"《咸有一德》逸"。）

（19）《明居》　咎单作《明居》。（郑云"《明居》亡"。）

（20）《伊训》《肆命》《徂后》　成汤既没，太甲元年，伊尹作《伊训》《肆命》《徂后》。（郑云"《伊训》逸，《肆命》逸，《徂后》亡"。）

（21）《太甲》　太甲既立，不明，伊尹放诸桐，三年，复归于亳，思庸，伊尹作《太甲》三篇。（郑云"《太甲》三篇亡"。）

（22）《沃丁》　沃丁既葬伊尹于亳，咎单遂训伊尹事作《沃丁》。（郑云"《沃丁》亡"。）

（23）《咸乂》　伊陟相大戊，亳有祥桑穀共生于朝，伊陟赞于巫咸，作《咸乂》四篇。（郑云"《咸乂》四篇亡"。）

（24）《原命》　大戊赞于伊陟，作《原命》。（郑云"伊陟亡，《原命》逸"。）

（25）《仲丁》　仲丁迁于嚣，作《仲丁》。（郑云"《仲丁》亡"。）

（26）《河亶甲》　河亶甲居相，作《河亶甲》。（郑云"《河亶甲》亡"。）

（27）《祖乙》　祖乙圯于耿，作《祖乙》。（郑云"《祖乙》亡"。）

（28）《盘庚》　盘庚五迁，将治亳、殷，民咨胥怨，作《盘庚》三篇。

（29）《说命》　高宗梦得说，使百工营求诸野，得诸傅岩，作《说命》三篇。（郑云"《说命》三篇亡"。）

（30）《高宗肜日》《高宗之训》　高宗祭成汤，有飞雉升鼎耳而雊，祖己训诸王，作《高宗肜日》《高宗之训》。（郑云"《高宗之训》亡"。）

（31）《西伯戡黎》　殷始咎周，周人乘黎，祖伊恐，奔告于王，作《西伯戡黎》。

（32）《微子》　殷既错（马融云："错，废也。"）天命，微子作诰父师少师。

以上《商书》。

（33）《太誓》　惟十有一年，武王伐殷，一月戊午，师渡盟津，作《太誓》三篇。

（34）《牧誓》　武王戎车三百两，虎贲三千人，与受战于牧野，作《牧誓》。

（35）《武成》　武王伐殷，往伐归兽，识其政事，作《武成》。（郑云"《武成》逸"。又云"《武成》逸书，建武之际亡"。）

（36）《洪范》　武王胜殷，杀受，立武庚，以箕子归，作《洪范》。

（37）《分器》　武王既胜殷邦，诸侯班宗彝，作《分器》。（郑云"《分器》亡"。）

（38）《旅獒》　西旅献獒，太保作《旅獒》。（郑云"《旅獒》逸"。）

（39）《旅巢命》　巢伯来朝，芮伯作《旅巢命》。（郑云"《旅巢命》亡"。)

（40）《金縢》　武王有疾，周公作《金縢》。

（41）《大诰》　武王崩，三监及淮夷叛，周公相成王，将黜殷命，作《大诰》。

（42）《微子之命》　成王既黜殷命，杀武庚，命微子启代殷后，作《微子之命》。（郑云"《微子之命》亡"。)

（43）《归禾》　唐叔得禾，异亩同颖，献诸天子，王命唐叔归周公于东，作《归禾》。（郑云"《归禾》亡"。)

（44）《嘉禾》　周公既得命禾，旅天子之命，作《嘉禾》。（郑云"《嘉禾》亡"。)

（45）《康诰》　成王既伐管叔、蔡叔，以殷余民封康叔，作《康诰》。

（46）《酒诰》《梓材》　（段玉裁《古文尚书撰异》云：扬子《法言·问神》篇曰："昔之说《书》者序以百，而《酒诰》之篇俄空焉，今亡夫！"谓《书》序有百，而《酒诰》则无序，非谓《尚书》阙《酒诰》也。凡后人所谓数篇同一序，皆有有目无序者厕其间。)

（47）《召诰》　成王在丰，欲宅雒邑，使召公先相宅，作《召诰》。

（48）《雒诰》　召公既相宅，周公往营成周，使来告卜，作《雒诰》。

（49）《多士》　成周既成，迁殷顽民，周公以王命告，作《多士》。

（50）《无逸》　周公作《无逸》。

（51）《君奭》　召公为保，周公为师，相成王为左右，召公不说，周公作《君奭》。

（52）《成王政》　成王东伐淮夷，遂践奄，作《成王政》。（郑云"《成王政》亡"。)

（53）《将蒲姑》 成王既践奄，将迁其君于蒲姑，周公告召公，作《将蒲姑》。（郑云"《将蒲姑》亡"。）

（54）《多方》 成王归自奄，在宗周，诰庶邦，作《多方》。

（55）《周官》 成王既黜殷命，灭淮夷，还归在丰，作《周官》。（郑云"《周官》亡"。）

（56）《立政》 周公作《立政》。

（57）《贿肃慎之命》 成王既伐东夷，肃慎来贺，王俾荣伯作《贿肃慎之命》。（郑云"《贿肃慎之命》亡"。《释文》云"肃慎"马本作"息慎"，北夷也。）

（58）《亳姑》 周公在丰，将没，欲葬成周，公薨，成王葬于毕，告周公，作《亳姑》。（郑云"《亳姑》亡"。）

（59）《君陈》 周公既没，命君陈分正东郊成周，作《君陈》。（郑云"《君陈》亡"。）

（60）《顾命》 成王将崩，命召公、毕公率诸侯相康王，作《顾命》。

（61）《康王之诰》 康王既尸天子位，遂诰诸侯，作《康王之诰》。

（62）《毕命》 康王命作册，毕公分居里成周郊，作《毕命》。（郑云"《毕命》亡"。段云"按亡疑当作逸"。）

（63）《君牙》 穆王命君牙为周大司徒，作《君牙》。（郑云"《君牙》亡"。）

（64）《冏命》 穆王命伯冏为周大仆正，作《冏命》。（郑云"《冏命》逸"。段云"按逸疑当作亡"。）

（65）《蔡仲之命》 蔡叔既没，王命蔡仲践诸侯位，作《蔡仲之命》。（郑云"《蔡仲之命》亡"。）

（66）《粊誓》　鲁侯伯禽宅曲阜，徐夷并兴，东郊不辟，作《粊誓》。

（67）《吕刑》　吕命穆王训夏赎刑，作《吕刑》。

（68）《文侯之命》　平王锡晋文侯秬鬯、圭瓒，作《文侯之命》。

（69）《秦誓》　秦穆公伐郑，晋襄公帅师败诸崤，还归作《秦誓》。

以上《周书》。

按《书》序亦有古文今文之殊。《汉志》曰："《尚书》古文经四十六卷。"此盖今文二十八篇，为二十八卷，又逸篇十六卷，并《书》序得此数也。伏生教于齐鲁之间，未知即用《书》序与否。而太史公胪举，十取其八九，则汉时《书》序盛行，非俟孔安国也。假令孔壁有之，民间绝无，则亦犹逸篇十六卷，绝无师说耳。马、班安能采录？马、郑安能作注？以及妄人张霸安能窃以成百两哉？《孔丛子》及《连丛子》皆伪书也，臧与安国书曰："闻《尚书》二十八篇，取象二十八宿，何图古文乃有百篇耶？"学者因此语疑百篇序至安国乃出，然则其所云"弟素以为《尧典》杂有《舜典》，今果如所论"者，岂亦可信乎？其亦惑矣！惟内外皆有之，是以《史记》字时有同异，如"女房""女方"，"登鼎耳""升鼎耳"，"饥""艱"，"纣""受"，"牧""坶"，"行狩""归兽"，"异母""异亩"，"馈禾""归禾"，"鲁天子命""旅天子命"，"毋逸""无逸"，"息慎""肃慎"，"伯粟""伯冏"，"胏誓""狋誓""粊誓"，"甫刑""吕刑"之类，皆今文《尚书》、古文《尚书》之异也。（段玉裁《古文尚书撰异》语）

程廷祚《晚书订疑》云："古书古有百篇之说，而其名不皆传。后之作序者，或一事而制数篇，或一篇而分数卷，但欲增益篇题，以盈其数，不知举成数者，无择于多寡，而胡竞竞以百为也。且

《左传》有《夏训》《伯禽之命》《康诰》，《大传》之序有《揜诰》，《戴记》有《尹告》，《墨子》有《禹誓》《禹之总德》《汤之官刑》，《逸周书》有《祭公之顾命》（《礼记》引"祭公"误作"叶公"）诸篇，书之所有，而序之所无者，尚复不少，孰谓盈百之数，遂足以夸书之多哉？此篇出于诸伪书之前，好古者有所不忍弃，后儒谓之小序，而反以孔安国之伪序为大序，颠倒甚矣！"

案《书》序是否确为孔子之作，《尚书》是否确为百篇，旧说虽云然，要不足以深信无疑，程氏之说可以观矣。

第四节　今文尚书

汉时所谓"今文"，今谓之隶书，世所传熹平石经与孔庙等处汉碑是也。汉时所谓"古文"，今谓之古籀，世所传钟鼎石鼓与《说文》所列古文是也。隶书汉时通行，故谓之今文，犹今人之于楷书，人人尽识者也。古籀汉时已不通行，故谓之古文，犹今人之视篆隶，不能人人尽识者也。孔子写定六经，皆用古文，见许氏《说文》自叙。伏生为秦博士，所藏壁中之书，必与孔壁同为古文。至汉发藏以教生徒，必易为通行之隶书，始便学者诵习，江声《尚书集注音疏》始用篆文书，不通行，后卒改用今体楷书，观今人不识篆文，不能通行，即知汉人不识古文，不能通行之故，此汉时立学所以皆今文，而古文不立学也。（皮锡瑞《书经通论》）案皮氏说甚明审，惟谓伏生壁中之书，必与孔壁同为古文，则未敢信。伏生既为秦博士，其经必以秦代制定之小篆写之，不得并古文为一事。

《史记·儒林传》曰："伏生（张晏曰"伏生名胜，《伏氏碑》云"。）济南人也。故为秦博士，孝文帝时，欲求能治《尚书》者，天下无有，乃闻伏生能治，欲召之。是时伏生年九十余，老不能行，于是乃诏太常使掌故晁错往受之。秦时焚书，伏生壁藏之，其后兵大起，流亡。汉定，伏生求其书，亡数十篇，独得二十九篇，即以教于齐鲁之间。学者由是颇能言《尚书》，诸山东大师，无不涉《尚书》以教矣。"

《汉书·艺文志》曰："秦燔书禁学，济南伏生独壁藏之，汉兴亡失，求得二十九篇以教齐鲁之间。"

案《尚书》源流，自以《史》《汉》所记为最可信。兹据马、班二说列举下列诸问：（一）二十九篇之篇数。（二）书传。（三）今文书序。（四）三家异同。

（一）二十九篇之篇数

清代学者说二十九篇最纷纭，后之观者，耳目为眩，兹取陈乔枞《今文尚书经说考》之说以解喧呶。至伏生所传，果若是与否，则书缺有间，虽有大智，亦莫得而究诘也。陈氏曰："汉武帝建元五年（原误作"建武元年"，据《汉书·武帝纪》改正）置五经博士，《书》惟有欧阳，见于《汉书·儒林传》赞。《尚书正义》引刘向《别录》云：'武帝末，民有得《太誓》书于壁内者献之，与博士使读说之，数月，皆起以教人。'《文选注》引《七略》同。且曰：'今《大誓》篇是也。'欧阳为博士，在武帝末，当时既以《泰誓》付博士读说，立于学官，则即录《大誓》三篇，合入今文《尚书》矣。此欧阳经之所以独多三篇也。大小夏侯之立博士，在甘露以后，《儒林》言夏侯胜又从欧阳氏问，从子建又师事欧阳高，欧阳既增《大誓》立于学官，故两夏侯亦从而增入，特并《大誓》三篇为一卷，而不数百篇之序，故仍为二十九卷。《尧典正义》云：'伏生二十九卷，而序在外。'夫二十九卷而序在外者非伏侯之旧，乃夏侯之本也。石经以夏侯《尚书》为主，故二十九卷，而序在外。若伏生原本，则无《大誓》而并序为二十九篇，此今文篇数之可考者耳。"（陈寿祺《左海经辨》"今文《尚书》有叙，伏生二十九篇，并序而不并《大誓》"，讨论经典，立十有七证以明之，辞繁不赘录。）

（二）书传

书传自古有之，《史记·孔子世家》曰"孔子序《书》传"，明传之起在孔子前矣。《周语》单襄公引《大誓故》曰："朕梦协朕卜，袭于休祥，戎商必克。"所谓"故"者即"传"也。《墨子·兼爱》中篇曰："昔武王将事泰山隧，传曰'泰山有道，曾孙周王有事大事，既获仁人，尚作以祗商夏蛮夷丑貉。虽有周亲，不若仁人，万方有罪，维予一人'。"此所引"传"即"书传"也。孟子屡称"于传有之"，殆亦多指书传而言。惜典籍沦丧，莫可窥见于万一矣。

伏胜之学，《史》《汉》均不详所出，郭宪《洞冥记》谓"伏生受书于李克"，吴陆玑《毛诗草木虫鱼疏》云："子夏传曾申，申传李克。"似伏生书亦出于卜子。《洞冥记》不可据信。要之生为秦博士，其学必有所本。《汉书·艺文志》载《尚书大传》四十一篇，郑康成《书》序谓出自伏生集，至康成诠次为八十三篇。《隋书·经籍志》《唐书·艺文志》《崇文总目》《郡斋读书志》并著录三卷，《唐志》别出《畅训》一卷，疑即略说之伪。《旧唐志》直云"《尚书》畅训三卷，伏胜注"，谬甚。自叶梦得、晁公武皆言今本首尾不伦，《直斋书录解题》言"印板刓阙，宋世已无完本，迄明遂亡"。（《左海文集》语）

《尚书大传》虽亡，清儒辑得散逸，尚复不少，学者据《大传》可以略窥今文《尚书》之说。若夫欧阳、夏侯虽传伏生之经，而已颇出新解，渐失初祖之义矣。

（三）今文书序

伏生所传今文《尚书》，果有序乎？答之曰有。读陈寿祺《今文尚书有序说》可以知之。陈氏十七证，破戴东原"序为伏书所无"（《东原集·古今文尚书辨》）、王鸣盛"书序亦从屋壁中得"（《尚书后案》）之说。其略曰（皮锡瑞《书经通论》约陈氏说甚简明，兹采其文）：

（1）欧阳经三十二卷，西汉经师，不为序作训故，欧阳章句仍止三十一卷。

（2）《史记》于《书》序胪举十之八九，说义文字，往往与古文异，显然兼取伏书。

（3）张霸案百篇序，造百两篇，即出今文，非古文也。

（4）《书正义》曰"伏生二十九卷，而序在外"，必见石经《尚书》有百篇之序。

（5）《大传》云"遂践奄"三字，明出于《成王政》之序。

（6）《大传》言葬周公事，本于《亳姑》序。

（7）《大传》曰"武丁祭成汤，有雉飞升鼎耳而雊"，此出《高宗肜日》之序。

（8）《大传》曰"成王在丰，欲宅洛宅，使召公先相宅"，此述《召诰》之序。

（9）《大传》曰"夏刑三千条"，此本《甫刑》之序。

（10）《大传》篇目有《九共》《帝告》《絜命》，序又有《嘉禾》

《揜诰》，在二十九篇外，非见《书序》，何以得此篇名？

（11）《白虎通·诛伐》篇称《尚书》序曰"武王伐纣"，此《大誓》序及《武成》序之文。

（12）《汉书·孙宝传》曰"周公大圣，召公大贤，尚犹有不相说，著于经典"，此引《君奭》之序。

（13）《后汉书·杨震传》曰"盘庚五迁，殷民胥怨"，此引《盘庚》之序。

（14）《法言·问神》篇曰："《书》之不备过半矣，而习者不知，惜乎《书序》之不如《易》也。"《书》不备过半，唯今文为然。

（15）《法言》又曰："古之说《书》者序以百，而《酒诰》之篇俄空焉，今亡矣夫！"《酒诰》惟今文有脱简，故其言如此。

（16）《论衡·正说》篇曰"按百篇之序，阙遗者七十一篇"，亦据今文为说，若古有逸篇二十四篇，不得云"阙遗者七十一篇"。

（17）杜预《春秋左传后序》曰："《纪年》与《尚书序》说太甲事乖异，老叟之伏生，或致昏忘。"详预此言，直以《书序》为出自伏生。

稽合十有七证，彰彰如是，其足以决三家《尚书》之有序与否，观者岂犹不自悟耶？夫三家《尚书》有序，则伏生所得不得谓无序，伏生所得有序，而《大誓》乃后出，则伏生二十九篇，不得不以百篇之序当其一，吾故曰伏生二十九篇并序不并《大誓》也。（《左海经辨》）

（四）三家异同

欧阳、大小夏侯三家，皆传今文《尚书》，同出于伏生而立于学官者也。然三家文字亦颇有异者，故今文《尚书》与古文《尚书》有异同，而今文三家又各有异同。兹取陈寿祺《左海经辨》之说列为简表如下：

古　文	今　文
平章百姓	辨章百姓《尚书大传》 便章《史记·五帝本纪》
堳夷 《说文》土部	喝铁《尚书正义》卷三引夏侯尚书 禹铁《史记夏本纪索隐》引今文《尚书》及《帝命验》
	禹銕《经典释文》引《考灵耀》及《史记》 郁夷《史记·五帝纪》
旸谷	汤谷《五帝本纪索隐》引《史记》旧本
平秩	辩秩《周礼》冯相氏疏引《尚书大传》 便程《史记·五帝纪》
平在朔易	辩在朔易《尚书大传》 便在伏物《五帝本纪》及《索隐》引《大传》
忌咨	畴咨《后汉书·崔骃传》 譸咨《隶释·刘宽碑》
盟猪 《汉书·地理志》	明都《史记·夏本纪》 孟诸《初学记》政理部三引《尚书大传》
在治曶以出入五言	七始训以出入五言《汉书·律历志》 来始滑以出入五言《五帝纪》 采政忽《索隐》称今文
曰弟 亦作曰浂，见徐广称《史记》一本	曰圉《说文》口部引《商书》，《诗·齐风》笺，古今《尚书》以"弟"为"圉"
曰蟊亦作曰雺	曰雾《史记·宋微子世家》 曰被 徐广举《史记》一本

他如"五玉",《汉书·郊祀志》作"五乐";"夔",《尚书》中候作"归"(《太平御览》八十二);"前师乃鼓鼗噪"(见《周礼》大司马注引《书》,盖《大誓》文),《后汉书·刘陶传》"武旅有鼗藻之士",《杜诗传》"士卒鼗藻","鼗藻"即"鼗噪"之异文。盖欧阳、大小夏侯传习之本,容有不齐,犹今《诗》有齐、鲁、韩,今《春秋公羊》有严、颜,虽共出一师,犹不能无稍歧互。要以各尊所闻,弥缝其阙,苟通厥指,何必论甘忌辛?观马、郑并治古文,而传本之字多异,学者亦可以见其啧而观其会通矣。

第五节　今文尚书之传授

伏胜传张生、欧阳生(名容,字和伯)、晁错及其子某(佚其名)。欧阳生传儿宽,宽传欧阳巨(欧阳容之子)及莆卿。卿传夏侯胜(长公)。伏生子世世相传,为伏氏家学。孔安国通今文为博士,惟《家语》谓其亲受业于伏生者非是。

欧阳巨之孙名远,远子高(子阳),武帝时为博士,立于学官,是为欧阳《尚书》。高传其子(佚名)及林尊长宾夏侯建,林尊传平当(子思)及陈翁生,于是欧阳有平陈之学。平当传朱普(公文),普传桓荣(春卿),荣传桓郁(仲思),郁传杨震(伯起),震传杨秉(叔节),秉传杨赐(伯献),赐传王朗,朗传其子肃。

大夏侯(夏侯胜)宣帝时立,小夏侯(夏侯建)《尚书》,亦宣帝时立,并亡于永嘉之乱。

第六节　孔壁古文

《史记·儒林传》云："文帝求能治《尚书》者，天下无有。济南伏生独得二十九篇，以教齐鲁之间。孔氏有古文《尚书》，而安国以今文读之，因以起其家，逸书得十余篇，盖《尚书》滋多于是矣。"又《孔子世家》："安国为今皇帝博士，至临淮太守，蚤卒。"据此二文，以言古文《尚书》之源委，庶得途径而问焉。兹略说之如下：（一）孔壁古文得于何时？（二）古文。（三）孔安国生卒考。（四）五十八篇及五十七篇。（五）逸篇。（六）孔安国传。（七）马、郑、王注。（八）漆书古文。（九）百两篇。

（一）孔壁古文得于何时？

《汉书·艺文志》云："古文《尚书》者，出孔子壁中，武帝末，鲁共王坏孔子宅，而得古文《尚书》，皆古字也。孔安国者，孔子后也，悉得其书，以考二十九篇，得多十六篇。安国献之，遭巫蛊事，未列于学官。"刘歆《移书太常博士》云："孝文皇帝始使晁错从伏生受《尚书》，《尚书》初出，朽折散绝，时师传读而已。《泰誓》后得，博士集而读之，故诏书曰：'书缺简脱，朕甚闵焉！'及鲁恭王坏孔子宅，而得古文于坏壁中，逸书有十六篇，天汉之后，孔安国献之，遭巫蛊之难，未施行。"《论衡·正说》篇云："孝景帝时，鲁共王坏孔子教授堂以为殿，得百篇《尚书》于墙中，武帝使使者取视，莫能读者，遂秘于中，外不得见。"案以上诸说，皆言古文《尚书》出孔壁事，惟《论衡》谓"武帝使使者取视"，当系传闻之误。《艺文志》谓"武帝末，鲁共王坏孔子宅"，其说非是，当从《论衡》作景帝时。刘歆谓"天汉之后，孔安国献之"，亦非，当从荀悦《汉纪》于安国下增一"家"字。（《成帝纪》云："鲁恭王坏孔子宅，得古文《尚书》多十六篇，武帝时孔安国家献之，会巫蛊事，未列于学官。"王鸣盛《尚书后案》云："宋本《文选》刘歆移书亦有'家'字。"）总上诸义，知古文《尚书》景帝时得于孔壁，安国以今文读之，因以起其家。至天汉之后，安国后人始献于朝。《史记》云："孔氏有古文《尚书》。"明非安国所得矣。《孔子世家》谓安国蚤卒，而自序云"予述黄帝以来，至太初而讫"，是安国卒在太初前，明《尚书》非安国所献矣。画然三事，前史并为一谈，所以混淆后人耳目也。

（二）古文

郑康成《书赞》云："书初出屋壁，皆周时象形文字，今所谓科斗书，以形言之为科斗，指体即周之古文。"王鸣盛云："郑所云'皆周时象形文字，今所谓科斗书'者，王隐《晋书·束皙传》云：'竹书漆字科斗文，头粗尾细，似科斗之虫，故俗名之焉。'（今《晋书》皙传无此文，惟王隐《晋书》有之，王书久亡，此条系见宋版《左传疏》卷末附录。）孔颖达伪《孔安国序》疏引郑此文而释之云：'有六体：一曰指事，二曰象形，三曰形声，四曰会意，五曰转注，六曰假借，此造字之本。郑云周之象形文字者，总指书象科斗之形，不谓六书之内一曰象形。'郑又云'以形言之为科斗，指体即周之古文'者，《水经》二十五泗水注云：'鲁恭王坏孔子宅，得《尚书》，时人已不复知有古文，谓之科斗书。'王隐《束皙传》云：'科斗者，周时古文也。'许慎《说文解字》序云：'仓颉初作书，依类象形谓之文。及宣王太史著大篆十五篇，与古文异。至孔子书六经，皆以古文。秦烧经书，古文绝矣。亡新居摄，校文书之部，时有古文，孔子壁中书也。壁中书者，鲁恭王坏孔子宅所得。'据此谓史籀大篆与仓颉古文异，而汉《艺文志》亦云然。惟孔子六经用古文，盖籀文为周时世俗通行之字，孔子好古，故用古文，即安国得之，而递传至康成者也。《说文》自序又云：'今序篆文合以古籀，其称书孔氏，皆古文也。'慎子冲上书亦云：'臣父慎从贾逵受古学，学孔氏古文说。'今《说文》所载古文，皆作两头锐形，不为头粗尾细，则不可知矣。"（王说见《尚书后案》）

自《论衡·正说》篇谓"鲁恭王得百篇《尚书》于屋壁中，使使者取视，莫能读者"，于是学者疑古文为一种特异之文字。伪孔《尚书序》窃取其说，谓科斗书废已久，时人莫能知。卫恒《四体书势》亦云："汉武时鲁恭王坏孔子宅，得《尚书》《春秋》《论语》《孝经》，时人已不复知有古文，谓之科斗。"案此二说盖皆为王充所惑，而不自知其误。后人则又为是二说所惑，至不遑深考古文之究属何种文字。《太史公自序》云"年十岁则诵古文"。以十岁幼童能读之文字，而竟谓使使者取视，莫能读者，王仲任殆忘史公之为何时人矣！《史记·张丞相列传》：张丞相苍，秦时为御史典柱下。许叔重《说文解字叙》言北平侯张苍献《春秋左氏传》。张苍为秦官，其书必以小篆书之，是小篆亦得称古文矣。刘歆校秘书见古文《春秋左氏传》大好之，子政父子皆未闻受古文字学，而均能读其书；后汉如杜林、卫宏、徐巡、班固、贾逵、马融、郑玄诸儒，皆亲见壁中书，或其传写之本。然未闻有苦其难读者，是两汉学者未尝以为难识如王仲任所云也。（说本王国维）窃意"古""故"二字通用，所谓古文犹言故文耳。亦即旧文。汉人行用隶书，即今文也；对今文言，凡大篆小篆诸旧体文字，皆得谓之故文。段玉裁

《说文注》曰："小篆之于古籀，或仍之，或改之。仍者十之八九，改者十之一二而已。仍者小篆皆古籀也，故不更出古籀；改者古籀非篆也，故更出之。"据此知古文本不必难识，其异于小篆之字数，亦本不甚多。而王仲任竟称为莫能读者，得无所谓乡壁虚造，与诸生说秦之隶书为仓颉时书者，同其不可解乎？《观堂集林》有《史籀篇疏证序》《战国时秦用籀文六国用古文说》《〈史记〉所谓古文说》《〈汉书〉所谓古文说》《〈说文〉所谓古文说》《科斗文字说》等篇，皆可备参考，兹录其文两篇如下：

战国时秦用籀文六国用古文说

余前作《史籀篇疏证序》，疑战国时秦用籀文、六国用古文，并以秦时古器遗文证之，后反覆汉人书，始知此说之不可易也。班孟坚言《苍颉》《爰历》《博学》三篇文字多取诸《史籀》篇，而字体复颇异，所谓秦篆者也。许叔重言秦始皇帝初兼天下，丞相李斯乃奏同文字，罢其不与秦文合者。斯作《仓颉》篇，中车府令赵高作《爰历》篇，太史令胡母敬作《博学》篇，皆取史籀大篆，或颇省改，所谓小篆者也。是秦之小篆，本出大篆，而《仓颉》三篇未出，大篆未省改以前，所谓秦文，即籀文也。司马子长曰："秦拨去古文。"扬子云曰："秦划灭古文。"许叔重曰："古文由秦绝。"案秦灭古文，史无明文，有之，惟有一文字与焚《诗》《书》二事。六艺之书，行于齐、鲁，爰及赵、魏，而罕流布于秦。（犹《史籀》篇之不行于东方诸国）其书皆以东方籀字书之。汉人以其用以书六艺，谓之古文，而秦人所罢之文，与所焚之书，皆此种文字。是六国文字即古文也。观秦书八体中，有大篆无古文，而孔子壁中书与《春秋左氏传》凡东土之书，用古文不用大篆，是可识矣。故古文、籀文者，乃战国时东西二土文字之异名，其源皆出于殷周古文。而秦居宗周故地，其文字犹有丰镐之遗。故籀文与自籀文出之篆文，其去殷周古文，反较东方文字（即汉世所谓古文）为近。自秦灭六国，席百战之威，行严峻之法，以同一文字，凡六国文字之存于古籍者，已焚烧划灭，而民间日用文字又非秦文不得行用，观传世秦权量等，始皇廿六年诏后多刻二世元年诏，虽亡国一二年中，而秦法之行如此，则当日同文字之效可知矣。故自秦灭六国以至楚汉之际十余年间，六国文字遂遏而不行。汉人以六艺之书皆用此种文字，又其文字为当日所已废，故谓之古文。此语承用既久，遂若六国之古文，即殷周古文，而籀篆皆在其后。如许叔重《说文》序所云者，盖循名而失其实矣。

科斗文字说

科斗文字之名，先汉无有也。惟汉末卢植上书有"古文科斗，近于为实"之语，而其下所言，乃《毛诗》《左传》《周官》，不及壁中书。郑康成《书赞》云："书初出屋壁，皆周时象形文字，今所谓科斗书。"始以古文《尚书》为科斗书。然卢、郑以前，未尝有此名也。卫恒《四体书势》始云："鲁恭王坏孔子宅，得《尚书》《春秋》《论语》《孝经》，时人已不复知有古文，谓之科斗书。"汉世秘藏，希得见之。伪孔安国《尚书》序亦云："鲁共王坏孔子旧宅，于其壁中，得先人所藏古文虞、夏、商、周之书，皆科斗文字。"始以科斗之名，为先汉所已有，然实则此语盛行于魏晋以后。杜预《春秋经传集解》后序云："汲郡汲县有发其界内旧冢者，大得古书，皆简编科斗文字。"王隐《晋书·束皙传》亦云："太康元年，汲郡民盗发魏安釐王冢，得竹书漆字科斗之文。科斗文者，周时古文也，其头粗尾细，似科斗之虫，故俗名之焉。"（《春秋正义》引）今《晋书·束皙传》亦云："汲冢书皆科斗书之。"名起于后汉，而大行于魏、晋以后。且不独古文谓之科斗书，且篆书亦蒙此名。《束皙传》又云："有人于嵩高山下，得竹简一枚，上两行科斗书。司空张华以问皙，皙曰：此汉明帝显节陵中策文也。"检验果然。夫汉代册文，皆用篆不用古文。（见《独断》及《通典》）而谓之科斗书，则魏、晋间凡异于通行隶书者，皆谓之科斗书，其意义又一变矣。又汉末所以始名古文为科斗文字者，果目验古文体势而名之乎？抑当时传古文者所书或如是乎？是不可知。然魏三体石经中古文，卫恒所谓因科斗之名，遂效其形者。今残石存字，皆丰中锐末，与科斗之头粗尾细者略近，而恒谓转失淳法，则邯郸淳所传之古文体势，不如是矣。邯郸淳所传古文不如是，则淳所祖之孔壁古文体势，亦不必如是矣。卫恒谓汲县人盗发魏襄王家得策书十余万言，案敬侯所书，犹有仿佛。敬侯者，恒之祖卫觊，其书法出于邯郸淳，则汲冢书体，亦当与邯郸淳所传古文书法同，不必作科斗形矣。然则魏、晋之间所谓科斗文，犹汉人所谓古文，若泥其名以求之，斯失之矣。

（三）孔安国生卒考

《孔子世家》云："孔子生鲤，字伯鱼。鱼生伋，字子思。思生白，字子上。上生求，字子家。家生箕，字子京。京生穿，字子高。高生慎，慎为魏相。慎生鲋，为陈涉博士。鲋弟子襄，为惠帝博士、长沙太守。襄生忠，忠生武，武生延年及安国，为武帝博士、临淮太守，蚤卒。"《家语》序云："子襄以秦法峻急，壁藏其书。"据此知壁中书乃安国之祖所藏。

伪《孔序》云："定五十八篇既毕，会国有巫蛊事，经籍道息，用不复以闻，传之子孙，以贻后代。若好古博雅君子，与我同志，亦所不隐也。"王鸣盛《尚书后案》辨之曰："阎若璩云：《孔子世家》：'安国为今皇帝博士，至临淮太守，早卒。'司马迁亲与安国游，记其蚤卒，应不误。然考之《汉书》，又有可疑者。《兒宽传》：'宽以郡国选诣博士受业孔安国，补廷尉文学卒史，时张汤为廷尉。'案汤为廷尉，在武帝元朔三年乙卯。《楚元王传》：'天汉后，孔安国献古文《书》，遭巫蛊之难，未施行。'案巫蛊难在武帝征和元年己丑二年庚寅，相距凡三十五六年。汉制，择民年十八以上，仪状端正者补博士弟子，则为之师者，年又长于弟子。安国为博士时，年最少如贾谊，亦应二十余岁矣。以二十余岁之博士，越三十五六年始献书，即甫献书而即死，其年已五十七八，且望六矣，安得为蚤卒乎！考荀悦《汉纪·成帝纪》云：'鲁恭王坏孔子宅，得古文《尚书》，多十六篇。武帝时，孔安国家献之，会巫蛊事，未列于学官。'于'安国'下增一'家'字，足补《汉书》之漏，而伪《孔序》谓作传毕，会国有巫蛊，出于安国口中，其伪不待辩矣。朱彝尊曰：司马迁与都尉朝同受书于安国者也。《世家》称安国早卒，自序则云'予述黄帝以来，至太初而讫'，是安国卒在太初前，若巫蛊事，乃征和二年，距安国久矣。《艺文志》'古文《尚书》遭巫蛊'云云者，乃史追述古文所以不立学之故耳。而伪《序》云云，竟出安国口中，不亦刺谬甚乎！或曰：刘歆《移书太常博士》载《汉书》《文选》，称古文《书》十六篇，天汉之后，孔安国献之，此不足信耶？曰：荀悦《汉纪》于成帝三年，备述刘向典校经传，考集异同，于古文《尚书》云'武帝时，孔安国家献之'，则知《汉书》《文选》锓本流传，脱去'家'字耳。或曰，《史记》虽讫太初，然自序又云'论次其文，七年而遭李陵之祸'，实天汉三年也。故《汉纪》亦云：司马迁据《左氏春秋》《国语》，采《世本》《战国策》，逮《楚汉春秋》，接其后事，迄于天汉。今于《李广传》附载陵事,《大宛传》载李广利事,《卫将军骠骑传》载公孙贺、公孙敖、韩说、赵破奴,皆直书巫蛊狱,多系征和年事。安见安国不卒天汉后乎?曰:《家语》附录称安国受书于伏生,年六十卒,伏生文帝时年过九十,安国从问业,最幼已十五六矣,就文帝末,安国十五六计之,则其卒在元鼎间;若天汉后,安国已七十二三,征和二年,安国七十七八矣。当依《汉纪》增'家'字为是。愚谓阎、朱二说俱佳,宋本《文选》刘歆《移书》亦有'家'字,巫蛊出安国口中,其谬可知。但安国之生卒,当依《史记》世家为定。《世家》载孔氏子孙年皆四十五十,皆不谓之早卒,而独言安国蚤卒,则安国之年,只可以四十为断。《家语》附录云六十者不可信。《家语》本王肃私定,况附录又何足据?以安国年四十推之,兒宽受业于安国在元朔三年,时安国约年二十余,则其生当在景帝中年,其卒当在元鼎、元封之间,此为定论。则谓安国于文帝时已受业于伏生者更谬。再考《景十三王传》,鲁恭王以孝景前三年王鲁,二十八年薨,其下又云'恭王初好治宫室,坏孔子宅'云云,玩一'初'字,知坏宅即初王鲁事时,安国尚未生。今《伪孔序》,似安国亲见坏宅事者,亦为不合。又详其上下语气,则以献《书》为一时,作传欲献为又一时,第作传欲献,会有巫蛊,经籍道息,则其初献时无巫蛊,何以不立耶?究其实,当景帝初书出时,孔氏但得其书而已。直至安国长,始读而写之,天汉后,安国久逝,其家始献之,并无两次上献事,亦并无作传事也。核当日之情节,实是如此,作伪者知两汉秘府,有古文而无传,今又并传突出,不得不迁就附会其说,以售其欺耳。"案王说甚辨,惟谓孔安国传全由伪作,似未必然,辨说详后。

（四）五十八篇及五十七篇

《汉书·艺文志》："《尚书》古文经四十六卷。"班固自注曰："为五十七篇。"师古曰："孔安国《书序》云'凡五十九篇，为四十六卷，承诏作传，引序各冠其篇首，定五十八篇'。郑玄《叙赞》云'后又亡其一篇，故五十七'。"案师古误于伪《孔书》，兹姑不论。《艺文志》所云四十六卷者，伏书二十九卷，增多十六卷，共四十五卷，加序一卷，为四十六卷。五十七篇者，班作《汉书》，在显宗时，《武成》一篇已于建武之际亡佚，故不言五十八篇。（篇目已见前表）刘向《别录》云"五十八篇"，桓谭《新论》云"古文《尚书》旧有四十五卷，为五十八篇"。四十五者除序言之，向、谭皆在建武前，其时《武成》尚存，故多一篇也。

（五）逸篇

惠栋《古文尚书考》云："孔安国古文五十八篇，汉世未尝亡也，三十四篇与伏生同，二十篇增多之数，篇名具在。刘歆造《三统历》，班固作《律历志》，郑康成注《尚书》序皆得引之，特以当日未立于学官，故贾逵、马融等，虽传孔学，不传逸篇。融作《书》序亦云'逸十六篇，绝无师说'。盖汉重家学，习《尚书》者皆以二十九篇为备，于时虽有孔壁之文，亦止谓之逸书，无传之者。（服虔《左传解谊》以《毛诗·都人士》首章为逸诗，以未立于学官故也。）然其书已入中秘，是以刘向校古文得录其篇，著于《别录》，至东京时，惟亡《武成》一篇。而《艺文志》所载五十七篇而已，其所逸十六篇，当时学者，咸能案其篇目，举其遗文，虽

无章句训诂之学，翕然皆知为孔氏之逸书也。"（篇目已见前表）

（六）孔安国传

《史记》："孔氏有古文《尚书》，而安国以今文读之，因以起其家。"所谓起其家者，必为之作传，非仅以今文读之而已也。太史公从安国问故，故即传也。苟史公仅问文字异同而无师说，则《史记》所载古文义，岂皆出于自造乎？清儒毛奇龄作《古文尚书冤辞》，盖激于阎若璩辈力攻伪孔而作，有为而为，其言或未可全信。其后惟焦循作《尚书补疏》，略祖伪孔，余儒则凡有著述，必崇马、郑而斥孔传，谓孔安国实未作传。《艺文志》，《尚书》古文经下，不著孔安国《传》，是其确证。窃谓安国为武帝博士，是以今文教人者也。其古文说，则仅传于子孙，及好古博雅之君子，如司马迁其人者，固未尝与趣驰利禄之流言。西汉人治经，本仅视为得官之途径，古文既不立于学官，谁能从事于不合时宜之古学乎？大抵西汉之世，孔安国书《传》，非世儒所诵习，故班氏作《志》，不著其名。观中古文《易经》，不著于《易》类，则孔安国《传》不著录于古文《尚书》经后，可无疑也。《说文》叙云"其称《书》孔氏、《诗》毛氏、《礼》周官、《春秋》左氏、《论语》、《孝经》皆古文也"。案《艺文志》，《毛诗故训传》三十卷，《周官传》四篇，《左氏传》三十卷，《论语古》二十一篇（王应麟曰：何晏序云"《古论》惟博士孔安国为之训解，而世不传"），《孝经》古孔氏一篇（沈钦韩曰《隋志》，古文《孝经》一篇，孔安国传）。据此，知古文《诗》《礼》《春秋》《论语》《孝经》皆有传，故许君据以作《说文》，谓《书》孔氏独无传，有此理乎？又许序于《论语》《孝经》不言某氏，盖两书皆孔安国作传，上既云《书》孔氏，故古文可省而不言也。《泰誓》疏有李颙（东晋时人）引真古文，《泰誓》安国注，是东晋时孔《传》当有留传者可知。梅赜所献，除二十五篇伪造外，其余确与孔《传》无大殊异，故能取信于当时。乃后儒一概攻之，殆意气太盛之故欤！马融《书传》序云"逸十六篇，绝无师说"，是三十四篇实有师说矣。

（七）马、郑、王序

孔安国古文《尚书》，至东汉有贾逵传其学（《后汉书·贾逵传》："逵字景伯，扶风平陵人，父徽，受古文《尚书》于涂恽。逵传父业，与班固并校秘书。肃宗时，好古文《尚书》。建初元年，诏逵入讲北宫白虎观、南宫云台，逵数为帝言古文《尚书》与经传《尔雅》诂训相应，诏令撰欧阳、大小夏侯《尚书》古文同异，逵集为三卷，帝善之，八年诏选高才生受古文《尚书》，遂行于世。"），其后复有马融注《尚书》（《马融传》："融字季长，扶风茂陵人，永初四年，东汉安帝拜校书郎中，诣东观，典校秘书，融博洽，为通儒，北海郑玄其徒也。融注《尚书》，年八十八，延熹九年卒。"），魏王肃善贾、马之学（《三国志·王朗传》："朗东海人，子肃，字子雍，善贾马之学，而不好郑氏，采会同异，为《尚书》解，列于学官。高贵乡公甘露元年薨。"），此古文《尚书》流传大略也。今考王注之存者，皆与马融及梅赜所献孔传合。《后汉书·郑玄传》："玄字康成，北海高密人，从东郡张恭祖受古文《尚书》，山东无足问者，乃西入关，事扶风马融。玄注《尚书》《尚书大传》，建安五年卒。"又郑玄《书赞》曰："我先师棘下生孔安国亦好此学，自世祖兴后，汉卫、贾、马三君子之业，则雅才好博，既宣之矣。"（见《尧典》疏及《水经·淄水》郦道元注）据此则郑氏之学，亦出于孔安国，惟郑氏博通今古文，不拘守家法，其注古文《尚书》，多用今文说。（笺《毛诗》亦然，何休谓"康成入我室而操我戈，可乎？"）故王肃采会同异，别作《尚书》解，以驳斥郑氏，后儒推崇康成，深怒子雍，至不齿于儒者，其实肃生当时，见康成破坏师法，忿然起而与之为难，虽或有稍流偏激者，要不可不论其世而谅之也。

江声撰《尚书集注音疏》称郑玄为郑某，自注云："不敢斥郑君之名，故以某字代之。"又云："孔氏古文学，外此更有王肃者，三国时东海兰陵人也，亦习古文《尚书》，遂妄为谬说以注经，其意主于攻郑，因之淆乱经谊，迷惑后学，乃《尚书》之罪人也。故特黜之，不许滥列于斯文。"江氏之迂腐谬妄，大可怪笑，清儒之崇郑黜王者，言论大率类此，自吾人视之，殊嫌其多事。

《三国志·虞翻传》裴松之注引《翻别传》曰："翻又奏曰：郑玄解《尚书》违失事，……伏见故征士北海郑玄所注《尚书》，以《顾命》'康王执瑁'，古'月'似'同'，从误作'同'，既不觉定，复训为杯，谓之酒杯。成王疾困，凭几洮颒为濯，以为浣衣成事，'洮'字虚更作'濯'，以从其非。又古大篆'卯'字读当为'柳'，古'柳''卯'同字，而以为'昧'。分北三苗，'北'，古'别'字，又训'北'言'北犹别也'。若此之类，诚可怪也。《玉人职》曰'天子执瑁以朝诸侯'，谓之酒杯，天子颒面谓之浣衣，古篆'卯'字反以为'昧'，甚违不知盖阙之义，于此数事，误莫大焉！宜命学官，定此三事。又马融训注亦以为同者大同天下，今经益'金'，就作'铜'字，诂训言天子副玺，虽皆不得，犹愈于玄。然此不定，臣没之后，而奋乎百世，虽世有知者，怀谦莫或奏正。又玄所注五经，违义尤甚者，百六十七事，不可不正，行乎学校，传乎将来，臣窃耻之！"《御览》六百八引孔融《与诸卿书》曰："郑康成多臆说，人见其名学，为有所出也。证案大较要在五经四部书，如非此文，近为妄矣。若子所执，以为郊天鼓必当麒麟之皮也。写《孝经》本，当曾子家策乎？"《魏志·蒋济传》注引难郑玄《注祭法》曰："郑玄《注祭法》云：'有虞以上，尚德禘祀祖宗配用有德，自夏以下，稍用其姓氏。'济曰：夫虬龙神于獭，獭自祭其先不祭虬龙也。麒麟、白虎仁于豺，豺自祭其先不祭麒、虎也。如玄之说，有虞以上，豺獭之不若邪？"《通典》四十四薛靖《朝日夕月论》曰："旧事朝日以春分，夕月以秋分。案《周礼》：朝日无常日。郑玄云，用二分，故遂施行；秋分之夕，日多东升（《齐书》作潜），而西向拜之，背实远矣。"谓朝日宜用仲春之朔，夕月宜用仲秋之朔。据翻、融等文，则当时驳郑注者，固大有人在，王肃特踵虞翻、孔融之后而成其志者耳，安得斥为与郑有意作难哉？

（八）漆书古文

《后汉书·杜林传》："杜林字伯山，扶风茂陵人，光武征拜侍御史。林前于西州得漆书古文《尚书》一卷，常宝爱之，虽遭艰困，握持不离身。出以示卫宏等曰：'林流离兵乱，常恐斯经将绝，何意东海卫子宏、济南徐生巡复能传之，是道竟不坠于地也。古文虽不合时务，然愿诸生无悔所学。'于是古文遂行。"又《儒林传》云："扶风杜林传古文《尚书》，林同郡贾逵为之作训，马融作传，郑玄注解，由是古文《尚书》遂显于世。"王鸣盛谓安国古文，其传有四：一传都尉朝，递传至杜、贾、马、郑；一传司马迁，载《史记》；一传之其家；皆异流而同源。案漆书古文之篇数、文字，不可考见，惟传明云一卷，则至多不过二三篇，其为中古文遭乱而残编流传民间者无疑。说者竟谓漆书篇目与伏生所传者同，殆未可信。

（九）百两篇

《汉书·儒林传》："世所传'百两篇'者，出东莱张霸，分析合二十九篇以为数十，又采《左氏传》、《书》序为作首尾，凡百二篇，篇或数简，文意浅陋。成帝时求其古文者，霸以能为百两征，以中书校之，非是。霸辞受父，父有弟子尉氏樊并。时大中大夫平当、侍御史周敞，劝上存之，后樊并谋反，乃黜其书。"

《论衡·正说》篇："至孝宣皇帝之时，河内女子发老屋，得逸《易》《礼》《尚书》各一篇，奏之。宣帝下示博士，然后《易》《礼》《尚书》各益一篇，而《尚书》二十九篇始定。至孝景时，鲁共王坏孔子教授堂以为殿，得百篇《尚书》于墙壁中，武帝使使者取视，莫能读者，遂秘于中，外不得见。至孝成皇帝时，征为古文《尚书》学，东海张霸案百篇之序，空造百两之篇献之，成帝出所秘百篇以校之，皆不相应，于是下霸于吏，吏白霸罪当至死。成帝高其才而不诛，亦惜其文而不灭，故百两之篇，传在世间者，传见之人，则谓《尚书》有百两篇矣。"案百两篇汉时已知其伪，可不置论，惟此可证伏生所传确有《书》序，否则，霸安能据以伪作乎？

第七节　古文尚书之传授

《汉书·儒林传》云："安国为谏大夫，授都尉朝（服虔曰"朝名，都尉姓"），而司马迁亦从安国问故，迁书载《尧典》《禹贡》

《洪范》《微子》《金縢》诸篇，多古文说。都尉朝授胶东庸生，庸生授清河胡常少子（师古曰"少子亦常字也"），常授虢徐敖，敖授王璜、平陵涂恽子真，子真授河南桑钦君长。"

《后汉书·贾逵传》云："父徽受古文《尚书》于涂恽，学《毛诗》于谢曼卿，逵悉受父业。"

《三国志·王朗传》："子肃，善贾、马之学。"

兹据上文列为一表如下（表中虚线示世数不明）：

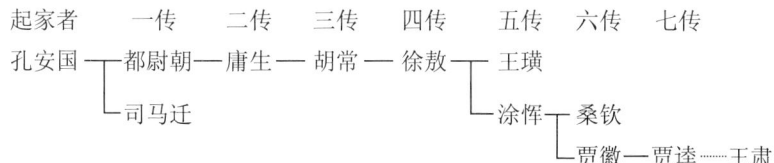

以上古文《尚书》传授表。

以上漆书古文传授表。（马融、张恭祖之师不可考见，故不用线表之。）

第八节　梅赜所献古文尚书

《诗谱序正义》曰："《虞书》者，《舜典》也，郑不见古文《尚书》，伏生以《舜典》合于《尧典》，故郑注在《尧典》之末。彼注云诗所以言人之志意也。……"

自永嘉之乱，欧阳、大小夏侯皆亡。"江左中兴，元帝时，豫章内史梅赜奏上孔传古文《尚书》，亡《舜典》一篇，购不能得，乃取王肃注《尧典》，从'慎徽五典'以下，分为《舜典》篇以续之，学徒遂盛。后范甯变为今文集注。"（自"江左中兴"句起至此，皆陆德明《经典释文》语。）《释文》又云："汉始立欧阳《尚书》，宣帝复立大小夏侯博士，平帝立古文。永嘉丧乱，众家之书并灭亡，而古文《孔传》始兴，置博士，郑氏亦置博士一人。近惟重古文，马、郑、王注遂废，今以孔氏为正。其《舜典》一篇，仍用王肃本。"

《释文》所言，是东晋始有《孔传》也；然魏晋以来，实已有之。孔颖达《尚书正义》序云："古文则两汉亦所不行，安国注之，实遭巫蛊，遂寝而不用。历及魏晋，方始稍兴，故马、郑诸儒，莫睹其学，所注经传，时或异同。晋世皇甫谧独得其书，载于帝纪，其后传授，乃可详焉。但古文虽然早出，晚始得行，其辞富而备，其义弘而雅，故复而不厌，久而愈亮，江左学者，咸悉祖焉。近至隋初，始流河朔，其为正义者，蔡大宝、巢猗、费甝、顾彪、刘焯、刘炫等，其诸公旨趣，多或因循，诂释注文，义皆浅略。"观颖达此序，其深信《孔传》，殆无一毫疑虑。自是以后，欺蒙千数百年，至清代汉学家，始攻击伪孔，不遗余力，可谓有拨乱反正之功。然其间亦或有稍流偏激者，兹考稽众家条说如下：

（一）梅赜所献之篇数及其真伪。（二）孔传之真伪。（三）宋以后疑古文者。

（一）梅赜所献之篇数及其真伪

伪孔《序》云："至鲁共王好治宫室，坏孔子旧宅，以广其居，于壁中得先人所藏古文虞夏商周之书，及传《论语》《孝经》，皆科斗文字。王又升孔子堂，闻金石丝竹之音，乃不坏宅，悉以书还孔氏。科斗书废已久，时人无能知者，以所闻伏生之书，考论文义，定其可知者为隶古定（《释文》云用隶书写古文），更以竹简写之，增多伏生二十五篇。伏生又以《舜典》合于《尧典》，《益稷》合于《皋陶谟》，《盘庚》三篇合为一，《康王之诰》合于《顾命》，复出此篇并序，凡五十九篇，为四十六卷。其余错乱摩灭，弗可复知，悉上送官，藏之书府，以待能者。"

此段皆作伪者展转迁就之词，其谬不可胜言。何则？伏生之书廿九，欧阳则《太誓》分出二篇为三十一。夏侯仍为廿九。至杜林、卫宏、贾逵及马、郑，则用欧阳本，又分出《盘庚》二、《康王之诰》一，为三十四，而从无所谓三十三篇者，有之自伪书始。孔壁增多之书十六，内《九共》出八为廿四，而从无所谓二十五篇者，有之亦自伪书始。盖作伪者贪《太誓》文多，易于剽袭，既已别撰三篇，乃于伏书去其《太誓》，则三十四者仅存三十一，又于其中，妄分《舜典》《益稷》，于是遂为三十三矣。至增多之书虽亡，其篇目篇数，郑具述之，作伪者岂不欲照彼撰之，无奈中有《汩作》《九共》等皆不能凭空构造，故不得已，只就其有可捃摭依傍者，缀缉以成篇，而不顾其与郑所述不合，于是遂为二十五矣。夫其书五十八篇，伪书亦五十八篇，其篇数似合，而不知真书乃三十四与二十四为五十八，伪书则三十三与二十五为五十八，此篇数似而实不合也。真书四十六卷，伪书四十六卷，其卷数似合，而不知真书三十四篇，内《盘庚》三篇同卷，《太誓》三篇同卷，《顾命》《康王之诰》二篇同卷，实二十九卷，二十四篇内《九共》九篇同卷，实十六卷，共四十五卷耳。桓谭《新论》云古文《尚书》旧有四十五卷，为五十八篇是也。《汉书》四十六卷者，兼序言之，而伪书乃除序为四十六，此卷数似合而实不合也。（取王鸣盛《尚书后案》语）

焦循《尚书补疏》叙云："东晋晚出《尚书孔传》，至今日稍能读书者，皆知其伪。虽然，其增多之二十五篇伪也，其《尧典》以下至《秦誓》二十八篇，固不伪。"案焦说甚允，惟当云二十八篇，除《舜典》"曰若稽古帝舜曰重华，协于帝，浚哲文明，温恭允塞，玄德升闻，乃命以位"二十八字外，固不伪也，说较周密。（《宋书·礼志一》载魏高堂隆《改正朔议》云："《书》曰若稽古帝舜，曰重华，建皇授政改朔。"说者谓此是真古文，考《文选》李善注引《尚书中候》云："建皇授政改朔。"又《御览》卷八十一引《尚书中候·考河命》云："曰若稽古帝舜，曰重华，钦翼皇象。"据此则高堂隆所引《舜典》，恐是《中候》之误也。）（案《正义》曰："昔东晋之初，豫章内史梅赜上《孔氏传》，犹阙《舜典》。自此'乃命以位'已上二十八字，世所不传，多用王、范之注补之，而皆以'慎徽已下'为《舜典》之初。至齐萧鸾建武四年，吴兴姚方兴于大航头得《孔氏传》古文《舜典》，亦类太康中书，乃表上之。事未施行，方兴以罪致戮。至隋开皇初，购求遗典，始得之。"又案《释文》曰："齐明帝建武中，吴兴姚方兴采马、王之注，造孔传《舜典》一篇，云于大航头买得，上之，梁武时为博士，议曰孔序误合五篇，皆文相承接，所以致误。《舜典》首有'曰若稽古'，伏生虽昏耄，何容合之，遂不行用。"）三十三篇之文字，稽之典籍，固多有不同者。然此由于传写既多，自生差异，况范甯变之于前，卫包改之于后，其不能全合汉壁中古文也，本无足怪。阮元《尚书注疏校勘记》序云："自梅赜献《孔传》，而汉之真古文与今皆亡，乃梅本又有今文古文之别。《新唐书·艺文志》云，天宝三载诏集贤学士卫包改古文从今文，说者谓今文从此始，古文从此绝，殊不知卫包以前未尝无今文，卫包以后又别有古文也。《隋书·经籍志》有古文《尚书》十五卷，今字《尚书》十四卷，又顾彪《今文尚书音》一卷，是隋以前已有今文矣。盖变古文为今文，实自范甯始。甯自为集注，成一家言，后之传写《孔传》者，从而效之，此所以有今文也。六朝之儒，传古文者多，传今文者少，今文自顾彪而外，不少概见，李巡、徐邈、陆德明皆为古文作音，孔颖达《正义》出于二刘，盖亦用古文，如'涂'之为'敇'、'云'之为'员'是也。然疏内不数数觏，殆为后人窜改，如陈鄂等之于《释文》欤？（《崇文总目》：'皇朝太子中舍陈鄂奉诏刊定。始开宝中，诏以德明所释乃古文《尚书》，与唐明皇所定今文驳异，令鄂删定其文，改从隶书。盖今文自晓者多，故音切弥省。'）然则卫包之改古从今，乃改陆、孔而从范、顾，非倡始为之也。"据阮氏此说，知梅本经多次之改写，文字异同，势所必至，然三十三篇，不能不认为汉代遗经也。

至二十五篇之伪，阎百诗《尚书古文疏证》、惠定宇《古文尚书考》辨之已明，疑滞尽释。程廷祚谓二十五篇出于赜之后，非赜所献，事无确证，可不置论。

（二）孔传之真伪

山阳丁晏著《尚书馀论》，谓古文《尚书》孔传见于王肃《家语》后序，又见于《孔丛子》，皆为一手伪作。（《家语》后序云孔安国字子国，天汉后，鲁共王坏夫子故宅，得壁中《诗》《书》，悉以归子国。子国乃考论古今文字，撰众师之义，为《古文论语训》十一篇、《孝经传》二篇、《尚书传》五十八篇，皆所得壁中科斗本也。又载孔衍上书云，鲁共王坏孔子故宅，得古文科斗《尚书》《孝经》《论语》，世人莫能言者，安国为之今文读，而训传其义，又撰《孔子家语》。既毕，会值巫蛊事起，遂各废不行。光禄大夫向以为其时所未施行之故，《尚书》则不记于《别录》，《论语》则不使名也。《孔丛子·叙书》云：侍中安国受诏，缀集古义，臣乞为太常典礼，臣家业与安国纪纲古训，使永垂来嗣，孝武皇帝难违其意，遂拜太常。又与侍中从弟安国书云，知以今雠古之隶篆推科斗，已定五十余篇，并为之传云，其余错乱文字摩灭，不可分了，欲以垂待后贤，诚合先君阙疑之意。又曰《尧典》说者以为尧、舜同道，弟素常以为杂有《舜典》，今果如所论。）案《家语》《孔丛》出于王肃之伪造，已无可疑，《尚书》五十八篇，及《孔传》《孔序》之出于王肃，亦殆可以断定。惟吾人固恶王肃之作伪，然论其所以作伪，则由于郑学盛行，破坏家法之故，其情实颇有可原者。《三国志》谓其善贾、马而不喜郑氏，可见王肃乃笃守家法之一人，其不惜以虚伪方术，驳难郑氏，亦犹西汉博士，保残守缺，挟恐见破之私意，而亡从善服义之公心，或怀嫉妒，不考情实，……深闭固距，而不肯试，猥以不诵绝之，如刘歆《移书》所责云云然也。窃谓孔安国本自有传，东汉则贾逵、马融传之，至于王肃或复稍有增益。故今之《孔传》，不得谓为孔安国之旧，而《孔传》即存其中，当可信也。

　　段玉裁《古文尚书考异》序云："当作伪时，杜林之漆书古文《尚书》、卫宏之《古文尚书训旨》、贾逵之《古文尚书训》、马融之《古文尚书传》、郑君之《古文尚书注解》皆存，天下皆晓然知此等为孔安国递传之本。作伪者安有点窜涂改三十一篇字句，变其面目，令与卫、贾、马、郑不类，以启天下之疑，而动天下之兵也。盖伪《孔传》本与马、郑本之不同，梗概已见于《释文》《正义》，不当于《释文》《正义》外，断其妄窜。"案段氏说极是。惟贾、马自有孔安国递相传授之本，不可与漆书并为一事，盖杜林所得仅一卷，决非三十一篇全文也。

　　焦循《禹贡郑注释》云："《释文》不出郑异字者，即伪孔本与郑本同者也。郑本略存于伪孔本中矣。"焦氏又云："《正义》不引郑注者，即孔义与郑义同者，郑义略存于伪《孔传》中矣。"案《释文》《正义》所举异字异义，其数本不甚多，可见三十一篇固不伪，即孔传亦未可斥为伪也。

经文既不伪，而传文多同马融、王肃。（王鸣盛《尚书后案》云，王注之存于今者，按之皆与马融及伪孔合，伪孔之出于王肃乃情事之所有。）又与郑不同者亦无几，则其源流所自，盖可想见，况孔传有与郑同而与王异者，如《禹贡》"三百里蛮"，传云"以文德蛮来之"，孔疏云"郑云蛮者听从其俗，羁縻其人耳，故云蛮，蛮之言缗也"，王肃云"蛮，慢也，礼仪简慢"，与孔异。《洪范》"农用八政"，传云"农，厚也，厚用之，政乃成"，孔疏云"郑云'农读为醲，则农是醲意，故为厚也'。张晏、王肃皆言'农，食之本也，食为八政之首，故以农言之'。然则农用止为一食，不兼八事，非上下之例，故传不取。"据此可见孔传非袭用王肃矣。

《大诰》序云："武王崩，三监及淮夷叛。"传云："三监，管蔡商。"《汉书·地理志》云："邶，以封纣子武庚；鄘，管叔尹之；卫，蔡叔尹之，以监殷民，谓之三监。"则三监者，武庚为其一，无霍叔矣。王肃、服虔皆依志为说，郑数三监有霍叔无禄父。伪《蔡仲之命》，似以管蔡霍三叔为三监，明与王肃不符，且亦与《大诰》传矛盾，盖作伪者，窃取郑说为之而不意与古义异也。

焦理堂《尚书补疏序》云"曰若稽古帝尧""曰若稽古皋陶"，传皆以顺考古道解之。郑以稽古为同天，同天二字可加诸帝尧，不可施于皋陶。若亦以皋陶为同天，则是人臣可僭天子之称颂。若以帝尧之稽古为同天，以皋陶之稽古为顺考古道，则文同义异，歧出无理，此传之善一也。"四罪而天下咸服"，传以舜征用之初，即诛四凶，是先殛鲧而后举禹。郑以禹治水毕，乃流四凶，故王肃斥之云，是舜用人子之功，而流放其父，则为禹之勤劳，适足使父致殒，舜失五典克从之义，禹陷三千莫大之罪，此传之善二也。尧舍丹朱，以天位授舜；朱虽不肖，不宜自舜历数其不善。《史记》以"无若丹朱傲"上，加"帝曰"，而传则以为禹之言。自禹言之则可，自舜言之则不可，此传之善三也。《盘庚》三篇，郑以上篇乃盘庚为臣所作，然则阳甲在上，公然以臣假君令，因而即真，此莽、操、师、昭之事，而乃以之诬盘庚，大可怪矣。传皆以为盘庚为王时所作，此传之善四也。微子问父师、少师，父师答之，不问少师。郑以为少师志在必死，盖以少师指比干。顾大臣徒志于死，遂不谋国以出一言，非可为忠，传虽亦以少师指比干，而于此则云比干不见，明心同，省文，此传之善五也。《金縢》"我之不辟"，郑读为避，谓周公避居于东，又以"罪人斯得"为成王收周公之属官，殊属谬悠，说者多不以为然；传则训辟为法，居东即东征，罪人即指禄父、管、蔡，此传之善六也。《明堂位》以周公为天子，汉儒用以说《大诰》，遂启王莽之祸。郑氏不能辨正，且用以为《尚书》注，而以周公称王，传独卓然以周公不自称王，而称成王之命以诰，胜郑氏远甚，此传之善七也。案焦氏举此七善，可以箴砭拘滞郑氏，而不知变通者，抑亦可以见传义实有胜于郑氏者，岂可因其不同而遽斥之哉！

总之，《尚书》三十三篇，除《舜典》用王肃本外，其余经传皆可信为孔安国之遗，惟中经变迁补益，其与原文出入当或不少耳。

至伪造之二十五篇经传，亦有不可废者。沈彤《果堂集》云：《古文尚书冤词》自谓惧古文《尚书》将见废而为之，然吾知其必不废也。古文《尚书》非独聚敛传记所采语，其中间必有真古文之残编剩简，如《隋志》所载《尚书》逸篇之类者，故其尤善者，皆各有精言，以立一篇之干，故吾知其不废也，以其言决之也。并书此于后，以解其地下之惧，且以明辨真伪者之专以尊经，非有意于梅书之废也。

（三）宋以后疑古文者

阎若璩云：《书》古文出魏晋间，距东晋建武元年凡五十三四年始上献于朝，立学官。（案阎氏此说未是，晋武帝立十九博士，即有《书》孔氏。）建武元年下到宋南渡初，八百一十一年，有吴棫字才老者出，始以此书为疑。其言曰：伏生传于既耄之时，而安国为隶古，又特定其可知者，而一篇之中，一简之内，其不可知者，盖不无矣。乃欲以是尽求作书之本意与夫本末先后之义，其亦可谓难矣。而安国所增多之书，今书目具在，皆文从字顺，非若伏生之书，屈曲聱牙，至有不可读者，夫四代之书，作者不一，乃至二人之手，而遂定为二体乎？其亦难言矣。（阎云吴才老有《书稗传》十三卷，惜不传，此为首疑古文《尚书》者。）

朱熹曰：安国书传，恐是魏晋间人作，托安国为名，汉儒训释文字，有疑则阙，今此却尽释之。

又曰：孔安国解经最乱道，看得只是《孔丛子》等做出来。又曰：孔氏《书》序不类汉文，疑是晋宋间文章。

吴澄曰：《书》增多二十五篇，晋梅赜所奏上者，所谓古文《书》也……及梅赜二十五篇之《书》出，则凡传记所引《书》语，注家指为逸《书》者，收拾无遗。既有证验，而其言率依于理，比张霸伪《书》辽绝矣。析伏氏《书》二十八篇为三十三。杂以新出之书，通为五十八篇，并《书》序一篇，凡五十九篇，孔安国《传》及《序》，世遂以为真孔壁所藏也。唐初诸儒，从而为之疏义，自是汉世大小夏侯、欧阳氏所传《尚书》，止有二十九篇者，废不复行，惟此《孔传》五十八篇，孤行于世。伏氏书既与梅赜所增混淆，谁复能辨？窃尝读之，伏氏书虽难尽通，然辞义古奥，其为上古之书无疑。梅赜所增二十五篇，体制如出一手，采集补缀，虽无一字无所本，而平缓卑弱，殊不类汉以前之文。夫千年古书，最晚乃出，而字画略无脱误，文势略无龃龉，不亦大可疑乎？吴才老曰：增多之书，皆文从字顺，非若伏生之书，诘曲聱牙。夫四代之书，作者不一，乃至二人之手而定为二体，其亦难言矣。朱仲晦曰：《书》凡易读者，皆古文，岂有数百年壁中之物，不讹损一字者？又曰：伏生所传皆难读，如何伏生偏记其所难，而易者全不能记也。又曰：孔书至东晋方出，前此诸儒皆未见，可疑之甚。又曰：《书》序伏生时无之，其文甚弱，亦不是前汉人文字，只似后汉末人。又曰：小序决非孔门之旧，安国序亦非西汉文章。又曰：先汉文字重厚，今大序格致极轻。又曰：《尚书》孔安国序，是魏晋间人作，托安国为名耳。又曰：孔《传》与《序》，皆不类西汉文章气象，与《孔丛子》同是一手伪书。盖其言多相表里，而训诂亦多出《小尔雅》也。夫以吴氏及朱子之所疑者如此，顾澄何敢质斯疑而断之，然不敢信此二十五篇之为古书，则是非之心，不可得而昧也。

梅鷟曰：《尚书》惟今文传自伏生口诵者为真，古文出孔壁中者，尽后儒伪作。大抵依约诸经、《论》、《孟》中语，并窃其字句而缘饰之。其补《舜典》二十八字，则窃《易》中"文明"、《诗》中"温恭允塞"等字成文；其作《大禹谟》"后克艰厥后，臣克艰厥臣"等句，则窃《论语》"为君难为臣不易"成文；"惟精惟一，允执厥中"，则窃《论语》"允执其中"等语成文；征苗誓师，赞禹还师等，原无此事，舜分北三苗于三危，已无烦师旅，伪作者徒见

《舜典》有此文，遂模仿为"誓召还兵""有苗格"诸语，《益稷》赓歌亦窃《孟子》"手足""腹心"等句成文。其外《五子之歌》窃《孟子》"忸怩"之语，《泰誓》三篇取《语》、《孟》"百姓有过，在于一人""若崩厥角稽首"之文，其外《胤征》《仲虺之诰》《汤训》《伊训》《太甲》《咸有一德》《说命》《武成》诸篇，文多浅陋，必非商周之作。相传恭王坏孔子宅，欲以为宫而得之，不知竹简漆书，岂能支数百年之久，壁间丝竹八音，是何人作，乃献书者之饰词耳。

案伪古文流传，几及千年，而吴棫始疑之。自后朱熹、吴澄、梅鷟相继攻击，其义益精，其证愈确。阎若璩承其流而断成其疑狱，读者为之大快。余以先儒筚路蓝缕之功，不可掩也，故录其文如右。

第九节 梅赜所献古文尚书之传授

王肃传贾、马以来之古文《尚书》；复伪造二十五篇经传，合为五十八篇，魏末晋初，其书已行，《正义》所谓至晋世王肃注书，始似窃见孔传者是也。《尚书正义》序云："晋世皇甫谧独得其书，载于《帝纪》，其后传授乃可详焉。"《正义》又引《晋书·皇甫谧传》云："姑子外弟梁柳边得古文《尚书》，故作《帝王世纪》，往往载孔传五十八篇之书。"《晋书》又云："晋太保公郑冲以古文授扶风苏愉，愉字休预，预授天水梁柳字洪季，即谧之外弟也。季授城阳臧曹字彦始，始授郡守子汝南梅赜字仲真，又为豫章内史，遂于前晋奏上其书，而施行焉。"

第十节　中文尚书

《后汉书·刘陶传》云："陶字子奇，一名伟，颍川颍阴人也。游太学，明《尚书》《春秋》，为之训诂，推三家《尚书》及古文，是正文字三百余事，名曰中文《尚书》。"（中文《尚书》自陶死无传者。）

第十一节　史记兼用今古文

陈寿祺《左海经辨》曰："《史记》始用《书》序，采摭十之七八，其说多异，盖今文家言也。其所录《尚书》，亦以今文为主，虽班固称迁书载《尧典》《禹贡》《微子》《洪范》《金縢》诸篇多古文说，今以此五篇考之，如《五帝纪》之载《尧典》'居郁夷，曰旸谷'（徐广曰'一作柳谷'）、'便在伏物'、'黎民始饥'、'五品不驯'、'归至于祖祢庙'（《尚书大传》'归格于祢祖用特'）、'五流有度，五度三居'（今文'宅'皆为'度'）；《夏本纪》之载《禹贡》'维箘簬楛''荥播既都'；《周本纪》之载《洪范》'毋侮鳏寡'（《尚书大传》同）；文字皆与今文吻合。则所谓多古文说者，特指其说义耳，若文字则不尽从古文。五篇而外，所录皆今文说可知。（《鲁周公世家》载《金縢》'周公卒后，暴风雷雨'亦今文说。）不独'黎'之作'耆'，'流为雕'之作'流为乌'，'如熊如罴'之作'如豺如离'而已。司马子长时，《书》惟欧阳，大小夏侯未立学官，然则《史记》所据《尚书》，乃欧阳本也。"陈氏又曰："《汉书·儒林传》司马迁从孔安国问故，迁书所载《尧典》《禹贡》《微子》《洪范》《金縢》多古文说。段君若膺始辨汉人援引《尚书》，皆用见立学官今文之本，迁书多古文说者，特其说义则然，而文字仍悉依今文，此论足以发千古之覆矣。然以《史记》所采五篇核之，实有兼用古文者，如'肇十有二州'不作'兆'（《尚书大传》作'兆'），'蠙珠臮鱼'不作'砒暨'，'维箘簵枯'不作'簵楛'，'嶓冢导漾'不作'瀁'，'思曰睿'不作'容'，'不离于咎'不作'丽'，'曰悌'不作'圛'，'高宗飨国五十五年'不作'百年'，皆古文之灼然可信者也。迁非经生，而好钓奇，故杂胪古今，不肯专守一家。《鲁周公世家》载《金縢》，其前周公奔楚事乃古文家说，其后成王改葬周公事乃今文说，此其明证矣。"

案太史公网罗放失，今古文杂收，谓其皆古文或皆今文者妄也。读陈氏说可以解世儒之惑。

第十二节　周书及其篇目

《汉书·艺文志》："《周书》七十一篇"。注："周史记。"师古曰："周时诰誓号令也，盖孔子所论百篇之余也。"《隋书·经籍志》改入杂史家，大误，又误以为汲冢所出。案《晋书·武帝纪》及荀勖、束皙传载汲郡人不准所得竹书七十五篇，虽有《周书》，乃论楚事及周穆王美人盛姬死事，与七十一篇之《周书》大不相类。又汲县晋石刻《太公吕望表》引《竹书周志》云，文王梦天帝衣玄襀立于令狐之津，与《周书》文例殊异。杜预《春秋集解》后序载汲冢诸书七十五卷，亦不列《周书》之目，是《周书》确非汲冢竹书矣。是书自《左氏传》外，《老》《墨》《商》《韩》《吕》诸子，并见称引，《史记》周本纪、楚世家、主父偃传、货殖传并述《周书》，又毛公传

《诗·驺虞》，马融注《论语》改火，蔡邕说《明堂》《月令》，许慎说文字，郑玄注《周礼》，并征引其文，信乎其为古书也。

兹列其篇目如下

度 训	命 训	常 训	文 酌	籴 匡
武 称	允 文	大 武	大明武	小明武
大 匡	程 典	程 寤（佚）	秦 阴（佚）	
九 政（佚）	九 开（佚）	刘 玄	文 开（佚）	
保 开（佚）	八 繁（佚）	酆 保	大 开	
小 开	文 儆	文 传		

以上文王时书二十五篇。

柔 武	大开武	小开武	宝 典	酆 谋
寤 儆	武 顺	武 穆	和 寤	武 寤
克 殷	大 匡	文 政	大 聚	世 俘
箕 子（佚）	考 德（佚）	商 誓	度 邑	武 儆
五 权				

以上武王时书二十一篇。（内《世俘》篇说者谓即孟子所称之《武成》，《箕子》或即《洪范》。）

成 开	作 雒	皇 门	大 戒	周 月
时 训	月 令（佚）	谥 法	明 堂	尝 麦
本 典	官 人	王 会		

以上成王时书十三篇。

祭 公	史 记	职 方	芮良夫	太子晋
王 佩	殷 祝	周 祝	武 纪	铨 法
器 服				

以上穆王以后十一篇。

合叙篇共七十一篇，与《汉志》篇数合。

第四章　诗

第一节　诗之原起

　　《诗大序》曰："诗者志之所之也，在心为志，发言为诗，情动于中，而形于言，言之不足，故嗟叹之，嗟叹之不足，故永歌之，永歌之不足，不知手之舞之，足之蹈之也。情发于声，声成文谓之音。"案此文言诗乐缘起，至为明晰。《乐记》屡言音由心生；又云："感物而动，故形于声。声相应，故生变，变成方，谓之音。比音而乐之，及干戚羽旄谓之乐。"《檀弓》载子游说"人喜则斯陶，陶斯咏，咏斯犹，犹斯舞"。据此诸文知诗乐之起，悉本自然。既有语言，即解吟咏，既解吟咏，即有曲折节奏，纵复未臻工巧，固足达其时人之胸怀，近验儿僮，旁征夷狄，何尝无讴吟以自写其情感乎？用知传记所言，深察原本。郑康成《诗谱序》乃云"诗之兴也，谅不于上皇之世"，《正义》通之以为"上皇之世，举代淳朴，其心既无可感，其志有何可言，故知尔时未有歌咏"。寻康成所以为此言者，徒以事不经见，故为此推测之词，然作乐之始，乐写人音；是以讴谣在前，乐具在后，观省古文所记，土鼓蒉桴苇篇，为伊耆氏之乐，又称女娲之笙簧。（并《明堂位》）此则乐器之兴，远在邃古，诗歌之作，更在其前，理自昭然，无所疑滞。《正义》乃云："上古之时，徒有讴歌吟呼，必无文字雅颂之声。"又云："颂美讥过之诗，其道始于唐虞，非初作讴歌始于此也。"夫讴歌雅颂，文质间殊，然其为诗则不异。冲远所言欲以证成郑说，不谓其适足以为难矣。惟《大序》疏云："在心为志，出口为言，诵言为诗，咏声为歌，播于八音谓之为乐，皆始末之异名。"其说明通与传记相应。

第二节　周以前之诗

《尧典》曰："帝曰夔！命汝典乐，教胄子。诗言志，歌永言，声依永，律和声。"此唐虞之时，已用诗以为教也。《皋陶谟》曰："工以纳言，时而扬之。"某氏传云："工乐官，掌诵诗以纳谏，当是正其义而扬道之。"此唐虞之时，已用诗以效谏也。《皋陶谟》又曰："戛击鸣球，搏拊琴瑟以咏，祖考来格。"《大传》说以咏为升歌清庙，郑说以咏为歌诗，此唐虞用诗以祭宗庙也。《皋陶谟》又曰："帝庸作歌，皋陶赓载。"《乐记》曰："舜作五弦琴以歌南风。"（郑云其辞未闻。）此唐虞之时，用诗以自写情志也。夫尔时诗歌之用，广大如此，是知有所沿袭，积渐至斯，非忽然而盛也明矣。

夏诗见于经传者，《周礼》《左氏》并说有九德之歌。大司乐九德之歌，于宗庙之中奏。《左传》文公七年引《夏书》劝之以九歌而说之曰："九功之德，皆可歌也，谓之九歌；六府三事，谓之九功；水火金木土谷，谓之六府；正德利用厚生，谓之三事。"屈原《离骚》云："启九辨与九歌。"王注云："九歌，九德之歌，禹乐也。"是九歌为夏诗，至周而用以祀宗庙。瞽蒙掌九德六诗之歌，以役太师，列九歌于六诗上者，一缘九歌时序在前，二缘九歌为祫禘登歌所奏之乐章，宜列雅颂之上也。

《夏书》有《五子之歌》篇，序曰太康失邦，兄弟五人，须于洛汭，作《五子之歌》。《五子之歌》篇已逸，而伪古文造为五章，皆为韵语。近世段若膺、孙渊如等攻伪古文，乃谓《五子之歌》即《武观》，"歌"字乃"观"之声借，非诗歌之"歌"，此又好为异说。案《墨子·非乐》篇引《武观》（盖《五子之歌》篇别名，犹《甘誓》为《禹誓》，《咸有一德》为《尹告》。）云："启乃（惠栋以'乃'为'子'字之误。）淫溢康乐，野于饮食（韵），将将铭苋，（莞之讹，以声借为管。）罄以力（韵），湛浊（当为'湎'字。）于酒，渝食于野，万舞翼翼（韵），章闻于天，天用弗式（韵）。"此文作韵语，明是《五子之歌》辞，特全文已不可考耳。郑云"有夏承之，篇章泯弃，靡有孑遗"，盖据汉世为言，若当周时，则夏诗存者固不乏也。

殷诗存者惟《商颂》五篇。《鲁语》："昔正考父校商之名颂十二篇于周太师，以《那》为首。"郑司农云："自考父至孔子，又亡其七篇，孔子录诗之时，只得五篇而已。"（约《诗笺》《诗谱》文）此则商世之诗，只余五颂。《诗谱序》云："迄及商王，不风不雅，何者论功颂德，所以将顺其美，刺过讥失，所以匡救其恶，各于其党，则为法者章显，为戒者著明。"孔疏释之以为郑意商诗亦有《风》《雅》，而周室弃而不录。案商诗有《颂》，则有《风》《雅》亦宜，特其后礼乐废坏，故《风》《雅》散亡，无复存者，非周室不取之也。

第三节　六义

《诗大序》云："故诗有六义焉：一曰风，二曰赋，三曰比，四曰兴，五曰雅，六曰颂。"《周礼·太师职》云："教六诗曰风，曰赋，曰比，曰兴，曰雅，曰颂。"《诗正义》云："太师上文未有诗字，不得径云六义，故言六诗，各自为文，其实一也。"是六诗即六义也。郑君《六艺论》曰"唐虞始造，至周分为六诗"。是郑君以六诗自周初而始分。此由《周礼》始见六诗之名，故作斯说。其实商诗已有颂名。《诗正义》曰："有《商颂》而无《夏颂》，周室之初，记录不得。"又曰："商时政教渐兴，亦有《风》《雅》。"据此则夏亦有《颂》，商亦有《风》《雅》。郑君所云至周始分者，徒据《周礼》明文言之。先郑司农曰（《周礼》注引）："古而自有风雅颂之名。"盖云周公前已有六诗之分，非仅以证其名出仲尼前而已。《诗正义》曰："风雅颂者，诗篇之异体；赋比兴者，诗文之异词耳。大小不同而得并为六义者，赋比兴是诗之所用，风雅颂是诗之成形，用彼三事，是故同称为义，非别有篇卷也。"案《诗大序》举六义之目，而下文以风雅颂为四始，是风雅颂为诗之成形，赋比兴但是诗文之异辞，其证极明。《郑志》答张逸云："赋比兴，吴札观诗，已不歌，孔子录诗，已合风雅颂中，难复摘别。"是郑意直以赋比兴亦是诗体，与《大序》不合。然诗传但释兴，而于赋比不言者，诗疏云："比显而兴隐，《毛传》特言兴也者，为其理隐故也。"此则赋比览文即知，兴非诠说不了，故传明释之，实则无论何诗，皆含三义之一。（《大序》正义云："六义次第如此者，以诗之四始，以风以先，故曰风。风之所用以赋比兴为之辞，故于风之下，即次赋比兴，然后次以雅颂。雅颂亦以赋比兴为之，既明赋比兴于风之下，明雅颂亦同之。"）《周礼》次赋比兴于风下者，正以错文见义，言风有此三者，雅颂亦有之也。

第四节　删诗

删诗之说始见于《史记·孔子世家》。其言曰："古者诗三千余篇，及至孔子去其重，取可施于礼义，上采契后稷，中述殷周之盛，至幽厉之缺，始于衽席。故曰《关雎》之乱以为《风》始，《鹿鸣》为《小雅》始，《文王》为《大雅》始，《清庙》为《颂》始，三百五篇，孔子皆弦歌之以求合韶武雅颂之音，礼乐自此可得而述，以备王道，成六艺。"史迁又云："孔子之时，周室微而礼乐废，诗书缺。"夫既称曰缺，则三千篇者将何自来乎？《毛诗》《左传》正义并加驳难，以为仲尼删削，不容十分去九，记传引诗，亡逸甚少。案《正义》之说是也。《论语》载子言一则曰"诗三百"；再则曰"诵诗三百"；若诗篇本多，孔子不得但据己所删定者为言。又《墨子·公孟》篇曰："诵诗三百，歌诗三百，舞诗三百。"即《郑风·子衿》传所云"古者教以诗乐，诵之歌之，弦之舞之"，是古诗本只三百，无容异议也。

朱彝尊曰："孔子删诗之说，倡自司马子长，历代儒生莫敢异议。窃以诗者掌之王朝，班之侯服，小学大学之所讽诵，冬夏之所教，莫之有异，故盟会、聘问、燕享，列国之大夫赋诗见志，不尽操其土风。使孔子以一人之见，取而删之，王朝列国之臣，其孰信而从之者？且如行以《肆夏》，趋以《采齐》，乐师所教之乐仪也，何不可施于礼义，而孔子必删之，俾堂上有仪，而门外无仪，何也？射，王以《驺虞》为节，诸侯以《狸首》为节，大夫以《采𬞟》为节，士以《采蘩》为节。今大小戴《记》载有《狸首》之辞，未尝与礼义悖，而孔子于《驺虞》《采𬞟》《采蘩》则存之，于

《狸首》独去之，俾王与大夫、士有节，而诸侯无节，又何也？《燕礼》'升歌《鹿鸣》，下管《新宫》'，《大射仪》'乃歌《鹿鸣》三终，乃管《新宫》三终'，而孔子于《鹿鸣》则存之，于《新宫》则去之，俾歌有诗而管无诗，又何也？《肆夏》《繁遏》《渠》，天子所以享元侯者，故《九夏》掌于钟师，而《大司乐》'王出入奏《王夏》，尸出入奏《肆夏》，牲出入奏《昭夏》'。《乡饮酒》之礼宾出奏《陔》，《乡射》之礼宾兴奏《陔》，《大射》之仪公升即席奏《陔》，宾醉奏《陔》，公入骜，此又何不可施于礼义，而孔子必删之，俾礼废而乐缺，又何也？正考父校商之名颂十二篇于周太师，归以祀其先王，孔子，殷人，乃反以先世之所校归祀其祖者，删其七篇，而止存其五，又何也？穆王欲肆其心，周行天下，祭公谋父作《祈招》之诗以止王心，《诗》之合乎礼义者莫此若矣。孔子既善其义，而又删之，又何也？且《诗》至于三千篇，则辁轩之所采，定不止于十三国矣，而季札观乐于鲁，所歌《风》诗，无出十三国之外者。又子所雅言，一则曰'《诗》三百'，再则曰'诵《诗》三百'，未必定属删后之言，况多至三千，乐师蒙叟安能遍为讽诵？窃疑当日掌之王朝，班之侯服者，亦止于三百余篇而已。至欧阳子谓'删《诗》云者，非止全篇删去，或篇删其章，或章删其句，或句删其字'，此又不然。《诗》云：'唐棣之华，偏其反而。岂不尔思，室是远而。'惟其诗孔子未尝删，故为弟子雅言之也。《诗》曰：'衣锦尚𫄧，文之著也。'惟其诗孔子亦未尝删，故子思子举而述之也。《诗》曰'谁能秉国成'，今本无'能'字，犹夫'殷鉴不远，在于夏后之世'，今本无'于'字，非孔子去之也，流传既久，偶脱之尔。昔者子夏亲受《诗》于孔子矣，其称《诗》曰：'巧笑倩兮，美目盼兮，素以为绚兮。'惟其句孔子亦未尝删，故子夏所受之《诗》，存其辞以相质，而孔子亟许其可与言《诗》，初未以素绚之语有害于义而斥之也。由是观之，《诗》之逸也，非孔子删之，可信也。"案朱氏所云，既明且切，无可议矣。然三千篇之说，子长亦必有所本。《汉书·食货志》云："孟春之月，行人振木铎，徇于路以采诗，献之太师，比其音律，以闻于天子。"《公羊》宣公十五年传何休注曰："男女有所怨恨，相从而歌，饥者歌其食，劳者歌其事，男年六十、女年五十无子者，官衣食之，使之民间求诗，乡移于邑，邑移于国，国以闻于天子，故王者不出牖户，尽知天下所苦，不下堂而知四方。"据此二文，则周诗三千篇，诚不为多，惟太师既比其音律，则闻于天子，教于国子者，实止三百余篇耳。《诗大序》正义引郑答张逸云："国史采众诗时，明其好恶，令瞽蒙歌之。其无作主，皆国史主之，令可歌。"史公误为孔子删之，此驳难者所以纷起也。

第五节　诗序

《诗序》作者，据《释文》引沈重云："按郑《诗谱》云《大序》是子夏作，《小序》是子夏、毛公合作，卜商意有不尽，毛更足成之。"

范蔚宗《后汉书·卫宏传》云："九江谢曼卿善《毛诗》，宏从受学，作《毛诗序》，善得风雅之旨，于今传于世。"自范蔚宗为此言，而唐宋以来儒者，始竞起攻序，异说纷纭，不暇悉举。兹录叶梦得之说以见其概。

世人疑《诗序》非卫宏所为，此殊不然。使宏凿空为之乎？虽孔子亦不能。使宏诵诗说为之，则虽宏有余矣。且宏《诗序》有专取诸书之文而为之者，有杂取诸书所说而重复互见者，有委曲婉转附经而成其书者，不可不论也。《诗》有六义，一曰风，二曰赋，三曰比，四曰兴，五曰雅，六曰颂，其文全出于《周官》；情动于中而形于言，言之不足嗟叹之，其文全出于《礼记》；成王未知周公之志，公乃为诗以遗王，其文全出于《金縢》；高克好利而不顾其君，文公恶而欲远之，不能使高克将兵而御狄于境，陈其师旅，翱翔于河上，久而不召，众散而归，高克奔陈，其文全出于《左传》；微子至于戴公，其间礼乐废坏，其文全出于《国语》；古者长民衣服不贰，从容有常，以齐其民，其文全出于《公孙尼子》：则《诗序》之作，实在数书既传之后明矣。此吾所谓专取诸书所言也。《载驰》之诗，许穆夫人作也，闵其宗国颠覆矣，又曰，卫懿公为狄人所灭。《丝衣》之诗，既曰绎宾尸矣，又曰灵星之尸。此盖众说并传，卫氏得善辞美意，并录而不忍弃之，此吾所谓杂取诸书之说而重复互见也。《驺虞》之诗，先言人伦既正，朝廷既治，天下纯被文王之化，而复继之以蒐田以时，仁如驺虞，则王道成。《行苇》之诗，先言周家忠厚，仁及草木，然后继之以内睦九族，外尊事黄耇，养老乞言，此又吾所谓委曲婉转，附经而成其义也。即三者而观之，《序》果非宏之所作。于汉世文章，未有行《诗序》者，惟黄初四年有共公远君子近小人之说，盖魏后于汉，宏之《诗序》至此始行也。（案王粲《七哀诗》云："悟彼下泉人，喟然伤心肝。"李善注云："《毛诗序》云'下泉思治也，曹人思明王贤伯也'。"是汉末已有用《毛序》者，不始黄初四年也。）

案叶氏之说果辨，然《序》云《南陔》，孝子相戒以养也；《白华》，孝子之洁白也；《华黍》，时和岁丰，宜黍稷也。（以上三句为子夏本文）有其义而亡其辞。（此句毛公所足成）《郑笺》云："孔子论诗，《雅》《颂》各得其所，时俱在耳，篇第当在于此，遭战国及秦而亡之，其义（义即序也）则与众篇之义合编，故存。毛公为

《诂训传》，乃分众篇之义，各置于其篇端云。"郑氏生年稍后于卫宏，使《序》果为宏作，岂容不知而妄称子夏、毛公合作？惟郑说亦略有可疑者，考《汉书·艺文志》，《诗经》二十八卷鲁、齐、韩三家。《毛诗》二十九卷。此多出一卷，即《序》也。《序》既自为一卷，则毛公似未分《序》于各篇端乎。《毛诗·关雎》正义云"《毛传》不训《序》者，以分篇首，义理易明，性好简略，故不为传"，此说盖即《郑笺》之意引申之。

朱彝尊曰，按《诗》之有序，不特《毛传》为然，说《韩诗》《鲁诗》者亦莫不有序。如《关雎》刺时也，《芣苢》伤夫有恶疾也，《汉广》悦人也，《汝坟》辞家也，《蝃蝀》刺奔女也，《黍离》伯封作也，《鸡鸣》谗人也（一作说人也），《雨无极》正大夫刺幽王也，《宾之初筵》卫武公饮酒悔过也，此《韩诗》之序也。楚元王受《诗》于浮丘伯；刘向，元王之孙，实为《鲁诗》，其所撰《新序》，以《二子乘舟》为伋之傅母作，《黍离》为寿闵其兄作，《列女传》以《芣苢》为蔡人妻作，《汝坟》为周南大夫妻作，《行露》为申人女作，《邶·柏舟》为卫宣夫人作，《燕燕》为定姜送妇作，《式微》为黎庄公夫人及其傅母作，《大车》为息夫人作，此皆本于《鲁诗》之序也。《齐诗》虽亡，度当日经师，亦必有序。惟《毛诗》之序，本乎子夏，子夏习诗而明其义，又能推原国史，明乎得失之故。试稽之《尚书》《仪礼》《左氏内外传》《孟子》，其说无不合。《毛诗》出，学者舍齐、鲁、韩三家而从之，以其有子夏之序，不同乎三家也。惟其序作于子夏，子夏授《诗》于高行子，此《丝衣》序有高子之言。又子夏授曾申，申授李克，克授孟仲子，此《维天之命》注有孟仲子之言，皆以补师说所未及。毛公因而存之不废。若夫《南陔》六诗，有其义而亡其辞，则出自毛公足成之。所谓有其义者，据子夏之序也。而论者多谓序作于卫宏。夫

《毛诗》虽后出，亦在汉武时，必有序而后可授受，韩、鲁皆有序，《毛诗》岂独无序，直至东汉之世，俟宏之序以为序乎？

又云，蔡邕书石经，悉本《鲁诗》。今《独断》所载《周颂》三十一章，其序与《毛诗》虽繁简微有不同，而其义则一。意者《鲁诗》《毛诗》，《风》之序有别，而《颂》则同耶？

案朱氏之说足以破攻序者之惑。大抵《诗序》之义，或有子夏所传者，或有毛公以前诸先师所附益者，或有毛公所足成者，其与经传同义，或与三家说合，或三家未善而毛独长者，皆不可妄攻者也。如《十月之交》序以为幽王时诗，郑以为厉王时诗，自来历家皆推为幽王六年时日食，确不可移，则序岂可率攻乎？然亦有不甚可解者，如《周南》皆后妃之诗，《召南》多夫人及大夫妻之诗，所谓后妃者究不知何指。诸若此类，则当博稽众家之说，以求其是，众家之说，亦有未善，则以意逆志可耳，阙疑可耳。正不必挟恐见破之私心也。

戴震著《诗经补注》改《周南》《召南》序，虽亦以意推说，录之以备参考。

《关雎》，求贤妃也。

《葛覃》，不忘女功也。

《卷耳》，感念于君子行迈之忧劳而作也。

《樛木》，下美上之诗也。

《螽斯》，亦下美上也。

《桃夭》，歌于嫁子之诗也。

《兔罝》，美用贤也。

《芣苢》，言室家之乐以见治化之盛有征也。

《汉广》，言男女之礼教行也。

《汝坟》，言君子从役之劳也。

《麟趾》，美公子之贤比于麟也。

以上《周南》。

《鹊巢》，言夫人始嫁之礼也。

《采蘩》，敬祭事也。

《草虫》，感念君子行役未返之诗也。

《采蘋》，女子教成之祭所歌也。

《甘棠》，周人之思召公也。

《行露》，美听讼者之诗也。

《羔羊》，美官职修也。

《殷其靁》，感念君子行役而作也。

《摽有梅》，言治教之行，待嫁者之不使过期也。

《小星》，言妾之以礼御于君所也。

《江有汜》，言其嫡之自悔而作也。

《野有死麕》，言礼教之兴，虽里巷之女，无可犯以非礼者也。

《何彼襛矣》，王姬下嫁也。

《驺虞》，言春蒐之礼也。

以上《召南》。

第六节　毛诗篇目及序次

《诗谱序》正义曰："此等正诗昔武王采得之后，乃成王即政之初，于时国史自定其篇，属之大师以为常乐，非孔子有去取也。《仪礼·乡饮酒》工歌《鹿鸣》《四牡》《皇皇者华》，笙入奏《南陔》《白华》《华黍》；间歌《鱼丽》，笙《由庚》；歌《南有嘉鱼》，笙《崇丘》；歌《南山有台》，笙《由仪》。合乐周南《关雎》《葛覃》《卷耳》，召南《鹊巢》《采蘩》《采蘋》。燕礼用乐，与《乡饮酒》文同，唯《采蘋》越《草虫》之篇，其余皆在今诗，悉在次比。又《左传》及《国语》称鲁叔孙穆子聘于晋，晋人为之歌《文王》《大明》《绵》，又歌《鹿鸣》《四牡》《皇皇者华》，亦各取三篇。风雅异奏，明其先自次比，非孔子定之。"

《左传》襄公二十九年，吴公子札来聘，请观于周乐，使工为之歌《周南》《召南》《邶》《鄘》《卫》《王》《郑》《齐》《豳》《秦》《魏》《唐》《陈》《桧》及《小雅》《大雅》《颂》。杜预注云，《诗》次第后经仲尼删定，故不同。又宣公十二年楚庄王引《周颂》以《赍》为其三，《桓》为其六，而今诗《桓》第八，《赍》第九。杜云此楚乐歌之次第。《论语》："子曰：'汝为《周南》《召南》矣乎。'"凡此皆孔子以前《诗》有篇题序次之证也。射礼，诸侯以《狸首》为节，今《诗》但有《驺虞》《采蘋》《采蘩》，独无《狸首》，郑意以为周衰，诸侯并僭而去之，孔子录诗不得。（《狸首》之侯祝曰："王若曰宁侯，毋或若汝不宁侯，不朝于王所，故抗而射汝。强饮强食，诒尔曾孙，侯民百福。"观此祝词，宜诸侯之恶之也。春秋二百余年，鲁朝周仅二次，他国更可知矣。）

正考父得《商颂》十二篇，而孔子仅见其五，此《诗》在孔子前已多亡灭之证也。大抵周衰乐坏，《诗》篇杂乱散失，谬乱不正，孔子据周太师之旧教，为之编次整理。故《论语》称："子曰：'吾自卫反鲁，然后乐正，《雅》《颂》各得其所也。'"

《论语》两称《诗》三百，墨子亦称《诗》三百，此皆约举大数而言之也。《史记》《汉书》《乐纬动声仪》《诗纬含神雾》《尚书璇玑钤》均言《诗》三百五篇，此由汉世毛学不行，三家不见《诗序》，未知亡《诗》有六篇也。据《毛诗》则实三百一十一篇。

《风》《雅》皆有正变，而《雅》复有小大之分，其义果安在乎？依《诗大序》以为一国之事，系一人之本，谓之风；言天下之事，形四方之风，谓之雅。（《诗大序》正义曰："《志》张逸问：'尝闻一人作诗，何谓？'答曰：'作诗者一人而已，其取义者一国之事。变雅则讥王政得失，闵风俗之衰，所忧者广，发于一人之本身。'如此言，《风》《雅》之作，皆是一人之言耳。"）政有小大，故有《小雅》《大雅》。发乎情止乎礼义者，为变风变雅。（《大序》正义曰："正经述大政为《大雅》，述小政为《小雅》，有小雅大雅之声。王政既衰，变雅兼作，取大雅之音，歌其政事之变者，谓之变大雅。取其小雅之音，歌其政事之变者，谓之变小雅。故变雅之美刺，皆由音体有小大，不复由政事之大小也。"）孟子云，王者之迹熄而诗亡。析此语意，一谓先王之泽既斩，作诗者发乎情而不能止乎礼义，纵其有诗，亦未必合于六义。一谓春秋中年，礼坏乐崩，采诗之官，不举其职，故直云诗亡。审《大序》及《孟子》二文，则《风》《雅》之有正变，本于政教之兴衰，初不系于赏罚也。（郑玄《诗谱序》曰五霸之末，上无天子，下无方伯，善者谁赏，恶者谁罚，纪纲竭矣。）

郑玄《诗谱》亡于北宋，清儒胡元仪著《毛诗谱》，自云怅前贤之未周，愍将来之多惑，反覆《谱序》所云，灼知其例，爰加订正，敢云复郑之旧，庶几不远矣。兹本胡氏《谱》略变其式，列之如下。

国风第一表

周南正风

篇名	时代	毛诗序	注疏本卷数
关雎	周文王	后妃之德也	一
葛覃	,,	后妃之本也	,,
卷耳	,,	后妃之志也	,,
樛木	,,	后妃逮下也	,,
螽斯	,,	后妃子孙众多也	,,

续表

篇名	时代	毛诗序	注疏本卷数
桃夭	,,	后妃之所致也	,,
兔罝	,,	后妃之化也	,,
芣苢	,,	后妃之美也	,,
汉广	,,	德广所及也	,,
汝坟	,,	道化行也	,,
麟之趾	,,	关雎之应也	,,

共十一篇

国风第二表

召南正风

篇名	时代	毛诗序	注疏本卷数
鹊巢	文王	夫人之德也	一
采蘩	,,	夫人不失职也	,,
草虫	,,	大夫能以礼自防也	,,
采蘋	,,	大夫妻能循法度也	,,
行露	,,	召伯听讼也	,,
羔羊	,,	鹊巢之功致也	,,
殷其靁	,,	劝以义也	,,
摽有梅	,,	男女及时也	,,
小星	,,	惠及下也	,,
江有汜	,,	美媵也	,,
野有死麕	,,	恶无礼也	,,
驺虞	,,	鹊巢之应也	,,
甘棠	武王	美召伯也	,,
何彼襛矣	,,	美王姬也	,,

共十四篇

国风第三表

邶鄘卫变风

篇名	时代	地别	毛诗序	注疏本卷数
柏舟	卫顷公（在周夷王时）	邶	言仁而不遇也	一
柏舟	武公（在周宣王时）	鄘	共姜自誓也	二
淇澳	,,	卫	美武公之德也	,,
绿衣	庄公（在周平王时）	,,	卫庄姜伤己也	一
考槃	,,	邶	刺庄公也	二
硕人	,,	,,	闵庄姜也	,,
燕燕	州吁（在周桓王时）	,,	卫庄姜送归妾也	一
日月	,,	,,	卫庄姜伤己也	,,
终风	,,	,,	卫庄姜伤己也	,,
击鼓	,,	,,	怨州吁也	,,
凯风	,,	,,	美孝子也	,,
雄雉	宣公（在桓王时）	,,	刺卫宣公也	,,
匏有苦叶	,,	,,	刺卫宣公也	,,
谷风	,,	,,	刺夫妇失道也	,,
式微	,,	,,	黎侯寓于卫，其臣劝以归也	,,
旄丘	,,	,,	责卫伯也	,,
简兮	,,	,,	刺不用贤也	,,
泉水	宣公	邶	卫女思归也	一

续表

篇名	时代	地别	毛诗序	注疏本卷数
北门	,,	,,	刺士不得志也	,,
北风	,,	,,	刺虐也	,,
静女	,,	,,	刺时也	,,
新台	,,	,,	刺卫宣公也	,,
二子乘舟	,,	,,	思伋寿也	,,
氓	,,	卫	刺时也	二
竹竿	,,	,,	卫女思归也	,,
伯兮	,,	,,	刺时也	,,
有狐	,,	,,	刺时也	,,
墙有茨	惠公 （自桓至惠）	鄘	卫人刺其上也	,,
君子偕老	,,	,,	刺卫夫人也	,,
桑中	,,	,,	刺奔也	,,
鹑之奔奔	,,	,,	刺卫宣姜也	,,
芄兰	,,	卫	刺惠公也	,,
载驰	戴公 （在惠王时）	鄘	许穆夫人作也	,,
定之方中	文公 （自惠至襄）	,,	美卫文公也	,,
蝃蝀	,,	,,	止奔也	,,
相鼠	,,	,,	刺无礼也	,,
干旄	,,	,,	美好善也	,,
河广	文公	卫	宋襄公母归于卫，思而不止，故作是诗也	二

续表

篇名	时代	地别	毛诗序	注疏本卷数
木瓜	,,	,,	美齐桓公也	,,

邶风十九篇
鄘风十篇　　共三十九篇
卫风十篇

国风第四表

王郑齐变风

篇名	时代	国别	毛诗序	注疏本卷数
黍离	平王	王	闵宗周也	二
君子于役	,,	,,	刺平王也	,,
君子阳阳	,,	,,	闵周也	,,
扬之水	,,	,,	刺平王也	,,
中谷有蓷	,,	,,	闵周也	,,
葛藟	,,	,,	王族刺平王也	,,
兔爰	桓王	,,	闵周也	,,
采葛	,,	,,	惧谗也	,,
大车	,,	,,	刺周大夫也	,,
丘中有麻	,,	,,	思贤也	,,
缁衣	武公（在平王时）	郑	美武公也	,,
将仲子	庄公（自平至桓）	郑	刺庄公也	二
叔于田	,,	,,	刺庄公也	,,
大叔于田	,,	,,	刺庄公也	,,
羔裘	,,	,,	刺朝也	,,
遵大路	,,	,,	思君子也	,,

续表

篇名	时代	国别	毛诗序	注疏本卷数
女曰鸡鸣	,,	,,	刺不悦德也	,,
有女同车	昭公（自桓至庄）	,,	刺忽也	,,
褰裳	厉公（在桓王时）	,,	思见正也	,,
山有扶苏	昭公	,,	刺忽也	,,
萚兮	,,	,,	刺忽也	,,
狡童	,,	,,	刺忽也	,,
丰	,,	,,	刺乱也	,,
东门之墠	,,	,,	刺乱也	,,
风雨	,,	,,	思君子也	,,
子衿	,,	,,	刺学校废也	,,
扬之水	,,	,,	闵无臣也	,,
出其东门	厉公（自僖至惠）	,,	闵乱也	,,
野有蔓草	,,	,,	思遇时也	,,
溱洧	,,	,,	刺乱也	,,
清人	文公（自惠至襄）	,,	刺文公也	,,
鸡鸣	哀公（在懿王时）	齐	思贤妃也	,,
还	,,	,,	刺荒也	,,
著	,,	,,	刺时也	,,
东方之日	,,	,,	刺衰也	,,
东方未明	,,	,,	刺无节也	,,

续表

篇名	时代	国别	毛诗序	注疏本卷数
南山	襄公 （自桓至庄）	,,	刺襄公也	,,
甫田	,,	,,	大夫刺襄公也	,,
卢令	,,	,,	刺荒也	,,
敝笱	,,	,,	刺文姜也	,,
载驱	,,	,,	齐人刺文姜也	,,
猗嗟	,,	,,	刺鲁庄公也	,,

王风十篇
郑风廿一篇　　共四十二篇
齐风十一篇

国风第五表（第三部第二部连接第一部）

魏唐秦陈桧曹豳变风

篇名	时代	国别	毛诗序	注疏本卷数
葛屦	未详 （约在平桓世）	魏	刺褊也	三
汾沮洳	,,	,,	刺俭也	,,
园有桃	,,	,,	刺时也	,,
陟岵	,,	,,	孝子行役思念父母也	,,
十亩之间	,,	,,	刺时也	,,
伐檀	,,	,,	刺贪也	,,
硕鼠	,,	,,	刺重敛也	,,
蟋蟀	僖侯 （自共和至桓）	唐	刺晋僖公也	,,
山有枢	昭侯 （在平王时）	,,	刺晋昭公也	,,

续表

篇名	时代	国别	毛诗序	注疏本卷数
扬之水	,,	,,	刺晋昭公也	,,
椒聊	,,	,,	刺晋昭公也	,,
绸缪	,,	,,	刺晋乱也	,,
杕杜	,,	,,	刺时也	,,
羔裘	,,	,,	刺时也	,,
鸨羽	,,	,,	刺时也	,,
无衣	武公 （自桓至僖）	,,	美晋武公也	,,
有杕之杜	,,	,,	刺晋武公也	,,
葛生	献公 （自惠至襄）	,,	刺晋献公也	,,
采苓	,,	,,	刺晋献公也	,,
车邻	秦仲 （自共和至宣王）	秦	美秦仲也	,,
驷驖	襄公 （自幽至平）	,,	美襄公也	,,
小戎	,,	,,	美襄公也	,,
蒹葭	,,	,,	刺襄公也	,,
终南	,,	,,	戒襄公也	,,
黄鸟	穆公 （自惠至襄）	,,	哀三良也	,,
晨风	康公 （自襄至厉）	,,	刺康公也	,,
无衣	,,	,,	刺用兵也	,,
渭阳	,,	,,	康公念母也	,,
权舆	,,	,,	刺康公也	,,

续表

篇名	时代	国别	毛诗序	注疏本卷数
宛丘	幽公 （在厉王时）	陈	刺幽公也	,,
东门之枌	,,	,,	疾乱也	,,
衡门	僖公 （自共和至宣）	,,	诱僖公也	,,
东门之池	,,	,,	刺时也	,,
东门之杨	,,	,,	刺时也	,,
墓门	陈佗 （在桓王时）	,,	刺陈佗也	,,
防有鹊巢	宣公 （自僖至襄）	,,	忧谗贼也	,,
月出	,,	,,	刺好色也	,,
株林	灵公 （自顷至定）	,,	刺灵公也	,,
泽陂	,,	,,	刺时也	,,
羔裘	无考 （约当幽厉之世）	桧	大夫以道去其君也	,,
素冠	,,	,,	刺不能三年也	,,
隰有苌楚	,,	,,	疾恣也	,,
匪风	,,	,,	思周道也	,,
蜉蝣	昭公 （在惠王时）	曹	刺奢也	,,
候人	共公 （自襄至顷）	,,	刺近小人也	,,
鸤鸠	,,	,,	刺不壹也	,,

续表

篇名	时代	国别	毛诗序	注疏本卷数
下泉	,,	,,	思治也	,,
七月	周成王	豳	陈王业也	四
鸱鸮	,,	,,	周公救乱也	,,
东山	,,	,,	周公东征也	,,
破斧	,,	,,	美周公也	,,
伐柯	,,	,,	美周公也	,,
九罭	,,	,,	美周公也	,,
狼跋	,,	,,	美周公也	,,

魏风七篇
唐风十二篇
秦风十篇
陈风十篇　　共五十四篇
桧风四篇
曹风四篇
豳风七篇

正小雅第六表

正小雅

篇名	时代	篇什	毛诗序	注疏本卷数
鹿鸣	文王	鹿鸣之什	燕群臣嘉宾也	四
四牡	,,	,,	劳使臣之来也	,,
皇皇者华	,,	,,	君遣使臣也	,,
常棣	,,	,,	燕兄弟也	,,
伐木	,,	,,	燕朋友故旧也	,,
天保	,,	,,	下报上也	,,
采薇	,,	,,	遣戍役也	,,

续表

篇名	时代	篇什	毛诗序	注疏本卷数
出车	,,	,,	劳还率也	,,
杕杜	,,	,,	劳还役也	,,
鱼丽	,,	,,	美万物盛多能备礼也	,,
南陔	武王	,,（亡）	孝子相戒以养也	,,
白华	,,	,,（亡）	孝子之洁白也	,,
华黍	,,	,,（亡）	时和岁丰宜黍稷也	,,
南有嘉鱼	成王	南有嘉鱼之什	乐与贤也	,,
南山有台	,,	,,	乐得贤也	,,
由庚	,,	,,（亡）	万物得由其道也	,,
崇丘	,,	,,（亡）	万物得极其高大也	,,
由仪	,,	,,（亡）	万物之生得极其宜也	,,
蓼萧	,,	,,	泽及四海也	,,
湛露	,,	,,	天子燕诸侯也	,,
彤弓	,,	,,	天子锡有功诸侯也	,,
菁菁者莪	,,	,,	乐育材也	,,

共二十二篇，亡六篇

变小雅第七表

变小雅

篇名	时代	篇什	毛诗序	注疏本卷数
十月之交	厉王	节南山之什	大夫刺厉王也	五
雨无正	,,	,,	大夫刺厉王也	,,
小旻	,,	,,	大夫刺厉王也	,,
小宛	,,	,,	大夫刺厉王也	,,

续表

篇名	时代	篇什	毛诗序	注疏本卷数
六月	宣王	南有嘉鱼之什	宣王北伐也	四
采芑	〃	〃	宣王南征也	〃
车攻	〃	〃	宣王复古也	〃
吉日	〃	〃	美宣王田也	〃
鸿雁	〃	鸿雁之什	美宣王也	五
庭燎	〃	〃	美宣王也	〃
沔水	〃	〃	规宣王也	〃
鹤鸣	〃	〃	诲宣王也	〃
祈父	〃	〃	刺宣王也	〃
白驹	〃	〃	大夫刺宣王也	〃
黄鸟	〃	〃	刺宣王也	〃
我行其野	〃	〃	刺宣王也	〃
斯干	〃	〃	宣王考室也	〃
无羊	〃	〃	宣王考牧也	〃
节南山	幽王	节南山之什	家父刺幽王也	〃
正月	〃	〃	大夫刺幽王也	〃
小弁	〃	〃	刺幽王也	〃
巧言	〃	〃	刺幽王也	〃
何人斯	〃	〃	苏公刺暴公也	〃
巷伯	〃	〃	刺幽王也	〃
谷风	〃	谷风之什	刺幽王也	〃
蓼莪	〃	〃	刺幽王也	〃
大东	〃	〃	刺乱也	〃
四月	〃	〃	大夫刺幽王也	〃

续表

篇名	时代	篇什	毛诗序	注疏本卷数
北山	,,	,,	大夫刺幽王也	,,
无将大车	,,	,,	大夫悔将小人也	,,
小明	,,	,,	大夫悔仕于乱世也	,,
鼓钟	,,	,,	刺幽王也	,,
楚茨	,,	,,	刺幽王也	,,
信南山	,,	,,	刺幽王也	六
甫田	,,	甫田之什	刺幽王也	,,
大田	,,	,,	刺幽王也	,,
瞻彼洛矣	,,	,,	刺幽王也	,,
裳裳者华	,,	,,	刺幽王也	,,
桑扈	,,	,,	刺幽王也	,,
鸳鸯	,,	,,	刺幽王也	,,
頍弁	,,	,,	诸公刺幽王也	,,
车舝	,,	,,	大夫刺王也	,,
青蝇	,,	,,	大夫刺王也	,,
宾之初筵	,,	,,	卫武公刺王也	,,
鱼藻	,,	鱼藻之什	刺幽王也	,,
采菽	,,	,,	刺幽王也	,,
角弓	,,	,,	父兄刺幽王也	,,
菀柳	,,	,,	刺幽王也	,,
都人士	,,	,,	周人刺衣服无常也	,,
采绿	,,	,,	怨旷也	,,
黍苗	,,	,,	刺幽王也	,,
隰桑	,,	,,	刺幽王也	,,
白华	,,	,,	周人刺幽王也	,,

续表

篇名	时代	篇什	毛诗序	注疏本卷数
绵蛮	,,	,,	微臣刺乱也	,,
瓠叶	,,	,,	大夫刺幽王也	,,
渐渐之石	,,	,,	下国刺幽王也	,,
苕之华	,,	,,	大夫闵时也	,,
何草不黄	,,	,,	下国刺幽王也	,,

变小雅共五十八篇

大雅第八表

大雅

篇名	正变	时代	篇什	毛诗序	注疏本卷数
棫朴	正	文王	文王之什	文王能官人也	六
旱麓	,,	,,	,,	受祖也	,,
灵台	,,	,,	,,	民始附也	,,
绵	,,	,,	,,	文王之兴本由大王也	,,
思齐	,,	,,	,,	文王所以圣也	,,
皇矣	,,	,,	,,	美周也	,,
文王	,,	成王	,,	文王受命作君也	,,
大明	,,	,,	,,	文王有德，故天复命武王也	,,
下武	,,	,,	,,	继文也	,,
文王有声	,,	,,	,,	继伐也	,,
生民	,,	,,	生民之什	尊祖也	七
行苇	,,	,,	,,	忠厚也	,,
既醉	,,	,,	,,	太平也	,,
凫鹥	,,	,,	,,	守成也	,,
假乐	,,	,,	,,	嘉成王也	,,

续表

篇名	正变	时代	篇什	毛诗序	注疏本卷数
公刘	，，	，，	，，	召康公戒成王也	，，
泂酌	，，	，，	，，	召康公戒成王也	，，
卷阿	，，	，，	，，	召康公戒成王也	，，
民劳	变	厉王	，，	召穆公刺厉王也	，，
板	，，	，，	，，	凡伯刺厉王也	，，
荡	，，	，，	荡之什	召康公伤周室大坏也	，，
抑	，，	，，	，，	卫武公刺厉王，亦以自警也	，，
桑柔	，，	，，	，，	芮伯刺厉王也	，，
云汉	，，	宣王	，，	仍叔美宣王也	，，
崧高	，，	，，	，，	尹吉甫美宣王也	，，
烝民	，，	，，	，，	尹吉甫美宣王也	，，
韩奕	，，	，，	，，	尹吉甫美宣王也	，，
江汉	，，	，，	，，	尹吉甫美宣王也	，，
常武	，，	，，	，，	召穆公美宣王也	，，
瞻卬	，，	幽王	，，	凡伯刺幽王也	，，
召旻	，，	，，	，，	凡伯刺幽王大坏也	，，

正大雅十八篇
变大雅十三篇 }共三十一篇

周颂第九表

周颂

篇名	时代	篇什	毛诗序	注疏本卷数
清庙	成王	清庙之什	祀文王也	八
维天之命	，，	，，	太平告文王也	，，

续表

篇名	时代	篇什	毛诗序	注疏本卷数
维清	,,	,,	奏象舞也	,,
烈文	,,	,,	成王即政诸侯助祭也	,,
天作	,,	,,	祀先王先公也	,,
昊天有成命	,,	,,	郊祀天地也	,,
我将	,,	,,	祀文王于明堂也	,,
时迈	,,	,,	巡狩告祭柴望也	,,
执竞	,,	,,	祀武王也	,,
思文	,,	,,	后稷配天也	,,
臣工	,,	臣工之什	诸侯助祭遣于庙也	,,
噫嘻	,,	,,	春夏祈谷于上帝也	,,
振鹭	,,	,,	二王之后相助祭也	,,
丰年	,,	,,	秋冬报也	,,
有瞽	,,	,,	始作乐而合乎祖也	,,
潜	,,	,,	季冬荐鱼春献鲔也	,,
雍	,,	,,	禘大祖也	,,
载见	,,	,,	诸侯始见武王庙也	,,
有客	,,	,,	微子来见祖庙也	,,
武	,,	,,	奏大武也	,,
闵予小子	,,	闵予小子之什	嗣王朝于庙也	,,
访落	,,	,,	嗣王谋于庙也	,,
敬之	,,	,,	群臣进戒嗣王也	,,
小毖	,,	,,	嗣王求助也	,,
载芟	,,	,,	春籍田而祈社稷也	,,

续表

篇名	时代	篇什	毛诗序	注疏本卷数
良耜	,,	,,	秋报社稷也	,,
丝衣	,,	,,	绎宾尸也	,,
酌	,,	,,	告成大武也	,,
桓	,,	,,	讲武类祃也	,,
赉	,,	,,	大封于庙也	,,
般	,,	,,	巡狩而祀四岳河海也	,,

共三十一篇

鲁颂商颂第十表

鲁颂商颂

篇名	颂别	时代	毛诗序	注疏本卷数
駉	鲁	僖公	颂僖公也	,,
有駜	,,	,,	颂僖公君臣之有礼也	,,
泮水	,,	,,	颂僖公能修泮宫也	,,
閟宫	,,	,,	颂僖公能复周公之宇也	,,
那	商	大甲	祀成汤也	,,
烈祖	,,	大戊	祀中宗也	,,
玄鸟	,,	武丁	祀高宗也	,,
长发	,,	,,	大禘也	,,
殷武	,,	,,	祀高宗也	,,

鲁颂四篇
商颂五篇 } 共九篇

133

总数表

周	南	11	正风
召	南	14	25 篇
邶		19	
鄘		10	
卫		10	
王		10	
郑		21	
齐		11	变风
魏		7	135 篇
唐		12	
秦		10	
陈		10	
桧		4	
曹		4	
豳		7	
鹿 鸣 之 什		10	
附 亡 篇		3	正小雅
南有嘉鱼之什		6	22 篇
附 亡 篇		3	
节南山之什		10	
南有嘉鱼之什		4	
鸿 雁 之 什		10	变小雅
谷 风 之 什		10	58 篇
甫 田 之 什		10	
鱼 藻 之 什		14	
文 王 之 什		10	正大雅
生 民 之 什		8	18 篇
生 民 之 什		2	变大雅
荡 之 什		11	13 篇
周 颂		31	颂
鲁 颂		4	40 篇
商 颂		5	
总 数		311 篇	

第七节　毛传

《汉书·艺文志》："《毛诗》二十九卷，《毛诗故训传》三十卷。"但称毛公，不著其名。《后汉书·儒林传》始云赵人毛长传《诗》，是为《毛诗》；其长字不从草。《隋书·经籍志》载《毛诗》

二十卷，汉河间太守毛苌传，郑氏笺，于是《诗》传始称毛苌。然郑玄《诗谱》曰鲁人大毛公为《训诂传》于其家，河间献王得而献之，以小毛公为博士。陆玑《毛诗草木虫鱼疏》亦云："荀卿授鲁国毛亨，毛亨作《训诂传》，以授赵国毛苌。时人谓亨为大毛公，苌为小毛公。"据是二书则作传者乃毛亨，非毛苌，故孔氏《正义》亦云："大毛公为其传，由小毛公而题毛也。"《隋志》所云，殊为舛误，而流俗沿袭，莫之能更。朱彝尊《经义考》乃以《毛诗》二十九卷，题毛亨撰，注曰佚。《毛诗训故传》三十卷，题毛苌撰，注曰存，意主调停，尤为于古无据。今参稽众家，定作传者为毛亨。（《四库毛诗提要》）

子夏善说《诗》，数传至荀卿子，而大毛公生当六国，犹在暴秦燔书之先，又亲受业荀氏之门，故说《诗》取义于荀子书，不一而足。《诗序》如《桑中》《鹑之奔奔》《载驰》《硕人》《清人》《黄鸟》《四牡》《常棣》《湛露》《彤弓》《行苇》《泂酌》悉与《左氏春秋》吻合。故毛公说《诗》其义取诸《左传》者，亦不一而足。《葛覃》"服之"，《天作》"荒之"，《旱麓》"干禄"，《皇皇者华》"六德"，《新台》"篷篨""戚施"，以及《既醉》《昊天有成命》等篇，义皆取诸《国语》。其时左氏未立学官，而毛公作《训诂传》同者，用师说也。（《左传》《毛诗》同为古文，又同为荀卿之传。）《葛覃》《草虫》《简兮》《淇澳》《子衿》《扬之水》《东山》《伐柯》《采芑》《正月》《采菽》《采绿》《行苇》《既醉》《瞻卬》《良耜》《泮水》《那》义见《小戴》。《节南山》《小宛》《下武》义见诸《大戴》。《周官》未兴，而缁帛五两（《行露》）、九族（《常棣》）、四享（《天保》）、圜土（《正月》）、乘石（《白华》）、挈壶氏（《东方未明》）、凶荒杀礼（《摽有梅》《野有死麕》）义皆取诸《周官》。河间献王时，李氏上《周官》五篇，取《考工记》以补事官，而殳

（《伯兮》）、黼（《采菽》《文王》）、镞矢王弓（《行苇》）之制度，见《考工记》。凡天子诸侯礼，不详于《仪礼》，叔父叔舅仅见于觐礼，鞉鼓磬（《那》《鼓钟》）仅见于大射礼。高堂生传士礼十七篇，即今之《仪礼》也。十七篇记皆出于七十子，释载祭脯（《泉水》《生民》），施衿结帨（《东山》），房中之乐（《君子阳阳》），铏芼（《采菽》）见于聘、昏、燕、特牲、公食大夫诸记文。《七月》说狐貉，《无衣》说征伐，《抑》说愚知义，皆取诸《论语》。《维天之命》《閟宫》传两引孟仲子说。《小弁》传有高子说，《小弁》说舜之大孝，《绵》说大王迁豳，《文王》说士者世禄盛德不为众，《北山》说从事独贤，《板》说泄泄犹沓沓，义皆取诸《孟子》。凡此皆足以证《毛传》渊源之有自也。

《毛传》章句读例（约取陈奂《毛诗说》）

（一）统释全章之例，有见于首章者　如《甘棠》言"召伯听讼，国人被德"之类。

（二）统释全章之例，有见于末章者　如《木瓜》引孔说"苞苴之礼"之类。

（三）探下作训之例　如《十月之交》传曰"之交，日月之交会"，探下文"朔月辛卯日有食"之句。《维天之命》传曰"大哉天命之无极"，探下文"文王之德之纯"句。

（四）蒙上文作训之例　如《汝坟》传曰"鲂鱼劳则尾赤"，虽释"鲂鱼赪尾"本句，其实从"遵坟伐条"生义，故著一"劳"字。

（五）上章语未尽，而下章足其义者　如《鹤鸣》"可以为错，可以攻玉"，传曰"攻，错也"，上章言错，下章言错玉。《祈父》"予王之爪牙，予王之爪士"，传曰"士，事也"，上章言爪牙，下章言爪牙之事。

（六）诗二章，下章不与上章同义　如《君子阳阳》之"敖"，《遵大路》之"魗"，《褰裳》之"士"，《终南》之"纪堂"。

（七）诗三章，末章不与一二章同义　如《桃夭》之"宜"，《螽斯》之"揖揖"，《鹊巢》之"成"，《羔羊》之"缝"，《考槃》之"轴"，《缁衣》之"席"，《中谷有蓷》之"湿"，《兔爰》之"庸"。

（八）经文一字，传文用叠字　如《邶·谷风》有"洸"，传曰"洸洸，武也"。"有溃"，传曰"溃溃，怒也"。

（九）益辞以申义　如"有女如玉"，传曰"德如玉"，益"德"字。"可以乐饥"，传曰"可以乐道忘饥"，益"道"字"忘"字。"蝃蝀在东"，传曰"蝃蝀，虹也，夫妇过礼，则虹气盛"。"莫之敢指"，传曰"君子见戒而惧，讳之莫之敢指"。于"蝃蝀"补出夫妇过礼一层，于"莫敢指"补出君子戒讳一层。

（十）发声助语无实义　如《文王》传曰"有周周也"，"不显显也"，"有"字"不"字皆发声无实义。《荡》"侯作侯祝"，传曰"作、祝，诅也"，上"侯"字为发声，下"侯"字为助语，无实义。

（十一）以今语通古语　如《草虫》"忡忡"，犹冲冲也。《柏舟》"耿耿"，犹儆儆也。

（十二）以今义通古义　如《板》"殿屎"，呻吟也。《小弁》"菀蜂"，掣曳也。

（十三）一字可兼数音，一训可通数义　如同是"造为"也，"为"为作为之为，亦为诈为之为。同是"正长"也，"长"为长幼之长，亦为长短之长。同是"行道"也，"道"为道理之道，亦为道路之道。同是"将行"也，"行"为行路之行，亦为行列之行。

（十四）假借　如《汝坟》"条肄"，传直云"肄，余也"。（不云肄读若蘗）《采蘋》"湘之"传直云"湘，亨也"。（不云湘读若髇）又如《葛覃》之"害"，《绿衣》之"曷"，传皆训"何"，曷本字，害假借字也。

（十五）义同字变例　如"进退维谷"，乃"穀"之假借字，本字为"穀"，进退维穀，穀善也，以其近在"不胥以穀"之下，嫌其二穀相并为韵，即改一假借之"谷"字当之。（此条见阮元《挲经室文集》）

第八节　郑笺

《四库毛诗提要》曰："郑氏发明毛义，自命曰笺。《博物志》曰：'毛公以尝为北海郡守，康成是此郡人，故以为敬。'推张华所言，盖以为公府用记、郡将用笺之意。然康成生于汉末，乃修敬于四百年前之太守，殊无所取。案《说文》曰，笺表识书也。郑氏《六艺论》曰注诗宗毛，义若隐略，则更表明，如有不同，即下己意，使可识别。（案此论今佚，此据《正义》所引）然则康成特因《毛传》而表识其旁，如今人之签记，积而成帙，故谓之笺，无容别曲说也。自《郑笺》既行，齐、鲁、韩三家遂废。（案此陆德明《经典释文》之说）然笺与传义亦时有异同。魏王肃作《毛诗注》《毛诗义驳》《毛诗奏事》《毛诗问难》诸书，以申毛难郑。欧阳修引其释《卫风》《击鼓》五章，谓郑不如王。（见《诗本义》）王基又作《毛诗驳》以申郑难王。王应麟引其驳《芣苢》一条，谓王不及郑。（见《困学纪闻》，亦载《经典释文》）晋孙毓作《毛诗异同评》，复申王说。陈统作《难孙氏毛诗评》，又明郑义。（并见《经典释文》）袒分左右，垂数百年。至唐贞观十六年，命孔颖达等因《郑笺》为《正义》，乃论归一定，无复歧途。"

郑氏笺诗，其不与毛同者，多取三家诗说。马瑞辰作《〈郑笺〉多本〈韩诗〉考》（见《毛诗传笺通释》），兹本其说，加入《毛传》项，表列于下。

篇名	诗句	传文	笺文	韩诗说
君子偕老	邦之媛也	美女为媛	邦人所依倚以为援助也	《韩诗》作援
鹑之奔奔	鹑之奔奔鹊之彊彊	鹑则奔奔鹊则彊彊	奔奔彊彊，居有常匹，行则相随之貌	《韩诗》云奔奔彊彊，乘匹之貌
相鼠	人而无止	止,所止息也	止，容止	笺引《韩诗》止节也，无礼节也
扬之水	彼其之子		其，或作记，或作已。读声相似	《韩诗外传》引诗"彼已之子"
子衿	子宁不嗣音	嗣,习也。古者教以诗乐,诵之歌之,弦之舞之	嗣，续也。汝曾不传声问我	《韩诗》：嗣，后；贻，寄也。曾不寄问也
衡门	可以乐饥	乐饥可以乐道忘饥	饥者见之可饮以疗饥	《韩诗外传》引《诗》可以疗饥；《说文》瘵，治也，或作疗
车攻	东有甫草	甫，大也。田者大芟草以为防	甫草，甫田之草也	《韩诗》东有圃草
十月之交	抑此皇父		抑之言噫也	《韩诗》云：抑，意也
抑	用遏蛮方	遏，远也	遏当作剔，剔，治也	《泮水》诗"狄彼东南"，《韩诗》作鬄，除也

续表

篇名	诗句	传文	笺文	韩诗说
天作	彼徂矣岐 有夷之行	夷，易也	徂，往。行，道也。 后之往者，又以岐 邦之君有佼易之道 故也	《韩诗·薛君传》： 有往归文王者， 皆曰岐有易道， 可往归矣
酌	遵养时晦	养，取也	养是暗昧之君以老 其恶	《韩诗外传》言相 养以至于恶也
泽陂	有蒲与蕳	蕳，兰也	蕳当作莲	《韩诗传》蕳，莲也

　　上表仅以示例，其实郑氏改传，多据三家说，不必悉本《韩诗》也。（陈乔枞《韩诗遗说考》甚详核，可参）陈奂曰："郑康成习《韩诗》，兼通齐、鲁，最后治《毛诗》，笺《诗》乃在注《礼》之后，以《礼》注《诗》，非墨守一氏，笺中有用三家申毛者，有用三家改毛者，例不外此二端。毛古文，郑用三家从今文，于以知毛与郑固不同术也。"（《郑氏笺考征》）

第九节　毛诗传授

　　陆玑《草木虫鱼疏》云："孔子删《诗》授卜商，商为之序以授鲁人曾申，申授魏人李克，克授鲁人孟仲子，仲子授根牟子，根牟子授赵人荀卿，荀卿授鲁国毛亨，毛亨作《训诂传》，以授赵国毛苌，时人谓亨为大毛公，苌为小毛公。"兹列《毛诗》传授表如下。

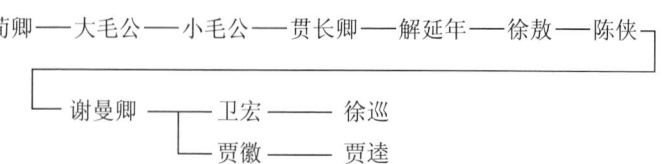

荀卿——大毛公——小毛公——贯长卿——解延年——徐敖——陈侠┐
┌——┘
└——谢曼卿————卫宏————徐巡
　　　　　　　└——贾徽————贾逵

附传授不明之诸儒：

马融，郑玄，王肃，王基，刘桢，徐整。

第十节　鲁诗遗说

《汉书·楚元王传》曰："王少时尝与鲁穆生、白生、申公，俱受《诗》于浮丘伯，伯者荀卿门人也。及秦焚书，各别去。高后时，浮丘伯在长安，元王遣子郢客与申公俱卒业。"（《盐铁论·毁学》篇作包丘子）《史记·儒林传》："申公者鲁人也，吕太后时，申公游学长安，与刘郢（《汉书》作郢客）同师，已而郢为楚王，令申公傅其大子戊。及王郢卒，申公归鲁，退居家教，弟子自远方至受业者百余人。申公独以《诗经》为训以教，无传疑，疑者则阙不传。"据此文知《鲁诗》亦荀卿之传。自文帝时，立为博士，（《汉书·楚元王交传》，文帝时闻申公为《诗》最精，以为博士。申公始为《诗》传，号《鲁诗》。）两汉盛行其学。班孟坚不满于三家，而曰与不得已鲁最为近之，是鲁确较齐、韩二家为善矣。兹采《鲁诗》遗说荦荦大者，条列于下。

《周南·关雎》　刘向《列女传》三：周之康王宴出朝，《关雎》豫见，思得淑女以配君子。（《文选》《后汉书·皇后纪》论注引虞贞节曰其夫人宴出，故作《关雎》之歌，以感悔之。）

张超《诮青衣赋》：周渐将衰，康王宴起，毕公喟然，深思古道，感彼《关雎》，情不双侣，愿得周公，配以窈窕，防微消渐，讽谕君父，孔氏大之，列冠篇首。（《古文苑》。超见《后汉书·文苑传》。）

《汉广》　刘向《列仙传》：江妃二女者，不知何所人也，出游于江汉之湄，逢郑交甫，见而悦之，不知其神人也，谓其仆曰，我欲下请其佩……遂下与之言曰……愿请子之佩……遂手解佩与交甫，交甫悦，受而怀之中当心，趋去数十步，视佩，空怀无佩，顾二女，忽然不见。《诗》曰汉有游女，不可求思，此之谓也。（案此与《韩诗外传》略同。）

《列女传》六：阿谷处女者，阿谷之隧浣者也。孔子南游，过阿谷之隧，见处于佩瑱而浣。孔子谓子贡曰，彼浣者其可与言乎？抽觞以授子贡曰，为之辞以观其志……子贡以告孔子，子曰丘已知之矣，斯妇人达于人情而知礼。《诗》云南有乔木，不可休息，汉有游女，不可求思，此之谓也。（《韩诗外传》略同。）

《汝坟》　《列女传》二：周南之妻者，周南大夫之妻也。大夫受命，平治水土，过时不来，妻恐其懈于王事，盖与其邻人陈素所与大夫言，国家多难，惟勉强之，无有遣怒，遗父母忧……乃作诗曰，鲂鱼赪尾，王室如毁，虽则如毁，父母孔迩，盖不得已也。君子是以知周南之妻能匡夫也。　（《鲁诗》作毁，与齐、韩、毛并异。）

《召南·鹊巢》　《新序·杂事》篇：虎豹之居也，厌间而近人，故得；鱼鳖之居也，厌深而之浅，故得；诸侯厌众而亡其国。诗云，维鹊有巢，维鸠居之。

《采蘩》　《潜夫论·班禄》篇：背宗族而《采蘩》怨。

《行露》　《列女传》四：召南申女者，申人之女也。既许嫁于酆，夫家礼不备而欲迎之，女与其人言，以为夫妇者人伦之始也，不可不正。夫家轻礼违制，不可以行，遂不肯往。夫家讼之于理，致于狱，女终以一物不具，一礼不备，守节持义，必死不往，而作诗曰，虽速我狱，室家不足，言夫家之礼不备足也。

《驺虞》　蔡邕《琴操》：《驺虞》者，邵国之女所作也。古者圣王在上，君了在位，役不逾时，不失嘉会，内无怨女，外无旷夫。及周道衰微，礼义废弛，强凌弱，众暴寡，万民骚动，百姓愁苦，男怨于外，女怨于内，内外无主，内迫情性，外逼礼仪，叹伤所悦，而不逢时，于是援琴而歌。（蔡邕用《鲁诗》，石经可证。）

《邶风·柏舟》　《列女传》四：卫宣夫人者，齐侯之女也。嫁于卫，至城门而卫君死。保母曰可以还矣。女不听，遂入持三年之丧毕，弟立请曰，卫小国也，不容二庖，愿请同庖。夫人曰，惟夫妇同庖，终不听。卫君使人诉于齐兄弟，齐兄弟皆欲与君，使人告女，女终不听。乃作诗曰，我心匪石，不可转也，我心匪席，不可卷也。（《御览》四百四十一引作卫寡夫人，宣字误。）

《日月》　《列女传》七：宣姜者，齐侯之女，卫宣公之夫人也。初，宣公夫人夷姜生伋子，以为太子。又娶于齐曰宣姜，生寿及朔。夷姜既死，宣姜欲立寿，乃与寿弟朔谋构伋子。……二子既死，朔遂立为太子，是为惠公。诗云，乃如之人兮，德音无良，此之谓也。

《式微》　《列女传》四：黎庄夫人者，卫侯之女，黎庄之夫人也。既往而不同欲，所务者异，未尝得见，甚不得意。其傅母曰，胡不去乎？乃作诗曰，式微式微胡不归。

《鄘风·硕人》　《列女传》一：傅母者，齐女之傅母也。女为庄公夫人，号曰庄姜。姜姣好，始往，操行衰惰，有冶容之行，淫佚之心。傅母见女妇道不正，乃作诗曰，硕人其颀，衣锦絅衣……女遂感而自修。

《王风·黍离》　《新序·节士》篇：卫宣公子寿闵其兄伋之且见害，作忧思之诗，《黍离》之诗是也。

《大车》　《列女传》四：夫人者，息君之夫人也。楚伐息破之，虏其君，使守门，将妻其夫人，而纳之于宫……夫人乃作诗曰，榖则异室，死则同穴，谓予不信，有如皦日，遂自杀。

《魏风·伐檀》　《琴操》：《伐檀》者，魏国之女所作也。伤贤者隐避，素餐在位，闵伤怨旷，失其嘉会，仰天长叹，援琴而鼓之。

《硕鼠》　《后汉书·马融传》注引《说苑》曰：宁戚饭牛于康衢，击车辐而歌《硕鼠》。（高诱注《吕氏春秋·举难》篇同。）

《陈风·墓门》　《列女传》八：辩女者，陈国采桑之女也。晋大夫解居甫使于宋，道过陈，遇采桑之女，止而戏之曰，子为我歌，我将舍汝。采桑女乃为之歌曰……大夫乃服而释之。

《小雅·鹿鸣》　《史记·十二诸侯年表》：仁义陵迟，《鹿鸣》刺焉。（子长时惟《鲁诗》立于博士。）

《棠棣》　《汉书·杜邺传》：邺闻人情恩深者其养谨，爱至者其求详。夫戚而不见殊，孰能无怨，此《棠棣》《角弓》之诗所为作也。（《角弓》为刺诗与毛义合。）

《伐木》　蔡邕《正交论》：夫周德始衰，颂声既寝，《伐木》有鸟鸣之刺，《谷风》有弃予之怨，其所由来，政之失也。

《采薇》　《史记·周本纪》：懿王之时，王室遂衰，诗人作刺。

《白驹》　《琴操》：《白驹》者，失朋友之所作也。

《节》　《大戴礼》引式夷式已，卢辩注曰：此《小雅·节》之四章，是三家《诗》以《节》为标目也。（《毛诗》作《节南山》。）

《何人斯》　《淮南·精神训》：延陵季子不受吴国，而讼闲田者惭矣。高诱注曰，讼闲田者虞芮及暴桓公、苏信公是也。

《隰桑》　《列女传》二：周宣姜后者，齐后之女也。宣王尝早卧宴起，后夫人不出房，姜后脱簪珥待罪于永巷。宣王曰，寡人不德，实自生过，非夫人之罪也。遂复姜后而勤于政事。君子谓姜后善于威仪，而有德行。诗曰，既见君子，德音孔胶，夫妇以色亲，以德固，姜氏之德行，可谓孔胶矣。

《商颂》　《史记·宋世家》：宋襄公之时，修行仁义，欲为盟主，其大夫正考父美之，故追道汤、契、高宗所以兴，作《商颂》。

第十一节　鲁诗传授

汉代传《鲁诗》，有韦氏学，有张、唐、褚氏学，张家又有许氏学，汉以后均湮，列表如下。

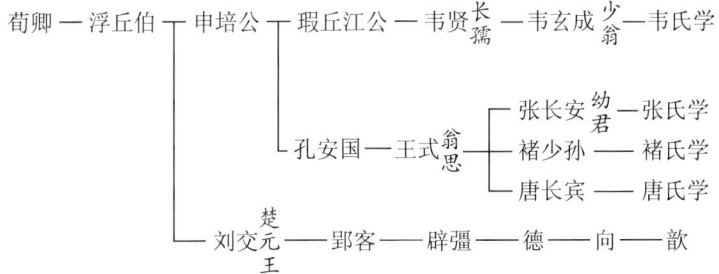

第十二节　齐诗

汉置五经博士，《诗》鲁、齐、韩三家，并立学官。《史记·儒林传》云："清河王太傅辕固生者，齐人也，以治《诗》，孝景时为博士。自是之后，齐言《诗》者，皆本辕固生。诸齐人以《诗》贵显，皆固之弟子也。"《隋书·经籍志》云："《齐诗》魏已亡。"三家《诗》之失传，齐为最早，魏晋以来，学者鲜有肄业及之者矣。兹列传授表如下。

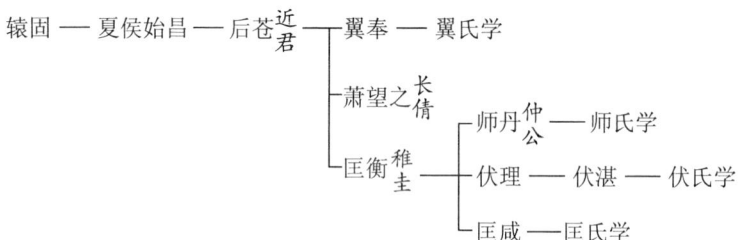

翼氏有四始五际六情之说。四始者，孔颖达《诗正义》引《诗泛历枢》云：《大明》在亥，水始也；《四牡》在寅，木始也；《嘉鱼》在巳，火始也；《鸿雁》在申，金始也。陈乔枞曰：因金木水火有四始之义，以诗记之。《大明》诗废则缺智而水失其性矣；《四牡》诗废则仁缺而木失其性矣；《嘉鱼》诗废则礼缺而火失其性矣；《鸿雁》诗废则义缺而诗失其性矣。四始皆缺，则金木水火渗土，而土亦失其性矣。金木水火，非土不成，仁义礼智，非信不立。

五际者，亥为革命，一际也；亥又为天门，出入听候，二际也；卯为阴阳交际，三际也；午为阳谢阴兴，四际也；酉为阴盛阳微，五际也。（《诗正义》引郑《六艺论》引《春秋纬演孔图》）

六情者，喜怒哀乐好恶也。六情处外御阴，喻收六体，好则膀胱受之，怒则胆受之，恶则小肠受之，喜则大肠受之，乐则胃受之，哀则三焦受之。

以阴阳五行说《诗》，举此已可概见，三家齐最先亡，非无故矣。

第十三节　韩诗

《史记·儒林传》曰："韩生者，燕人也。孝文帝时为博士，景帝时为常山王右傅。韩生推《诗》之意而为《内外传》数万言，顾与齐、鲁间殊，然其归一也。自是之后，而燕、赵间言《诗》者由韩生。"《汉书·艺文志》，《韩诗内传》四卷，《外传》六卷，三家《韩诗》最后亡，魏晋时间有习之者。其《内传》宋以后始佚，仅存者为《外传》十篇而已。据《唐书·艺文志》，《韩诗》有卜商序，必后人所伪造者。班孟坚谓齐辕固、燕韩生皆为《诗传》，或取《春秋》，采杂说，咸非其本义，斯言允矣。

```
                           ┌─ 食子公 ── 栗丰 ── 张就 ── 食氏学
韩婴 ── 赵子 ── 蔡谊 ┤          ┌─ 王氏学
                           └─ 王吉 ┤
                                    └─ 长孙顺 ── 髪福 ── 长孙氏学
```

第十四节　逸诗

　　《史记》谓古诗三千，孔子删为三百篇，删去者多至二千余篇，其说果可信乎？试翻周、秦传记诸子所引诗，三百篇外者，其数实鲜。然则史迁之说，果可信乎？兹略录书史所载逸诗如下：

　　素以为绚兮。（《论语·八佾》）

　　唐棣之华，偏其反而，岂不尔思，室是远而。（《子罕》）

　　我之怀矣，自诒伊戚。（《左传》宣公二年）

　　狸首之班然，执女手之卷然。（《礼记·檀弓下》）

　　相彼盍旦，尚犹患之。（《坊记》）

　　昔吾有先正，其言明且清，国家以宁，都邑以成，庶民以生。谁能秉国成，不自为正，卒劳百姓。（《缁衣》）

　　曾孙侯氏，四正其举，大夫君子，凡以庶士，小大莫处，御于君所，以燕以射，则燕则誉。（《射义》）（此《狸首》经文）

骊驹在门，仆夫具存，骊驹在路，仆夫整驾。（《大戴礼记》引见《汉书·王式传》注）

鱼在于藻，厥志在饵。（《用兵》）

畜君何尤。（《孟子·梁惠王下》）

夭之所支，不可坏也；其所坏亦不可支也。（《周语·周敬王章》）

国诚宁矣，远人来观，修义经矣，好乐无荒。（《周书·太子晋解》）

何自南极，至于北极，绝境越国，弗愁道远。（《太子晋解》）

马之刚矣，辔之柔矣，马亦不刚，辔亦不柔，志气麃麃，取与不疏。（《左传》襄公二十六年国子赋《辔之柔矣》，注见《周书》）

皇皇上帝，其命不忒，天之以善，必报有德。（《家语·六本》篇）

浩浩者水，育育者鱼，未有室家，而安召我居。（《管子·小问》）

必择所堪，必谨所堪。（《墨子·所染》）

鱼水不务，陆将何及。（《非攻中》）

良弓之子，必先为箕，良冶之子，必先为裘。（《列子·汤问》）

青青之麦，生于陵陂，生不布施，死何含珠为。（《庄子·外物》）

如霜雪之将将，如日月之光明，为之则存，不为之则亡。（《荀子·王霸》）

国有大命，不可以告人，妨其躬身。（《臣道》篇）

何恤人之言兮。（《天论》篇）

凤凰秋秋，其翼若干，其声若箫，有凤有凰，乐帝之心。（《解蔽》）

墨以为明，狐狸而苍。(《解蔽》)

长夜漫兮，永思骞兮，太古之不漫兮，礼义之不愆兮，何恤人之言兮。(《正名》篇)

涓涓源水，不雍不塞，毂已破碎，乃大其辐，事已败矣，乃重太息。(《法行》)

第十五节　诗韵例

孔广森云："读十五国二雅三颂，而律以唐宋官韵，未有不穷者。或从而叶之，昧其所有韵，而强韵其所无韵，又甚不可通者也。今之诗主乎文，古之诗主乎歌。歌有疾徐之节，清浊之和，或长言之，咏叹之，累数句而无以韵为。或繁音促奏，至于句有韵，字有韵，而莫厌其多，奇者不可偶，偶者不可奇，亏者不可缀，缀者不可亏，离者不可合，合者不可离，错之则变化而无方，约之则同条而有常。"孔说甚是，所著《诗声分例》，得疏密之中，兹本之而条列如下：

（一）**偶韵例** (凡诗一章四句八句者居多，四句用韵，唯此四式而叠两四句即成八句，错而综之，其变十有六。如《山有枢》章前四句用第一例，后四句用第二例，乃为八句正格，即今五七言律诗之法。)

（1）《关雎》：关关雎鸠（韵），在河之洲（韵）；窈窕淑女，君子好逑（韵）。

（2）《鹊巢》：维鹊有巢，维鸠居（韵）之；之子于归，百两御（韵）之。

（3）《竹竿》：籊籊竹竿，以钓于淇（韵），岂不尔思（韵），远莫致之（韵）。

（4）《卷耳》：陟彼崔嵬（韵），我马虺隤（韵），我姑酌彼金罍（韵），维以不永怀（韵）。

（二）奇韵例

（1）《采葛》：彼采葛（韵）兮，一日不见，如三月（韵）兮！

（2）《甘棠》：蔽芾甘棠，勿翦勿伐（韵），召伯所茇（韵）。

（3）《著》：俟我乎著（韵）乎而，充耳以素（韵）乎而，尚之以琼华（韵）乎而。

（4）《召旻》：旻天疾威，天笃降丧（韵），瘨我饥馑，民卒流亡（韵），我居圉卒荒（韵）。

（5）《兔爰》：有兔爰爰，雉离于罗（韵）。我生之初，尚无为（韵）。我生之后，逢此百罹（韵），尚寐无吪（韵）。

（6）《大田》：有渰萋萋（韵），兴雨祁祁（韵），雨我公田，遂及我私（韵）。彼有不获稚（韵），此有不敛穧（韵），彼有遗秉，此有滞穗（韵），伊寡妇之利（韵）。

（三）偶句从奇韵例

（1）《信南山》：是烝是享（韵），苾苾芬芬，祀事孔明（韵），先祖是皇（韵），报以介福，万寿无疆（韵）。（凡六句一章，平分之上下半章各三句，则偶化而为奇矣。）

（2）《大明》：牧野洋洋（韵），檀车煌煌（韵），驷騵彭彭（韵）。维师尚父，时维鹰扬（韵），凉彼武王（韵）。肆伐大商（韵），会朝清明（韵）。（此八句一章，而上半章三句，下半章五句，故第四句不入韵。）

（四）叠韵例

（1）《君子偕老》：君子偕老，副笄六珈（韵）。委委佗佗（韵），如山如河（韵），象服是宜（韵）。子之不淑，云如之何（韵）。

（2）《君子于役》：君子于役，不知其期（韵），曷至哉（韵）！鸡栖于埘（韵），日之夕矣，羊牛下来（韵），君子于役，如之何勿思（韵）！（凡首句无韵，则第三句多有韵，各举奇偶一章以见例。）

（3）《斯干》：乃生女子，载寝之地（韵），载衣之裼，载弄之瓦（韵），无非无仪（韵），唯酒食是议（韵），无父母诒罹（韵）。

（4）《韩奕》：韩侯出祖（韵），出宿于屠（韵），显父饯之，清酒百壶（韵）。其殽维何（韵），炰鳖鲜鱼（韵）；其蔌维何（韵），维笋及蒲（韵）；其赠维何（韵），乘马路车（韵）；笾豆有且（韵），侯氏燕胥（韵）。（凡篇章将终，重加一韵，以荡其声，后世词赋"乱曰"以下，多连句用韵，犹此义也。）

（五）空韵例 （空韵有在第三句者，有在末句之上一句者。）

（1）《斯干》：乃生男子（空），载寝之床（韵），载衣之裳（韵），载弄之璋（韵）。其泣喤喤（韵），朱芾斯皇（韵），室家君王（韵）。

（2）《定之方中》：灵雨既零（韵），命彼倌人（韵），星言夙驾（空），说于桑田（韵）。匪直也人（韵），秉心塞渊（韵），騋牝三千（韵）。

（3）《硕人》：硕人敖敖（韵），说于农郊（韵）。四牡有骄

（韵），朱幩镳镳（韵），翟茀以朝（韵）。大夫夙退（空），无使君劳（韵）。

（六）二句独韵例

（1）《定之方中》：定之方中（韵），作于楚宫（韵）；揆之以日（转韵），作于楚室（韵）；树之榛栗（韵），椅桐梓漆（韵），爰伐琴瑟（韵）。

（2）《陟岵》：陟彼岵（韵）兮，瞻望父（韵）兮。父曰嗟，予子（转韵）行役，夙夜无已（韵），上慎旃哉，犹来无止（韵）。

（七）末二句换韵例

（1）《硕人》：手如柔荑（韵），肤如凝脂（韵），领如蝤蛴（韵），齿如瓠犀（韵），螓首蛾眉（韵）。巧笑倩（转韵）兮，美目盼（韵）兮。

（2）《韩奕》：四牡奕奕，孔修且张（韵）。韩侯入觐，以其介圭，入觐于王（韵）。王锡韩侯，淑旂绥章（韵），簟茀错衡（韵），玄衮赤舄（昔），钩膺镂锡（韵），鞹鞃浅幭（转韵），鞗革金厄（韵）。

（八）两韵例 (此例甚多不备举)

（1）《采蘩》：被之僮僮（韵），夙夜在公（韵）；被之祁祁（转韵），薄言还归（韵）。

（2）《将仲子》：将仲子（韵）兮，无逾我里（韵），无折我树杞（韵）。岂敢爱之，畏我父母（韵）。仲可怀（转韵）也，父母之言，亦可畏（韵）也。

（3）《斯干》：如跂斯翼（韵），如矢斯棘（韵），如鸟斯革（韵），如翚斯飞（转韵），君子攸跻（韵）。

（九）三韵例 （此韵亦甚多不备举）

（1）《东山》：我徂东山，慆慆不归，我来自东（韵），零雨其蒙（韵）。鹳鸣于垤（转韵），妇叹于室（韵），洒扫穹窒（韵），我征聿至（韵）。有敦瓜苦，烝在栗薪（韵），自我不见，于今三年（韵）。

（2）《黄鸟》：交交黄鸟，止于棘（韵），谁从穆公，子车奄息（韵）；维此奄息（韵），百夫之特（韵）。临其穴（转韵），惴惴其栗（韵）。彼苍者天（转韵），歼我良人（韵）！如可赎兮，人百其身（韵）。

（3）《溱洧》：溱与洧，方涣涣（韵）兮。士与女，方秉蕳（韵）兮。女曰观乎（转韵）。士曰既且（韵）。且往观乎（韵）。洧之外，洵訏且乐（换韵）。维士与女，伊其相谑（韵），赠之以芍药（韵）。

（十）四韵例 （此例亦甚多不备举）

（1）《巧言》：君子屡盟（韵），乱是用长（韵）。君子信盗（转韵），乱是用暴（韵）。盗言孔甘（转韵），乱是用餤（韵）。匪其止共（转韵），维王之邛（韵）。

（2）《东山》：我徂东山，慆慆不归，我来自东（韵），零雨其蒙（韵）。果臝之实，亦施于宇（转韵），伊威在室，蟏蛸在户

（韵）。町畽鹿场（转韵），熠燿宵行（韵，户郎反），亦可畏（转韵）也，伊可怀（韵）也。

（十一）两韵分协例

《有瞽》：有瞽有瞽（韵），在周之庭（别韵）。设业设虡（以下与瞽韵协），崇牙树羽（韵），应田县鼓（韵），鞉磬柷圉（韵），既备乃奏，箫管备举（韵）。喤喤厥声，（以下与庭韵协）肃雍和鸣（韵），先祖是听（韵）。我客戾止，永观厥成（韵）。

（十二）两韵互协例

《大明》：大邦有子，伣天之妹（韵）。文定厥祥（与下梁、光协），亲迎于渭（与上妹协）。造舟为梁（韵），不显其光（韵）。

（十三）两韵隔协例(此例甚多，有隔二句遥协者，有隔三句遥协者)

《雍》：有来雍雍（隔韵），至止肃肃（韵），相维辟公（与雍协韵），天子穆穆（韵）。于荐广牡（隔韵），相予肆祀（韵），假哉皇考（与牡协），绥予孝子（韵）。宣哲维人（隔韵），文武维后（韵），燕及皇天（与人协），克昌厥后（韵，音户）。绥我眉寿（隔韵），介以繁祉（韵），既右烈考（与寿协），亦右文母（韵，满以反）。

（十四）三韵隔协例

《采芑》：鴥彼飞隼（隔韵，古音雎），其飞戾天（别韵），亦集爱止（韵），方叔莅（与隼协）止。其车三千（与天协），师干之试（韵）。方叔率止，钲人伐鼓（换韵），陈师鞠旅（韵）。显允方叔，伐鼓渊渊（换韵），振旅阗阗（韵）。

（十五）四韵隔协例

《瞻卬》：人有土田（隔韵），女反有（韵）之；人有民人（与田协），女覆夺（别韵）之；此宜无罪（隔韵），女反收（与有协）之；彼宜有罪（与上罪协），女覆说（与夺协）之。

（十六）首尾韵例

《车攻》：决拾既佽（韵），弓矢既调（别韵，吴棫《韵补》读调为同），射夫既同（与调协），助我举柴（韵）。

（十七）二句不入韵例

《常棣》：兄弟阋于墙，外御其侮，每有良朋（韵），烝也无戎（韵）。

（十八）三句不入韵例

《鸱鸮》：鸱鸮鸱鸮，既取我子，无毁我室，恩斯勤（韵）斯，鬻子之闵（韵）斯。

（十九）二句间韵例

《桑中》：爰采唐（韵）矣，沬之乡（韵）矣，云谁之思，美孟姜（韵）矣。期我乎桑中（间韵），要我乎上宫（与中协），送我乎淇之上（韵）矣。

（二十）三句间韵例

《生民》：印盛于豆，于豆于登（韵），其香始升（韵）。上帝居歆（韵），胡臭亶时（间韵）。后稷肇祀（与时协），庶无罪悔（与时、祀协），以迄于今（韵）。

（二一）四句间韵例

《烈文》：烈文辟公（与下邦、功协），锡兹祉福，惠我无疆（韵），子孙保之。无封靡于尔邦（间韵），维王其崇之；念兹戎功（间韵），继序其皇（韵）之；无竞维人（间韵），四方其训（与人协）之；不显维德，百辟其刑（与人、训协）之。于乎前王不忘（韵）。

（二二）**联韵例** （《诗本音》曰，古人之诗言尽而意长，歌止而音不绝也。故有句之余，有章之余。句之余，一字二字之语助是也。章之余如"于嗟麟兮""其乐只且""文王烝哉"之类是也。凡章之余皆嗟叹之辞，可以不入韵。然合三数章而歌之，则章之末句，未尝不自为韵也。）

《麟之趾》：于嗟麟兮。

（二三）续韵例

《召旻》：池之竭矣，不云自频。（与上章"职兄斯引"为韵）

（二四）助字韵例

（1）《关雎》：参差荇菜，左右流（韵）之，窈窕淑女，寤寐求（韵）之。（此助词不入韵例）

（2）《绿衣》：绿兮衣兮，绿衣黄里（韵），心之忧矣（韵），曷维其已（韵）！（此助词入韵例）

（3）《棫朴》：芃芃棫朴，薪之槱之（韵），济济辟王，左右趣之（韵）。（此助词为独韵例）

（二五）句中韵例

（1）《柏舟》：日居（韵）月诸（韵）。

（2）《甫田》：婉（韵）兮娈（韵）兮。

（3）《思齐》：肆戎疾（韵）不殄（与疾协）。

（4）《杕杜》：匪载（韵）匪来（韵），忧心孔疚（韵，疚古音记）。期逝（转韵）不至（韵），而多为恤（韵，恤古音术）。

（二六）句中隔韵例

（1）《匏有苦叶》：有渳（隔韵）济盈（韵），有鷕（与渳协）雉鸣（韵），济盈（用上文正韵为隔韵）不濡轨（换韵），雉鸣（与盈协）求其牡（韵）。

（2）《晨风》：鴥（隔韵）彼晨风（韵），郁（与鴥协）彼北林（韵）。

（3）《九罭》：鸿飞（隔韵）遵渚（韵），公归（与鸿飞协）无所（韵）。

（4）《无羊》：或降（隔韵）于阿（韵），或饮（与降协）于池（韵），或寝（与降、饮协）或讹（韵）。

（5）《菁菁者莪》：泛泛（隔韵）杨舟（韵），载沉（与泛协）载浮（韵），既见君子，我心（与泛、沉协）则休（韵）。

（二七）隔协句中隔韵例

（1）《樛木》：葛藟（隔韵）累（韵）之。福履（与藟协）绥（韵）之。

（2）《行露》：谁谓鼠（隔韵）无牙（韵）。谁谓女（与鼠协）无家（韵）。（此例隔韵之句，半句复有隔韵）

（3）《绵》：爰始（隔韵）爰谋（韵），爰契（隔韵）我龟（韵），曰止（与始协）曰时（韵），筑室（与契协）于兹（韵）。（此例半句中复自相隔韵）

（4）《小星》：嘒彼小星（隔韵），三五在东（韵），肃肃宵征（与星协），夙夜在公（韵），实命（与星、征协）不同（韵）。（此例句中韵与句尾韵隔协，乃所以变化使五句而从六句韵法也。）

第十六节　毛诗词例举要 _{刘申叔先生}

（一）倒文例

《邶风·日月》：逝不相好。《传》云：不及我以相好。

《大雅·文王》：永言配命。《传》云：永，长。言，我也。我长配天命而行。

（二）错序例

《桧风·羔裘》：羔裘如膏，日出有曜。《传》云：日出照曜，然后见其如膏。

《小雅·巧言》：乱之初生，僭始既涵，乱之又生，君子信谗。《传》云：僭，数；涵，容也。（《疏》引王肃云：乱之初生，谗人数缘事始自入，尽得容其谗言。）

《豳风·七月》：七月在野，八月在宇，九月在户，十月蟋蟀入我床下。《郑笺》云：自"七月在野"至"十月入我床下"，皆谓蟋蟀也。此亦错序例。

（三）省文例

《邶风·绿衣》：心之忧矣，曷维其已！《传》云：忧虽欲自止，何时能止也。

《鲁颂·有駜》：自今以始，岁其有。《传》云：岁其有年矣。

159

（四）互词见意例

《周南·关雎》：琴瑟友之。《传》云：宜以琴瑟乐之。（下章钟鼓乐之）

《王风·丘中有麻》：丘中有麻，彼留子嗟。《传》云：丘中硗埆之处，尽有麻麦草木，乃彼子嗟之所治。（次章丘中有麦，三章丘中有李）

（五）互省例

《小雅·采芑》：钲人伐鼓。《传》云：伐，击也。钲以静之，鼓以动之。《笺》云：钲也，鼓也，各有人焉。钲人伐鼓，互言耳。

《小雅·楚茨》：楚楚者茨，言抽其棘。《传》云：楚楚，茨棘貌；抽，除也。《笺》云：茨言楚楚，棘言抽，互辞也。

（六）反词若正例

《小雅·鹤鸣》：乐彼之园，爰有树檀，其下维萚。《传》云：何乐于彼园之观乎？萚，落也。尚有树檀，而下其萚。

《小雅·白驹》：尔公尔侯，逸豫无期。《传》云：尔公尔侯耶，何为逸乐无期以反也？

（七）上下文同义异例

《召南·采蘩》：于以采蘩，于沼于沚。《传》云：蘩，皤蒿也。

于，於。沼，池。沚，渚也。(《传》明上"于"字不训"於")

《大雅·皇矣》：爰整其旅，以按徂旅。《传》云：旅，师。按，止。旅，地名也。

（八）上下文异义同例

《邶风·匏有苦叶》：招招舟子，人涉卬否。人涉卬否，卬须我友。《传》：卬，我也。

《大雅·大明》：缵女维莘，长子维行。《传》云：长子，长女也。

（九）虚词同字异义例 (以二句对文、同句并文为限。此与"文平义侧例"互明)

《小雅·无羊》：众维鱼矣，实为丰年，旐维旟矣，室家溱溱。《传》云：阴阳和则鱼众多矣。溱溱，众也。旐、旟，所以聚众也。

《大雅·皇矣》：不大声以色，不长夏以革。《传》云：不大声见于色。革，更也。不以长大有所更。

（十）虚词异字同义例

《邶风·日月》：日居月诸，照临下土。《传》云：日乎月乎，照临之也。

《鄘风·柏舟》：母也天只，不谅人只。《传》云：母也，天也，尚不信我。

（十一）句法似同实异例

《鄘风·载驰》：载驰载驱。《传》云：载，辞也。又《小雅·菁菁者莪》：载沉载浮。《传》云：载沉亦浮，载浮亦浮。

《小雅·湛露》：湛湛露斯，匪阳不晞。《传》云：露虽湛湛，然见阳则干。又《邶风·旄丘》：匪车不东。《传》云：不东，言不来东也。（《笺》申《传》云：女非有戎车乎，何不来东也。）

（十二）两篇同文异义例

《邶风·泉水》：遄臻于卫，不瑕有害。《传》云：瑕，远也。（《疏》引王肃云：言愿疾至于卫，不远礼义之害。）《二子乘舟》：愿言思子，不瑕有害。《传》云：言二子之不远害。

《周南·卷耳》：嗟我怀人，寘彼周行。《传》云：怀，思；寘，置；行，列也。思君子官贤人，置周之列位。又《小雅·鹿鸣》：示我周行。《传》云：周，至；行，道也。（《疏》引王肃云：示我以至美之道。）

（十三）后章不与前章同义例

《周南·桃夭》：（首章）之子于归，宜其室家。《传》云：宜以有室家。（二章）宜其家室。《传》云：家室，犹室家也。（又三章）宜其家人。《传》云：一家之人，尽以为宜。

《召南·鹊巢》：百两御之。《传》云：诸侯之子，嫁于诸侯，送御皆百乘。（二章）百两将之。《传》云：将，送也。（又三章）

百两成之。《传》云：能成百两之礼也。

（十四）两句似异实同例

《周南·葛覃》：薄污我私，薄浣我衣，害浣害否，归宁父母。《传》云：私，燕服也。又云：私服宜浣，公服宜否。

《大雅·思齐》：雍雍在宫，肃肃在庙。（《采蘩》传云：宫，庙也。）

（十五）连类并称例

《小雅·信南山》：南东其亩。《传》云：或南或东。

《大雅·绵》：鼛鼓弗胜。《传》云：或鼛或鼓，言劝事乐功也。

（十六）举此见彼例

《郑风·太叔于田》：执辔如组，两骖如舞。《传》云：骖之与服，和谐中节。（《疏》云：此语止云两骖，不云两服，知骖与服和谐中节者，以下二章于此二句皆说两服、两骖，则知此经亦总骖服，故知如舞之言，兼言服亦中节也。）

《小雅·车攻》：选徒嚣嚣。《传》云：维数车徒者，为有声也。

（十七）因此及彼例

《召南·羔羊》：羔羊之皮。《传》云：小曰羔，大曰羊，大夫羔裘以居。

《大雅·绵》：堇荼如饴。《传》云：堇，菜也；荼，苦菜也。

(十八) 二句连读例

《邶风·柏舟》：微我无酒，以敖以游。《传》云：非我无酒，可以敖游忘忧也。

《大雅·常武》：王命卿士，南仲太祖。《传》云：王命南仲于太祖。

(十九) 文平义侧例 (谓似偶非偶也)

《小雅·常棣》：原隰裒矣，兄弟求矣。《传》云：裒，聚也；求矣，言求兄弟也。

《大雅·思齐》：不显亦临，无射亦保。《传》云：以显临之，保安无厌也。

(二十) 偶语错文例

《大雅·瞻卬》：天何以刺，何神不富。《传》云：刺，责；富，福。

《小雅·小弁》：菀彼柳斯，鸣蜩嘒嘒，有漼者渊，萑苇淠淠。《传》云：漼，深貌。

(二一) 实词活用例

《小雅·桑扈》：有莺其羽。《传》云：莺然有文章。

《周颂·载芟》：有椒其馨。《传》云：椒犹馤也。

（二二）动词静词实用例

《小雅·吉日》：其祁孔有。《传》云：祁，大也。
《小雅·节南山》：有实其猗。《传》云：实，满；猗，长也。

（二三）单词状物等于重言例

《小雅·蓼萧》：零露湑兮。《传》云：湑湑然，萧上露貌。
《豳风·东山》：有敦瓜苦。《传》云：敦，犹专专也。

（二四）间词例

《小雅·车攻》：徒御不惊，大庖不盈。《传》云：不惊，惊也；不盈，盈也。

《大雅·文王》：有周不显。《传》云：有周，周也；不显，显也。

（二五）虚数例

《豳风·东山》：九十其仪。《传》云：言其多仪也。
《小雅·甫田》：岁取十千。《传》云：十千，言多也。

（附记）本章第六节各表"注疏本卷数"行所称卷数，系用通行之石印本卷数。

第五章　周礼

第一节　周礼名义

《论语》称"子曰殷因于夏礼，所损益可知也，周因于殷礼，所损益可知也"。据此是礼以代名，所从来久矣。《左传》文公十八年："史克曰先君周公制《周礼》。"又闵公元年："齐仲孙湫曰鲁犹秉周礼。"昭公二年："晋韩起见《易》象与鲁《春秋》，曰周礼尽在鲁矣。"观此诸文，知周礼之名，通行于春秋时代，且其含义甚广，一切政典爵名，以至《易》象、史法，无不包举其中，若单就狭义之礼分析言之，则有经礼与曲礼。

《礼记·礼器》篇云"经礼三百，曲礼三千"。郑玄注曰："经礼谓《周礼》也。《周礼》六篇，其官有三百六十；曲犹事也，事礼谓今礼也。"（今礼即《仪礼》）《礼记·曲礼》孔疏云："《周礼》见于经籍，其名异者有七处，《孝经说》云'《礼经》三百'，一也；《礼器》云'经礼三百'，二也；《中庸》云'礼仪三百'，三也；《春秋》说云'礼义三百'，四也；礼说云'有正经三百'，五也；《周官》外题谓为周礼，六也；《汉·艺文志》云'《周官经》六篇'，七也；七者皆云三百，故知俱是《周官》。案《艺文志》亦云《礼经》三百，威仪三千。"据此诸文，自子思子至西汉刘歆以前，未有名三百六十官之《周官经》为周礼者。

《汉书·王莽传》：居摄三年，九月歆为羲和，与博士诸儒议莽母功显君服，云"发得《周礼》，以明因监"。又引司服职文亦称

《周礼》。按居摄三年，博士已能言《周礼》，则《周礼》之立博士，当更在前。孙诒让疑其在莽居摄，歆为羲和以前，窃考之《汉书》孙说似与时间不合。王莽居摄在平帝死之次年，而置羲和官则在平帝元始二年，所谓莽居摄，歆为羲和以前，未知何指。以意度之，大抵孝平初立，王莽持政，留歆为右曹太中大夫，歆既得行其志，《周礼》或于此时建立博士。元始四年安汉公奏立明堂辟雍，五年羲和刘歆等四人，使治明堂辟雍。按歆《移太常博士书》云："至于国家将有大事，若立辟雍封禅巡狩之仪，则幽冥而莫知其原。"若平帝时无《周礼》博士，则谁能助歆治明堂辟雍者？故《周礼》之立，当在平帝初年。荀悦《汉纪·成帝》篇云："刘歆以《周官经》六篇为《周礼》。王莽时歆奏以为《礼经》，置博士。"《释文·叙录》云："王莽时刘歆为国师，始建立《周官经》为《周礼》。"（歆为国师在王莽始建国元年，时代更后）案《释文》说非是。荀悦所称王莽时，当指平帝立，王莽持政时而言方合。

　　《周礼》之名，见于《左传》，刘歆因采左氏之文以为题署。自是以后，杜子春、马融诸儒，咸传歆学。《郑序》谓郑少赣、郑仲师、卫敬仲、贾景伯、马季长皆作《周礼》释诂，而马氏自序则称《周官传》，郑仲师《诸子》《幎氏》两注，亦称《周官》。诸家解诂久佚，其题《周礼》与否，今无可质证。若郑君作注，则正题《周礼》，故《冢宰》注云周公居摄而作六典之职，谓之《周礼》。又《冬官目录》云古《周礼》六篇毕矣。其二《礼》之注，援举此经，咸不云《周官》。《隋·经籍志》载汉、晋诸家注，并题《周官礼》，盖唐人兼采二名，用以著录，非其旧题。要《周礼》之目，始于刘歆，而定于东汉经师，其轵迹固可寻也。（孙诒让《周礼正义》说）

第二节　周礼作者

　　《尚书大传》曰："周公摄政，一年救乱，二年克殷（郑注曰诛管、蔡及禄父也），三年践奄，四年建侯卫，五年营成周，六年制礼作乐，七年致政成王。"《明堂位》曰："武王崩，成王幼弱，周公践天子之位以治天下。六年朝诸侯于明堂，制礼作乐，颁度量而天下大服。七年致政于成王。"郑注《周礼·天官·序官》云："周公居摄而作六典之职，谓之《周礼》，营邑于土中。七年致政成王，以此礼授之，使居洛邑治天下。"案《洛诰》云："考朕昭子刑，乃单文祖德。"郑注曰："成我所用明子之法度者，乃尽明堂之德。明堂，祀五帝大皥之属，为用其法度。周公制礼六典，就其法度而损益用之。"（《诗疏》引）此制礼之事，明文见经者也。《洛诰》又曰："王肇称殷礼。"郑注曰："王者未制礼乐，恒用先王之礼乐。"（《书疏》引）孔沖远申之曰："言伐纣以来，皆用殷之礼乐，非始成王用之。周公制礼乐既成，不使成王即用周礼，仍令用殷礼者，欲待明年即政，告神受职，然后班行周礼。班讫，始得用周礼。故告神且用殷礼也。"据此则周公制礼，虽在六年，其班行则在致政时。《明堂位》孔疏亦云："成王即位，乃用周礼矣。"

　　贾《序废兴》引马融《传》云："秦自孝公以下，商君之法，其政酷烈，与《周官》相反。故始皇禁挟书，特疾恶，欲绝灭之，搜求焚烧之独悉，是以隐藏百年。孝武帝始除挟书之律，开献书之路，既出于山岩屋壁，复入于秘府，五家之儒莫得见焉。至孝成皇帝，达才通人刘向、子歆校理秘书，始得列序，著于《录》《略》，然亡其《冬官》一篇，以《考工记》足之。时众儒并出共排，以为非是。唯歆独识，其年尚幼，务在广览博观，又多锐精于《春秋》，末年乃知其周公致太平之道，迹具在斯。"据马氏此《传》，知《周礼》在西汉，藏于秘府，儒者莫见其书，至刘歆起废继绝，始广流传。后人因恶歆、莽，并疑《周礼》，盖意气之争，未足为确论也。

　　史克谓先君周公制《周礼》，此言最可信。惟所谓制礼者非谓周公在某一时期制成典礼若干篇，班行天下之谓，必有所因袭而整齐之，增饰之，会通之。盖周自太王、文王以来，不必全用殷礼。武王既有天下，设官分职，益臻美备，至周公而始大成耳。《尚书大传》所云"六年制礼作乐"，颇若周礼一时所成，不可拘泥观之。

第三节　周礼不伪证

　　《周礼》者，周代政典之纲领也。每立一官必别有一官所守之细则。于史官有五十凡例，司马之流有司马法。大祭祀会同朝觐，大史先与群执事读礼书而协事，祭之日执书以次位常，辨事者考焉。将币之日，执书以诏王。略举数事，已可见各官典守之细则。其数至繁，谓全出周公之手，恐圣人亦未必能办也。谓非出于周公，则各官将何所信守也。意《周礼》为周公所审定，西周之盛世，侯服各国，皆秉奉此礼，及其稍衰，则诸侯渐灭典籍，谋以自便，即彼王室，亦未必能备具官物，所谓王官失守者，即失其世守之细则也。故至春秋时而礼已大坏，虽鲁为周公之国，亦不能悉行旧法，遑论其他。后儒因疑《周礼》非周公之制作，或谓周公制礼而未尝班行，要皆未知时代迁变，盛衰殊异之故，刻舟而求之，自难责其吻合无间也。

　　汪氏中云：汉以前《周官》传授原流，皆不能详，故为众儒所排。考之于古，凡得六征，兹列其说如下：

（一）《逸周书·职方》篇即《夏官·职方》职文。

（二）《艺文志》：六国之君，魏文侯最为好古。孝文时，得其乐人窦公，献其书，乃《周官·大宗伯》之《大司乐》章也。

（三）《大戴礼·朝事》载《典瑞》《大行人》《小行人》《司仪》四职文。

（四）《礼记·燕义》载《夏官·诸子》职文。

（五）《礼记·内则》"食齐视春时"以下，《天官·食医》职文；"春宜羔豚膳膏芗"以下，《庖人》职文；"牛夜鸣则庮"以下，《内饔》职文。

（六）《诗·生民》传"尝之日莅卜来岁之芟"以下，《春官·肆师》职文。

汪氏以后，陈氏澧复考得四条：

（一）《礼记·杂记下》"赞大行曰"云云，郑注曰赞大行者，书说大行人之礼者名也。孔疏云《周礼》有《大行人》篇，旧作记之前，有人说书，赞明大行人之事，谓之赞大行。

（二）《郊特牲》"缩酌用茅，明酌也"云云，孔疏云，此一节记人捃绎《周礼》司尊彝沛二齐及郁鬯之事。

（三）《考工记》贾疏云此记人所录众工本拟亡篇六十而作。

（四）《大司马》中冬教大阅，"群吏听誓于陈前"。郑注云《月令》季秋，天子教于田猎，以习五戎，司徒搢扑，北面以誓之。此大阅礼实正岁之中冬，而说季秋之政，于周为中冬，为《月令》者失之矣。贾疏云吕不韦以为此经中冬为周之中冬，当夏之季秋，是失之矣。

据此四条，《周礼》若非周室典制，作《礼记》者何必赞之释之，作《考工记》者何必拟之，且吕不韦作《月令》本于《周礼》，而犹有失。则《周礼》必远在吕不韦之前，此皆足征《周礼》是周室典制，但无以必为周公所作耳。

陈氏又云："《史记·封禅书》云：'上与公卿诸生封禅，群儒采封禅《尚书》《周官》《王制》之望祀射牛事。'《汉书·艺文志》云：'河间献王与毛生等共采《周官》及诸子言乐事者以作《乐记》。'贾公彦《序周礼废兴》引马融《周礼传》云：'孝成皇帝时众儒并出共排，以为非是。'盖西汉儒者，始则信《周礼》，后乃排之耳。"（《东塾读书记》）

案汪、陈二氏之说，可称精实。黄师季刚复发明一条，证《周礼》为周公手定，孔子复亲见《周礼》，其说曰：

《国语·鲁语》仲尼曰："先王制土，籍田以力，而砥其远迩，赋里以人，而量其有无，任力以夫，而议老幼。下云若子季孙，欲其法也，则有周公之籍矣。"案籍田以力，砥其远迩，赋里以人，量其有无，与冢宰司会九赋及载师任地之法同符，任力以夫，议其老幼，与冢宰九职大府内府司会九功闾氏任民之法及卿大夫征民之法同符。下文明云周公之籍，是仲尼以此诸法，制自周公，此一事也。又《左传》哀公十一年季孙欲以田赋，使冉有访诸仲尼。仲尼曰："且子季孙，若欲行而法，则有周公之典在。"据此则《国语》所谓周公之籍，即周公之典，典籍一也，此周公之典，即《周礼》矣。

陈师伯弢亦作《周礼行于春秋时证》一篇，凡列六十证，详博闳大，非他经师所能言。兹录文如下：

自孙处薋说谓《周礼》书成，实未尝行，如唐之显庆、开元礼，儒者莫不信之。（顾氏《春秋大事表》更疑非周公之书）不知郑注《明堂位》曰崱，《周礼》谓之距。距见《仪礼》少牢馈食礼。是凡《仪礼》之行乎春秋者，皆得谓为《周礼》，然不引《周礼》本文证之；人不信也。考之鲁而得十有六证焉，考之诸国而得四十有四证焉。

隐十一年传"周之宗盟，异姓为后"，即《司仪》天揖同姓，时揖异姓礼。证一。

桓九年曹伯使其世子射姑来朝，传"宾之以上卿"，即《大宗伯》诸侯適子摄其君礼。证二。

僖五年传"日南至，公登观台以望，而书云物"，即《保章氏》以五云之物，辨祲象之礼。证三。

庄三十一年，大水，鼓用牲于门，即《鄷人》禁门之礼。证四。

僖三十年周公阅辞昌歜白黑形盐，即《醢人》昌本、《笾人》白黑形盐之礼。证五。

襄十一年鲁作三军，十四年传"成国不过半天子之军"，即《大司马》王六军，大国三军之礼。证六。

又二十九年范献子来聘，射者三耦，即《大司马》及《大射仪》畿外诸侯宾射三耦之礼。证七。

昭四年申丰言藏冰之道，即《凌人》掌冰之礼。证八。

又八年蒐于红。《穀梁传》"因蒐狩以科用武事，礼之大者"，此礼即《大司马》蒐田之礼。《左传》隐五年传亦云"春蒐夏苗，秋弥冬狩"，皆于农隙以讲事也。证九。（桓六年大阅，庄八年治兵皆同。）

定元年季孙葬昭公于墓道南，孔子沟而合诸墓，用《冢人》掌公墓，辨其兆域之礼。证十。

又八年盗窃宝玉大弓，《穀梁传》："非其所取而取之，谓之盗。"《左氏》文十八年传亦云"窃贿为盗"。即《士师》八成之六曰"为邦盗"也。证十一。

又十年传曰："牺象不出门。"案《大行人》："上公飨礼九献，侯伯七献，皆行于庙中，飨以醴，陈牺尊象尊。"故曰不出门。证十二。

《传》又曰："嘉乐不野合。"案《大师》："大飨亦如大祭祀，帅瞽登歌，令奏击拊，下管播乐器，令奏鼓棘。"贾疏此大飨，谓诸侯在庙行飨作乐，与大祭祀同，故曰不野合。证十三。

哀三年传"季桓子命藏象魏，曰，旧章不可忘也"，即象魏所县治象、教象、政象、刑象之法。证十四。

又七年，子服景伯对吴征百牢曰："周之王也，制礼上物不过十二，以为天子之大数也；今弃周礼而曰必百牢。"疏引《掌客》曰："王合诸侯而飨礼，则具十有二牢。"是鲁飨侯伯本如周礼用十二牢。证十五。

又十七年，孟武伯对齐人曰："非天子，寡君无所稽首。"则以《大祝》辨九拜：一曰稽首，为臣拜君之礼。至二十一年，齐人责稽首，歌曰："惟其儒书，以为二国忧。"儒书即昭二年韩宣子所谓在鲁之《周礼》。哀十一年，孔子所谓周公之典也。证十六。（荀子称周公为大儒，可证。）

夫此十六证，不出鲁国，犹可诿曰仲孙湫本有鲁秉《周礼》之语，鲁故秉之耳，则更证之周。

僖二十五年传"晋侯请隧，王弗许，曰王章也"。王章即《周礼·冢人》"及窆，以度为丘隧"。注：隧，羡道也。

二十八年王赐晋侯戎辂之服，戎辂即巾车。所云革路以即戎。同年传又云"庄子为坐"，又如襄公十年传王叔之宰与伯舆之大夫瑕会坐狱于王庭，即《小司寇》所云"命夫妇不躬坐狱讼"也。

昭二十四年传"晋侯使士景伯莅问周故，士伯立于乾祭，而问于介众"，即《小司寇》之"致万民而询立君"也。

隐元年天王使宰咺来归惠公、仲子之赗，文五年王使荣叔来含且赗，即《大宗伯》之"以丧礼哀死亡"。

僖九年王使宰孔赐齐侯胙，二十四年传"宋于周为客，天子有事膰焉"。定十四年，天王使石尚来归脤，即《大宗伯》之脤膰之礼，亲兄弟之国焉。盖周行《周礼》之证六矣。

更证之卫。成二年传"新筑人仲叔于奚，请曲县繁缨以朝"。曲县即《小胥》之诸侯轩县，繁缨即《巾车》之金路樊缨九就，象路樊缨七就。定四年传"祝佗曰君以师行，祓社衅鼓祝奉以从"，即《大祝》之"隋衅设军社"。哀二年传"子南曰三揖在下"，三揖即《司士》之"孤卿特揖，大夫以其等旅揖，士旁三揖"。盖卫行《周礼》之证三矣。

更证之郑。襄十年传"郑子国为司马，子耳为司空，子孔为司徒"，与昭四年传言"鲁叔孙为司马，孟孙为司空，季孙为司徒"，同为《大宰》于邦国设其参之礼。昭元年传"子产曰日月星辰之神，则雪霜风雨之灾，于是乎禜之，山川之神，则水旱厉疫之灾，于是乎禜之"，禜即《大祝》六祈之四曰禜。又十六年传"子产曰孔张为嗣大夫，受脤归脤"，即《家宗人》所云凡祭祀致福也。又十七年传"火出于夏为三月，于商为四月，于周为五月"，与九年传"郑裨灶言火出"同，亦与襄九年传言"以出内火"同，同为《司爟》所云季春出火，季秋内火。盖郑行《周礼》之证四矣。（襄三十年子产使都鄙有章，上下有服，田有封洫，庐井有伍，皆《周礼》，此不具引。）

更证之晋。僖四年传"晋太子祭于曲沃，归胙于公"，即《都宗人》云"凡都祭祀致福于国"也。又二十八年传"振旅恺以入于晋"，即《大司乐》云"令奏恺乐"，《大司马》所云"恺乐献于社"也。文二年传"缚秦囚，使车右莱驹以戈斩之"，《穀梁》成五年传"伯尊遇辇者不辟，使车右下而鞭之"，即《戎右》所云"掌戎车之兵革使"也。宣十六年传"晋侯以黻冕命士会将中军，且为大傅"，昭元年传"刘定公谓赵孟曰吾与子弁冕端委以治民"，即《司服》所云"孤卿之服，自希冕玄冕而下"也。成六年传"晋人谋去故绛，韩献子为仆大夫，公揖而入，献子从公立于寝庭"，此如《大仆》之王视燕朝，则正位掌摈相（注曰，燕朝，朝于路寝之庭也），入亦如之也。又十六年传"郤至靭韦之跗注"，此如《司服》之"兵事韦弁服"也。（即僖五年传均服）襄四年传"晋侯享穆叔，金奏《肆夏》之三"，则如《钟师》掌金奏，"以钟鼓奏九夏"。（成十二年金奏作于下同）又九年传"将盟，晋士庄子为载书"，十一年传"同盟于亳，载书曰云云"，则如《司盟》之"凡邦国有疑会同，掌其盟约之载"。（哀八年景伯负载同）又十一年传"郑人赂晋侯歌钟二肆，晋侯以乐之半赐魏绛"，则如《小胥》之"凡县钟磬半为堵，全为肆"。又十八年传"师旷曰吾骤歌北风，又歌南风，不竞，多死声"，明如《大师》之"执同律，以听军声，而诏吉凶"。同年传"中行献子以朱丝系玉二穀而祷"，与哀二年传"卫太子之祷"，皆即《大祝》六辞之五曰祷。又二十一年传"祁奚谓叔向犹将十世，宥之，以劝能者"，即《小司寇》八辟之四曰议能。昭三十一年传"赵简子梦童子倮而歌，旦而日食"，占诸史墨曰"越得岁而吴伐之，必受其凶"，非《保章氏》所云"以十有二岁之相，观天下之妖祥"乎？定元年传"城成，宋仲畿不受功，士弥牟曰，予姑受劝归，吾视诸故府"，非《司约》所云"若有讼者则珥而辟藏"乎？八年传范献子执羔，赵简子、中行文子皆执雁，非如《大宗伯》所云"卿执羔，大夫执雁"乎？盖晋行《周礼》之证亦有六矣。

　　抑鲁、卫、郑、晋皆周姓国也，更证之异姓庶姓。庄十年宋人迁宿，《公羊传》曰："迁之者何？不通也，以地还也。"如成二年传"齐国佐曰使耕者东亩，则是土齐也"，非《大司马》所云"犯令陵政，则杜之"乎？文十一年传"宋公以门赏彤班，使食其征，谓之彤门"，非《司马》所云"以其财养死征之老"乎？哀二十六年传"宋使祝为载书"，非《诅祝》所云"作盟诅之载辞"乎？是宋行与其孤《周礼》之证者三。

宣十二年传"楚君之戎，分为二广，广有一卒，又使潘党率游阙四十乘"，非《车仆》所云"广车之萃，阙车之萃"乎？其战于邲也，乐伯射麇丽龟，使摄叔献晋鲍癸曰，以献禽之未至，敢膳诸从者。晋魏锜亦射一麋以献，楚潘党曰，兽人毋乃不给于鲜，敢献于从者，非《庖人》所云禽兽之六兽，《兽人》所云夏献麋乎？（邲战在夏六月）襄二十五年传"楚苪掩为司马，庀赋，书土田，度山林，鸠薮泽，辨京陵，表淳卤，数疆潦，规偃猪，町原防，牧隰皋，井衍沃"，非《大司徒》所云"以土会之法辨五地"，《小司徒》所云"经土地而井牧其田野"乎？是楚行《周礼》之证者三。

僖四年传"齐责楚以包茅不入，王祭不供，无以缩酒"，是邦国九贡之祀贡也。文九年秦人来归僖公成风之襚，是亦以丧礼哀死亡也。齐、秦行《周礼》之证者各有其一。（管子治齐，皆本《周礼》，别详管子礼证。）

若合诸国而证之，僖二十二年传"楚子入享于郑，九献加笾豆六品"，昭六年传"晋侯享季孙宿有加笾"，《笾人》所谓加笾之实，《醢人》所谓加豆之实也。

庄二十年传"郑伯曰司寇行戮，君为之不举"，成五年传"晋伯宗曰山崩川竭，君为之不举"，襄二十六年传"蔡声子曰，将刑为之不举"，《膳夫》所谓"天地有灾则不举，邦有大故则不举"也。

庄十一年传"宋大水，公使吊焉"，昭十八年传"宋、卫、陈、郑灾，许不吊灾，君子知许之先亡"，《大宗伯》所谓"以吊礼哀祸灾"也。

襄十八年传"晋荀偃济河，沈玉"，昭二十四年传"王子朝以成周之宝珪湛于河"，定三年传"蔡侯归，及汉执玉而沈"，《大宗伯》所谓"以狸沈祭山林川泽"也。

桓十四年秋八月乙亥尝，襄二十八年传"齐尝于太公之庙"，

《大宗伯》之尝秋也。

桓八年正月己卯烝，昭元年传"晋既烝，赵孟烝于温"，《大宗伯》之烝冬也。（襄十六年晋烝于曲沃同。）

闵二年吉禘于庄公，僖八年禘于大庙，襄十六年晋人亦曰以寡君之未禘祀，《司尊彝》所谓"四时之间祀"也。

僖三十一年传"卫甯武子曰不可以间成王、周公之命祀"，哀六年传"楚昭王曰三代命祀，祭不越望"，《大祝》所谓"禁督逆祀命"也。

昭五年传"公如晋，自郊劳至于赠贿，无失礼"。七年公如楚，孟僖子为介，及楚，不能答郊劳。僖三十三年传"齐国庄子来聘，自郊劳至于赠贿，礼成而加之以敬"。《司仪》所谓"诸公诸侯相为宾，郊劳致赠郊送，诸公诸侯之臣相为国客，其仪亦如之"也。

文十二年传"秦伯使西乞术来聘，襄仲辞玉"，成三年传"齐侯朝于晋，将授玉"，六年传"郑伯如晋，授玉于东楹之东"，定十五年"邾隐公来朝，执玉高，公受玉卑"，《典瑞》所谓"诸侯相见执圭璧，颊聘以琮圭璋璧琮"也。

隐十一年传"郑伯将伐许，授兵于大宫"，庄四年传"楚武王荆尸授师孑焉，以伐随"，《司兵》所谓"授兵用兵"也。

定八年传"晋师盟卫侯于郭泽，卫人请执牛耳"，哀十七年传"公会齐侯盟于蒙，武伯问于高柴曰，诸侯盟，谁执牛耳？季羔曰，郿衍之役，吴公子姑曹，发阳之役，卫石魋"，《戎右》所谓"盟则赞牛耳桃茢"也。

襄十四年传"卫献公射鸿于囿，不释皮冠"，昭十二年传"楚子狩于州来，皮冠，秦复陶"，二十年传"齐侯田于沛，不以皮冠招虞人，虞人不进"，《司服》所谓"凡甸冠弁服"也。

僖二十八年传"王命尹氏及王子虎内史叔兴父策命晋侯为侯伯"，

襄三十年传"郑使大史命伯石为卿，辞，大史复命之，三辞，乃受策，入拜"，《内史》所谓"凡命诸侯及孤卿大夫则策命之"也。

昭十二年传"楚左史倚相，能读三坟五典之书"，则如文十八年传"鲁史克知高阳氏八恺，高辛氏八元"，昭二十九年传"晋史墨知少皞氏四叔"，《外史》所谓"掌三皇五帝之书"也。

僖三十三年"晋襄公以三命命先且居将中军，以再命命先茅之悬赏胥臣"，襄二十年传"郑赐子展三命之服"，昭七年传"宋正考父之鼎铭，亦云一命而偻，再命而伛，三命而俯"，《典命》所谓"侯公伯之卿三命，大夫再命"也。

僖十五年传"晋朝国人而以君命赏，众皆哭，于是乎作爱田"，定八年传"卫朝国人问曰，若卫叛晋，晋五伐我，病何如矣"，哀元年传"陈朝国人而问焉，曰欲与楚者右，欲与吴者左"，《小司寇》所谓"致万民而询国危"也。

总此十有七证，合诸散见于鲁、周、卫、郑、晋、宋、楚、齐、秦者，都凡行《周礼》之证六十。可知《周礼》为诸国君卿大夫所用，与《周易》同，与《周诗》《周书》同。故杞桓公不用《周礼》，用夷礼，僖二十七年卑之曰"子"，犹不如介葛卢于二十九年来朝，知牛鸣，有《周礼》与兽言之遗风矣。其他若《国语》《论语》《晏子春秋》诸书可引证者尚多，不悉录也。

且春秋时有变古不用《周礼》者，无不谨书其始。《礼记·檀弓》"士有诔，自战于乘丘始"（庄十年），"复以矢，自战于升陉始"（僖二十二年），"髽而吊，自败于台鲐始"（襄四年）。"曾子问庙有二主，自齐桓公始，丧慈母自鲁昭公始"。《郊特牲》"庭燎之百，由齐桓公始"，"大夫奏《肆夏》，由赵文子始"，"公庙设于私家，大夫强而君杀之义，皆由三桓始"。《玉藻》"玄冠紫绥，自鲁桓公始"，"朝服之缟，自季康子始"。《杂记》"夫人不命于天子，自鲁昭公始"，"官于大夫者为之服，自管仲始"。《左传》于隐五年曰"始用六佾"，僖三十三年曰"晋于是始墨"，宣八年曰"始用葛茀"，十五年曰"初税亩"，成二年曰"始厚葬""始用殉"，十年曰"始用人于亳社"。溯其始末，变古之前，皆《周礼》也，作始也简，将毕也巨，驯至于家殊俗，国异政，遂疑春秋之时，绝不行用《周礼》。子贡不云乎，文武之道未坠于地，在人。向使《周礼》废坠不行，春秋后人亦何由赞大行，记考工，以《大司乐》章为《乐书》哉？（汪氏、陈氏为《周官》征文惜未考春秋）余尤惜春秋之前三百年，无西周之典籍，足以征之也。读陈先生此文，可知春秋时诸侯虽不能共秉《周礼》，而典制之遵用者，自《左传》一书观之，已多至六十证，《周礼》之非伪书，的然无疑矣。

第四节　周礼传授

贾公彦《序周礼废兴》引马融《传序》，曰："唯歆独识，知其周公致太平之道，迹具在斯。奈遭天下仓卒，兵革并起，疾疫丧荒，弟子死丧。徒有里人河南缑氏杜子春尚在，永平之初，年且九十，家于南山，能通其读，颇识其说，郑众、贾逵往受业焉。"孙诒让曰："马《序》述《周礼》隐显源流，最为清析。"《汉书·河间献王传》云："献王所得书，皆古文先秦旧书，《周官》《尚书》《礼》《礼记》《孟子》《老子》之属。"献王以孝景二年立，立二十六年，武帝元光五年薨。然则献王之得《周官》，与《周官》之入秘府，不知其孰先孰后。《释文·叙录》载或说云："河间献王开献书之路，时有李氏上《周官》五篇，失《事官》一篇，（冬官掌事典）乃购千金不得，取《考工记》以补之。"《隋·经籍志》云："李氏上于河间献王，献王补成，奏之。"杜佑《通典·礼》篇说同。《左传序》疏亦云："汉武帝时，河间献王献《左氏》及古文《周官》。"此则秘府之本，即献王所奏。但马《序》绝未之及，不知果足凭否。马《序》云"出山岩屋壁"，只谓薶藏荒僻，与淹中孔壁绝无关涉。《释文·叙录》引郑《六艺论》云："后得孔氏壁中河间献王古文《礼》五十六篇，《记》百三十一篇，《周礼》六篇。"审绎郑君《论》意，盖因古礼出于孔壁，《礼记》《周礼》则得之河间，故兼溯二原，不分区畛。又云"《周礼》六篇"者，亦由浑举大数。（案《考工记》疏引郑《目录》云古《周礼》六篇毕矣。是郑合经记为六篇也。）郑《论》与马《序》，固无戾也。而《曲礼》孔疏乃谓《六艺论》云"《周官》壁中所得六篇"，《后汉书·儒林传》亦谓"孔安国献《礼古经》五十六篇及《周官经》六篇"，斯并误会郑旨，妄滋异论。《太平御览·学部》引杨泉《物理论》云："鲁共王坏孔子旧宅，得《周官》，阙，无《冬官》，汉武购千金而莫有得者，遂以《考工记》备其数。"杨氏疑亦因《六艺论》文妄撰此说。《汉书·艺文志》《楚元王传》，刘歆《让太常博士书》及许君《说文叙》，备举孔壁所得经传，并无《周官》，足证范蔚宗及杨泉之误。《礼器》孔疏又谓汉孝文皇帝时，求得《周官》，"不见《冬官》一篇，乃使博士作《考工记》补之"，此尤谬悠之说，绝无根据者也。（孙诒让《周礼正义》文）案马融《传序》但云"《周官》出于山岩屋壁，入于秘府"，并未言为何人所献。《史记·封禅书》云"封禅用希旷绝，莫知其仪礼，而群儒采封禅《尚书》《周官》《王制》之望祀射牛事"，事似河间献王与诸儒采《周官》、诸子作《乐记》，而《艺文志》

言孝文时得魏文侯乐人窦公书，乃《周官·大司乐》章。是秘府早有《周官》之书，不特非孔安国所献，亦非河间王所献者矣。汉刘向以中古文《易》校施、孟、梁丘三家经文，此古文《易》亦未著为何人所献，正可与《周官》比例。以上均陈先生说。

兹记《周礼》师儒传授表如下：

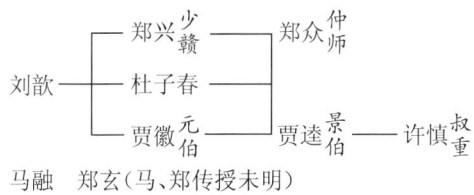

马融　郑玄（马、郑传授未明）

第五节　六官表

司马彪《续百官志》云："昔周公作《周官》，分职著明，法度相持，王室虽微，犹能久存。今其遗书，所以观周室牧民之德既至，又其有益来事之范，殆未有所穷也。"绍统此说表明《周官》之美，实为笃论。

《周礼》六官：一曰天官冢宰，掌治典；二曰地官司徒，掌教典；三曰春官宗伯，掌礼典；四曰夏官司马，掌政典；五曰秋官司寇，掌刑典；六曰冬官司空，掌事典。《冬官》亡佚，汉兴，购求千金不得，补《考工记》以备大数。兹作表如下：

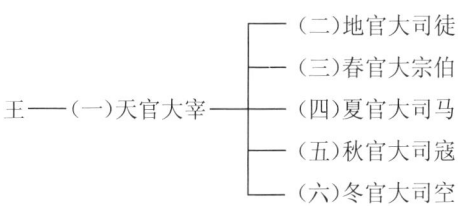

（一）大宰之职，掌建邦之六典，以佐王治邦国。一曰治典，二曰教典，三曰礼典，四曰政典，五曰刑典，六曰事典。郑玄《目录》云："象天所立之官。冢，大也。宰者，官也。天者统理万物，天子立冢宰，使掌邦治，亦所以总御众官，使不失职。不言司者，大宰总御众官，不主一官之事也。"

（二）大司徒之职，掌建邦之土地之图，与其人民之数，以佐王安扰邦国。郑《目录》云："象地所立之官。司徒主众徒。地载养万物，天子立司徒，掌邦教，亦所以安扰万民。"

（三）大宗伯之职，掌建邦之天神、人鬼、地示之礼，以佐王建保邦国。郑《目录》云："象春所立之官也。宗，尊也。伯，长也。春者出生万物，天子立宗伯，使掌邦礼，典礼以事神为上，亦所以使天下报本及始。不言司者，鬼神示，人之所尊，不敢主之故也。"

（四）大司马之职，掌建邦国之九法，以佐王平邦国。郑《目录》云："象夏所立之官。马者，武也，言为武者也。夏整齐万物，天子立司马，共掌邦政，政可以平诸侯，正天下，故曰统六师平邦国。"

（五）大司寇之职，掌建邦之三典，以佐王刑邦国，诘四方。郑《目录》云："象秋所立之官。寇，害也。秋者，遒也，如秋义杀害收聚敛藏于万物也。天子立司寇，使掌邦刑，刑者所以驱耻恶，纳人于善道也。"

（六）大司空考工记。郑《目录》云："象冬所立官也。是官名司空者，冬闭藏万物，天子立司空，使掌邦事，亦所以富立家，使民无空者也。《司空》之篇亡，汉兴，购求千金不得。此前世识其事者，记录以备大数，古《周礼》六篇毕矣。"

第六节　天官表

太宰及其佐贰表

官名及爵等名	大宰卿	小宰中大夫	宰夫下大夫	上士	中士	旅下士	府	史	胥	徒
人数	1	2	4	8	16	32	6	12	12	120
职掌	冢宰于百官无所不主	冢宰之副贰	小宰之副贰	宰夫之副贰	上士之副贰	中士之副贰,以其理众事,故称旅	主藏文书	主作文书	有才知为什长	民给徭役,若今卫士

太宰属官表

官名	官首爵等及人数	职掌	全官人数
宫正	上士二人	主宫中官之长	64
宫伯	中士二人	掌王宫宿卫	31
膳夫	上士二人	食官之长	152
庖人	中士四人	掌膳羞之官	70
内饔	中士四人	掌王及后世子之割烹	128
外饔	中士四人	掌外祭祀及邦飨孤子耆老之割烹	128
亨人	下士四人	主为外内饔煮肉者	62
甸师	下士二人	主供野物官之长	335
兽人	中士四人	掌供野兽之官	62

续表

官名	官首爵等及人数	职掌	全官人数
渔人	中士二人	掌捕鱼之官	342
鳖人	下士四人	掌取互物	24
腊人	下士四人	供脯腊膴胖食物	28
医师	上士二人	众医之长	30
食医	中士二人	调和食味者	2
疾医	中士八人	掌养万民之疾病	8
疡医	下士八人	掌肿疡溃疡之等	8
兽医	下士四人	专主医牛马之属	4
酒正	中士四人	酒官之长	110
酒人	奄十人	主造酒	340
浆人	奄五人	供王之六饮	170
凌人	下士二人	掌冰	94
笾人	奄一人	掌四笾之实	31
醢人	奄一人	掌四豆之实	61
醯人	奄二人	供醯物	62
盐人	奄二人	掌盐之政令	62
幂人	奄一人	掌供巾幂以覆饮食	31
宫人	中士四人	掌王六寝之修，又供王沐浴扫除之事	106
掌舍	下士四人	掌王之会同之舍	50
幕人	下士一人	掌帷幕帟绶之事	45
掌次	下士四人	掌王次之法，以待张事。幕人供之掌次张之	90
大府	下大夫二人	为王治藏之长，若汉司农	130

续表

官名	官首爵等及人数	职掌	全官人数
玉府	上士二人	掌王之金玉玩好兵器	78
内府	中士二人	主良货贿藏在内者	15
外府	中士二人	主泉藏在外者	15
司会	中大夫二人	主天下之大计，计官之长，若汉尚书	97
司书	上士二人	主计会之簿书	20
职内	上士二人	主入财赋	34
职岁	上士四人	掌岁出	44
职币	上士二人	主余币之官	38
司裘	中士二人	掌为大裘	52
掌皮	下士四人	掌敛皮革	50
内宰	下大夫二人	宫中官之长，治妇人之事	114
内小臣	奄上士四人	侍王后	14
阍人		司昏晨之启闭，每门四人	20
寺人		在王后之路寝	5
内竖		童竖通王内外之命给小事	10
九嫔		掌妇学之法	无定数
世妇		有妇德者充之	无定数
女御		《昏义》所谓御妻。御犹进也，侍也	无定数
女祝	四人	女奴晓祝事者	12
女史	八人	女奴晓书者	24
典妇功	中士二人	主妇人丝枲功官之长	40

续表

官名	官首爵等及人数	职掌	全官人数
典丝	下士二人	掌麻葛工之官	22
典枲	下士二人	掌麻葛工之官	26
内司服	奄一人	主宫中裁缝之长	11
缝人	奄二人	掌缝王及后之衣服	120
染人	下士二人	掌染丝帛	26
追师	下士二人	掌王后之首饰治玉石者	11
屦人	下士二人	掌王及后之服屦	16
夏采	下士四人	掌招魂之官	9

天官总人数表

卿	1
中大夫	4
下大夫	12
上士	42
中士	118
下士	179
府	85
史	148
胥	174
徒	2204
工	22
贾	44
正官总数	**3033**

续表

奄上士	4
寺人等	44
内司服	10
缝人女御	10
女祝	4
女史	8
女奴	125
奚	672
奴	80
女官女庶人等总数	899
共数	3980

上表系可计之数。此外如九嫔、世妇、女御无员数，阍人每门四人，有员数，无总数，不可计。

宫正贾疏云："上大宰至旅下士，揔驭群职，故为上首。自宫正至夏采六十官，随事缓急为先后，故自宫正至宫伯二官，主宫室之事，安身先须宫室，故为先也。自膳人至腊人，皆供王膳羞、饮食、馔具之事，人之处世，在安与饱，故食次宫室也。自医师以下至兽医，主疗疾之事，有生则有疾，故医次食馔也。自酒正至宫人，陈酒饮肴羞之事，医治既毕，须酒食养身，故次酒肴也。自掌舍至掌次，安不忘危，出行之事，故又次之。自大府至掌皮，并是府藏计会之事，既有其余，理须贮积，或出或内，宜计会之，故相次也。自内宰至屦人，陈后夫人以下，内教妇功妇人衣服之事，君子明以访政，夜以安息，故言妇人于后也。夏采一职，记招魂，以其死事，故于末言之也。"

第七节　地官表

大司徒及其副贰表

官名及 爵等名	大司徒 卿	小司徒 中大夫	乡师 下大夫	上士	中士	旅下士	府	史	胥	徒
人数	1	2	4	8	16	32	6	12	12	120
职掌	掌邦畿土地政教之事，兼领六乡国中四郊之地	大司徒之副贰	佐司徒主六乡	乡师之副贰	上士之副贰	中士之副贰	主藏文书	主作文书	什长	民给役者

乡官表

官名及 爵等名	乡老 公		乡大夫 卿	州长 中大夫	党正 下大夫	族师 上士	闾胥 中士	比长 下士
人数	二乡则 公一人		每乡 一人	每州 一人	每党 一人	每族 一人	每闾 一人	每比 一人
附录	六乡共有三公，内与王论道，中参六官之事，外与六乡之教，其要为民，是以属之乡焉		五州为乡，属于司徒	五党为州	五族为党	四闾为族	五比为闾	五家为比

遂人及其副贰表

官名及爵等名	遂人中大夫	遂师下大夫	上士	中士	旅下士	府	史	胥	徒
人数	2	4	8	16	32	4	12	12	120
职掌	遂人通掌遂甸以外土地政教之事，而兼领六遂公邑之地	遂人之副贰	遂师之副贰	上士之副贰	中士之副贰	主藏文书	主作文书	什长	徭役

遂官表

官名及爵等名	遂大夫中大夫	县正下大夫	鄁师上士	鄷长中士	里宰下士	邻长
人数	每遂一人	每县一人	每鄁一人	每鄷一人	每里一人	五家一人
附录	五县为遂,属于遂人	五鄁为县	五鄷为鄁	四里为鄷	五邻为里	五家为邻

市官表

官名	司市	质人	廛人	胥师	贾师	司虣	司稽	胥	肆长
职掌及人数				自胥师至司稽,市长所自辟除。胥师二十肆则一人,皆二史,为群胥之长	二十肆则一人,皆二史。贾师,知物贾者	十肆则一人,禁暴乱者	五肆则一人。司稽,察流连不时去者	二肆则一人,胥与肆长,市中给徭役者	每肆则一人

附王畿千里之图

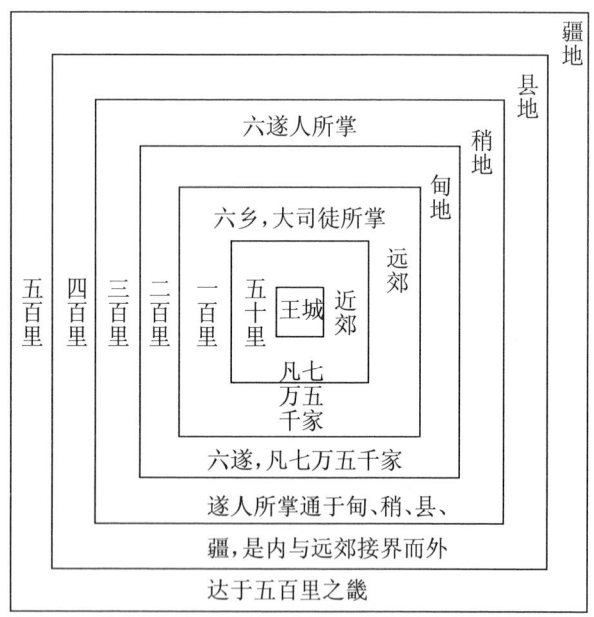

大司徒属官表

官名	官首爵等及人数	职掌	全官人数
封人	中士四人	掌设王之社壝，为畿封而树之	84
鼓人	中士六人	主教六鼓四金之音声	30
舞师	下士二人	主教兵舞	46
牧人	下士六人	掌牧六牲以供祭祀	69
牛人	中士二人	主牧公家之牛者	232
充人	下士二人	主养牲而使之肥	48
载师	上士二人	掌税之官	78
闾师	中士二人	主征六乡赋贡之税	24

续表

官名	官首爵等及人数	职掌	全官人数
县师	上士二人	掌公邑官之长	100
遗人	中士二人	掌施予之事，取馈遗为名	56
均人	中士二人	掌均乡遂公邑土地征役	56
师氏	中大夫一人	掌小学之官	139
保氏	下大夫一人	与师氏同教国子	73
司谏	中士二人	掌教万民之官	24
司救	中士二人	以礼防禁人之过者	24
调人	下士二人	掌和难与教万民	14
媒氏	下士二人	掌男女之和合	14
司市	下大夫二人	市官之长（附表）	174
质人	中士二人	主平定物价者	34
廛人	中士二人	掌市宅之税	34
泉府	上士四人	掌市中所征收之泉	128
司门	下大夫二人 每门下士二人	主王城之十二门 掌每门之开闭	80 9
司关	上士二人 每关下士二人	主界上之关，凡十二关 掌关门开闭	100 9
掌节	上士二人	节，行道所用，此官掌之	34
旅师	中士四人	掌聚六遂以外之锄粟以备饥（锄粟以农民合耦者同出之粟，与官赋不同）	106
稍人	下士四人	主公邑军赋之官	18
委人	中士二人	掌刍薪之委积	52
土均	上士二人	主平邦国都鄙土地之政令	64
草人	下士四人	主芟草以成谷之官	18

续表

官名	官首爵等及人数	职掌	全官人数
稻人	上士二人	掌种稻于低下地	130
土训	中士二人	掌训说土地善恶之势	16
诵训	中士二人	掌道方志以知地俗	16
山虞	每大山中士四人 中山下士六人 小山下士二人	主度知山之大小及所生者	106 74 23
林衡	每大林麓下士十二人 中林麓下士六人 小林麓下士二人	主平林麓之大小及所生者 （竹木生平地曰林，山足曰麓）	148 74 23
川衡	每大川下士十二人 中川下士六人 小川下士二人	主平知川之远近宽狭及物之所生	148 74 23
泽虞	每大泽大薮中士四人 中泽中薮下士六人 小泽小薮下士二人	主度知泽之大小及物之所出	106 74 23
迹人	中士四人	掌踪迹禽兽，知其所藏匿之处	54
丱人	中士二人	主取金玉于矿	54
角人	下士二人	掌以时征取齿角凡骨物于山泽之农	11
羽人	下士二人	掌以时征羽翮于山泽之农	11
掌葛	下士二人	掌以时征绤绤于山林之农	26
掌染草	下士二人	掌以春秋敛染草之物	13
掌炭	下士二人	掌以时征灰物炭物	24
掌荼	下士二人	掌以时聚荼（茅莠）以供丧事	24
掌蜃	下士二人	掌敛蜃蛤之类	12
囿人	中士四人	掌苑囿之兽禁	102

续表

官名	官首爵等及人数	职掌	全官人数
场人	每场下士二人	掌国之场圃	24
廪人	下大夫二人	廪人为舍人、仓人、司禄官之长	384
舍人	上士二人	主平宫中用谷者	56
仓人	中士四人	掌粟入之藏	62
司禄	中士四人	主班禄（职阙）	58
司稼	下士八人	主使民后年种谷所宜之地	52
舂人	奄二人	掌祭祀宾客牢礼之米	9
饎人	奄二人	主炊之官	50
槀人	奄八人	主冗食者	15

地官总数表

卿	1
中大夫	5
下大夫	15
上士	48
中士	148
下士	320
府	103
史	219
胥	202
徒	2628
贾	8
乡官公	3
卿	6
中大夫	30
下大夫	150
上士	750
中士	3000
下士	15000

续表

遂官中大夫	6
下大夫	30
上士	150
中士	750
下士	3000
无爵者	15000
正官总数	41572
奄	12
奚	85
女奴	26
女庶人总数	111
共数	41695

上表系可计之员数。此外，如山虞、林衡、川衡、泽虞、场人（以上有爵者）及无爵者之胥师、贾师、司虣、司稽、胥、肆长，皆有员数，无总数，不可计。

第八节　春官表

大宗伯及其副贰表

官名及爵等名	大宗伯卿	小宗伯中大夫	肆师下大夫	上士	中士	旅下士	府	史	胥	徒
人数	1	2	4	8	16	32	6	12	12	120
职掌	揔掌三十六礼之等	副贰大宗伯之事	佐宗伯陈列祭祀之位及牲器粢盛							

194

卜筮官表

官名	大卜	卜师	卜人		龟人	菙氏	占人	簭人
爵名	下大夫	上士	中士	下士	中士	下士	下士	中士
人数	2	4	8	16	2	2	8	2
全官人数	78				54	11	19	9
职掌	卜筮官之长	掌三兆三易之事	助大卜卜师行事		掌藏六龟以俟卜	掌供钻龟之燋焌	掌占筮龟之卦兆吉凶	以著占者

世妇表（女官）

爵名	卿	下大夫	中士	女府	女史	奚
每官人数	2	4	8	2	2	16
职掌	此世妇系命妇，与天官世妇为内命妇者不同。此主以礼佐后者。王后六宫共十二卿	卿之副贰	下大夫之副贰			女奴给事者

乐官表

官名	大司乐	乐师	大胥	小胥	大师	小师	乐工				典同	磬师	钟师	笙师	镈师	韎师	旄人	籥师	籥章	鞮鞻氏	典庸器	司干
爵名	中大夫	下大夫	中士	下士	下大夫	上士	上瞽	中瞽	下瞽	视瞭	中士	中士	中士	中士	中士	下士	下士	中士	中士	下士	下士	下士
人数	2	4	4	8	2	4	40	100	160	300	2	4	4	2	2	4	4	4	2	4	4	2

续表

全官人数	130	58	750						26	62	82	21	32	60	30	30	30	28	98	26
职掌	乐官之长，掌教国子六乐六舞等，大司乐与乐师同官别职	教国子小舞	以六乐之会正舞位，以序出入舞者，大胥与小胥同官别职	正乐县之位	大师为乐工之长	副大师为乐工之长	上中下以其才艺有高下故分三等，皆乐工也	为瞽矇之相每瞽一相故三百人亦兼习乐事	掌调乐器之官	掌教击磬编钟并教缦乐	掌金奏而奏九夏	掌教吹竽笙埙籥等	掌金奏之鼓	掌金镈乐	掌教舞散乐舞夷乐	掌教国子舞夷乐	吹籥以为诗章	掌四夷之乐与其声歌	掌藏乐器庸器	掌舞器祭祀授舞器

大宗伯属官表

官名	官首爵等及人数	职掌	全官人数
郁人	下士二人	掌裸器	13
鬯人	下士二人	掌供秬鬯	12
鸡人	下士一人	供鸡牲	6
司尊彝	下士二人	掌六彝六尊之位	30
司几筵	下士二人	掌五几五席之用及位	13
天府	上士一人	掌祖庙之守藏	31
典瑞	中士二人	掌玉瑞玉器之藏	17
典命	中士二人	掌礼命之事	17

续表

官名	官首爵等及人数	职掌	全官人数
司服	中士二人	掌王之吉凶衣服	16
典祀	中士二人	掌外祭祀之兆	54
守祧	奄八人	掌守先王先公之庙祧	14
世妇		（别有表）	
内宗		助祭祀者（王同姓之女）	无常数
外宗		助祭祀者（王诸姑姊妹之女）	无常数
冢人	下大夫二人	掌公墓之地	144
墓大夫	下大夫二人	掌邦墓之地域令国民族葬	236
职丧	上士二人	主公卿大夫之丧	64
大司乐至司干		（别有表）	
大卜至簭人		（别有表）	
占梦	中士二人	以日月星辰占六梦之吉凶	8
眡祲	中士二人	掌十煇之法以观妖祥辨吉凶	8
大祝	下大夫二人	祝官之长，掌六祝之辞以事鬼神示	80
小祝	中士八人	佐大祝所有事	
丧祝	上士二人	掌大丧劝防之事等	62
甸祝	下士二人	掌田狩之祝	8
诅祝	下士二人	掌盟诅	8
司巫	中士二人	巫官之长	15
巫师	中士四人	巫，能制神之处位次主者	男巫、女巫无数

续表

官名	官首爵等及人数	职掌	全官人数
大史	下大夫二人	史官之长	86
小史	中士八人	大史之副贰	
冯相氏	中士二人	掌岁月星辰之位	20
保章氏	中士二人	掌日月星辰之变动	20
内史	中大夫一人	亦曰右史，为外史御史之长	87
外史	上士四人	掌书外令及三皇五帝之书	50
御史	中士八人	亦掌藏书，亦曰柱下史	192
巾车	下大夫二人	车官之长	197
典路	中士二人	掌王及后之五路	32
车仆	中士二人	掌五种兵车之副	32
司常	中士二人	掌九旗之物名	54
都宗人	上士二人	掌都之祭祀之礼	56
家宗人	上士二人	掌家之祭祀之礼	56
以神仕者			无数

春官总人数表

卿	1
中大夫	5
下大夫	24
上士	49
中士	150
下士	275
府	108
史	263
胥	158
徒	1760
工	104

续表

正官总数	2797
瞽蒙 视瞭 靺师舞者	300 300 16
乐官等无爵者总数	616
宫卿 下大夫 中士 女府 女史 奚 女桃 奚	12 24 48 12 12 96 16 32
女官总数	252
奄	8
共数	3673

　　上表系可计之员数。此外，内宗、外宗、旄人、舞者，男巫、女巫、以神仕者，并无员数，又都宗人、家宗人皆有员数，而无总数，不可计。

第九节　夏官表

大司马及其副贰表

官名及爵等名	大司马卿	小司马中大夫	军司马下大夫	舆司马上士	行司马中士	旅下士	府	史	胥	徒
人数	1	2	4	8	16	32	6	16	32	320
职掌	政官之正，大总六军	政官之贰（职掌阙）	政官之考（职掌阙）	掌兵车（职掌阙）	掌徒卒（职掌阙）					

军制表

军伍名	军官	军官爵名	军官人数	军伍人数	出赋地	车数	全军军伍数	附录
军	军将	卿	1	12500	一乡	500	1	每军则二府，六史，胥十人，徒百人。有军事则置之，无则已。
师	师帅	中大夫	1	2500	一州	100	5	
旅	旅帅	下大夫	1	500	一党	20	25	
卒	卒长	上士	1	100	一族	4	125	
两	两司马	中士	1	25	一闾	1	500	
伍	伍长	下士	1	5	一比		2500	

　　孙诒让曰："六军出于六乡，其军将以下，即六乡之吏也。至出军征伐，则王于军将之中，特命一人为统帅；而乡吏之中间有不任武事者，则或依爵秩易置之。六乡置军命将之法，盖大略如是。其六遂及都鄙，虽无豫定之军籍，而或遇征伐事多，及师无功六军不足用，则亦调发及之，其军制及卒伍之等数，亦当与六乡略同

云。"江永云："州出二千五百人为师，师帅中大夫即州长也。党出五百人为旅，旅帅下大夫即党正也。族出百人为卒，卒长上士即族师也。"孙诒让又曰："二十有五人为两者，此以车一乘为名也。盖两即车一乘之名也。"

大司马属官表

官名	官首爵等及人数	职掌	全官人数
司勋	上士二人	掌功赏之事	34
马质	中士二人	主买马平其大小之价值	17
量人	下士二人	掌以丈尺量地	15
小子	下士二人	主祭祀之小事	11
羊人	下士二人	掌羊牲	13
司爟	下士二人	主行火之政令	8
掌固	上士二人	主畿疆守固之事	60
司险	中士二人	掌天然之险阻	48
掌疆	中士八人	掌守疆界（职已阙）	188
候人	上士六人	候迎宾客之来者	144
环人	下士六人	掌致师察军慝	20
挈壶氏	下士六人	主挈壶水以为漏	20
射人	下大夫二人	主射事	42
服不氏	下士一人	掌教扰猛兽	5
射鸟氏	下士一人	掌射鸟	5
罗氏	下士一人	掌罗鸟	9
掌畜	下士二人	掌养鸟	26
司士	下大夫二人	掌以德诏爵，以功诏禄	70
诸子	下大夫二人	主公卿大夫士之子者，若有甲兵之事则授之事	32

续表

官名	官首爵等及人数	职掌	全官人数
司右	上士二人	有勇力之士充王车右	102
虎贲氏	下大夫二人	掌主出入先后仪卫之事	904
旅贲氏	中士二人	掌执戈盾夹王车而趋	28
节服氏	下士八人	世为王节所衣服	12
方相氏	狂夫四人	主惊殴疫疠之鬼	4
大仆	下大夫二人	仆御之长	
小臣	上士四人	皆侍从之官	52
祭仆	中士六人		
御仆	下士十二人		
隶仆	下士二人	掌五寝扫除粪洒之事	49
弁师	下士二人	掌冕弁诸首服	12
司甲	下大夫二人	兵戈盾官之长（职阙）	110
司兵	中士四人	掌五兵五盾及授兵从司马之法	32
司戈盾	下士二人	掌戈盾之物而颁之	9
司弓矢	下大夫二人	弓弩矢箙官之长	110
缮人	上士二人	掌王之用弓弩矢箙	31
槀人	中士四人	掌六弓八矢四弩	32
戎右	中大夫二人	充戎路之右，田猎亦为之右	4
齐右	下大夫二人	充玉路金路之右	2
道右	上士二人	充象路之右	2
大驭	中大夫二人	驭之最尊者	2
戎仆	中大夫二人		2
齐仆	下大夫二人	皆为王驭者	2
道仆	上士十二人		12

续表

官名	官首爵等及人数	职掌	全官人数
田仆	上士十二人		12
驭夫	中士二十人	掌驭贰车、从车、使车之等	60
校人	中大夫二人	马官之长，凡军事物马而颁之	122
趣马	下士皂一人	掌正良马而齐其饮食	5
巫马医	下士二人四人	巫知马祟，医知马病	31
牧师	下士四人	主牧放马而养之	48
廋人	下士闲二人	掌养马者	24
圉师		掌养马刍牧之事	3
职旅	中大夫四人 下大夫八人	主四方之职贡者 主四方官之长	224
土方氏	上士五人	主四方邦国之土地	77
怀方氏	中士八人	主来四方之民及其物	60
合方氏	中士八人	主合同四方之事	60
训方氏	中士四人	主教道四方之民	60
形方氏	中士四人	主制四方邦国之形体	56
山师	中士二人	掌山林名物之官	56
川师	中士二人	掌大泽名物之官	56
原师	中士四人	掌平原之名	112
匡人	中士四人	主正诸侯以法则	16
撢人	中士四人	主探序王意以语天下	16
都司马	每都上士二人	主采地之军赋	112
家司马		各使其臣以正于公司马	

夏官总人数表

卿	1
中大夫	14
下大夫	30
上士	60
中士	158
下士	267
府	70
史	205
胥	245
徒	2188
贾	8
工	4
医	4
虎士	80
狂夫	4
正官总数	4071

上表系可计之员数。此外如趣马，每皂下士一人，徒四人。依经，下士二百四人，徒一千七百四十四人；依郑读，下士一百九十八人，徒一千一百五十二人。圉师每乘一人，徒二人。圉人，良马每匹一人，驽马每丽一人。依经，圉师七百三十二人，徒一千四百六十四人，圉人三千六百九十六人；依郑读，圉师六百四十八人，徒一千七百二十八人，圉人二千八百八人。未知孰是。又都司马，每都上士二人，中士四人，下士八人，府二人，史八人，胥八人，徒八十人，有员数，无总数。又家司马，无员数。又六军，军将卿六人，师帅中大夫三十人，旅帅下大夫百五十人，卒长上士七百五十人，两司马中士三千人，伍长下士一万五千人，府十二人，史三十六人，胥六十人，徒六百人，皆出军权置。以上三者皆不可计。大凡可计者，总四千七十一人。

第十节　秋官表

大司寇及其副贰表

官名及爵等名	大司寇卿	小司寇中大夫	士师下大夫	乡士上士	中士	旅下士	府	史	胥	徒
人数	1	2	4	8	16	32	6	12	12	120
职掌	刑官之正	刑官之贰	刑官之考	主六乡狱讼兼掌国中之狱讼	乡士之副贰	小官理众事者				

大司寇属官表

官名	官首爵等及人数	职掌	全官人数
遂士	中士十二人	主六遂之狱	162
县士	中士三十二人	主县之狱	232
方士	中士十六人	主四方都家之狱	216
讶士	中士八人	掌四方之狱讼	108
朝士	中士六人	主外朝之法	81
司民	中士六人	掌登万民之数	48
司刑	中士二人	掌五州之法	27
司刺	下士二人	掌三刺三宥三赦之法	9
司约	下士二人	掌邦国及万民之约剂	9
司盟	下士二人	掌盟载之法	9
职金	上士二人	掌受金罚货罚	100
司厉	下士二人	掌举没盗贼人民任器之等	15

续表

官名	官首爵等及人数	职掌	全官人数
犬人	下士二人	凡祭祀供犬牲	25
司圜	中士六人	掌收教罢民	203
掌囚	下士十二人	掌守盗贼凡囚者	150
掌戮	下士二人	掌刑杀之事	15
司隶	中士二人	掌五隶之法	249
罪隶	（役员）	盗贼之家为奴者	120
蛮隶	凡此皆选以为役员	征南夷所获	120
闽隶	者其余谓之隶	闽南蛮之别种	120
夷隶	凡此皆选以为役员	征东夷所获	120
貉隶	者其余谓之隶	征东北夷所获	120
布宪	中士二人	主表刑禁者	56
禁杀戮	下士二人	禁民相杀戮之事	15
禁暴氏	下士六人	掌禁庶民之乱暴力正者	75
野庐氏	下士六人	掌达道路之官	138
蜡氏	下士四人	掌除骴	44
雍氏	下士二人	掌沟渎浍池之禁	10
萍氏	下士二人	掌国之水禁	10
司寤氏	下士二人	禁晨行宵行夜游者	10
司烜氏	下士六人	掌火禁	18
条狼氏	下士六人	掌执鞭以趋避	72
修闾氏	下士二人	掌比国中宿互柝者	15
冥氏	下士二人	掌攻猛兽	10

续表

官名	官首爵等及人数	职掌	全官人数
庶氏	下士一人	掌除毒蛊	5
穴氏	下士一人	掌攻蛰兽	5
翨氏	下士二人	掌攻猛鸟	10
柞氏	下士八人	掌攻草木	28
薙氏	下士二人	掌杀草	22
硩蔟氏	下士一人	掌覆夭鸟之巢	3
翦氏	下士一人	掌除蠹物	3
赤犮氏	下士一人	主除虫豸自埋者	3
蝈氏	下士一人	掌去蛙黾	3
壶涿氏	下士一人	掌除水虫	3
庭氏	下士一人	掌射国中妖鸟	3
衔枚氏	下士二人	大祭祀令禁无嚻	10
伊耆氏	下士一人	掌供杖	3
大行人	中大夫二人	皆掌宾客之礼	162
小行人	下大夫四人		
司仪	上士八人		
行夫	下士三十二人	主国使之礼	
环人	中士四人	主围宾客、任器，为之守卫	52
象胥	每翟上士一人	掌四夷之国使以传宾主之语	31
掌客	上士二人	掌宾客牢礼之陈	31
掌讶	中士八人	掌迎宾客	58
掌交	中士八人	主交通结诸侯之好	46
掌察		（职阙）	28
掌货贿	下士十六人	（职阙）	52

续表

官名	官首爵等及人数	职掌	全官人数
朝大夫	每国上士一人	掌都家之国治	37
都则	中士一人	（职阙）	90
都士	每都中士二人	（职阙）	56
家士	每家中士士人	（职阙）	56

秋官总人数表

卿	1
中大夫	4
下大夫	8
上士	26
中士	164
下士	251
府	70
史	159
胥	165
徒	2208
贾	4
五隶	600
正官总数	3660

上表系可计之员数。此外，朝大夫、都则、都士、家士皆有员数，无总数，不可计。

第十一节　考工记

　　《司空》篇亡确在何时，及《考工记》补亡出于何人，郑《录》无文。《明堂位》说官数云："周官三百。"注云："周官三百六十。此云三百者，时《冬官》亡矣。"则似谓亡于先秦以前，而补以此记则在汉世。《释文·叙录》及《隋·经籍志》并谓"河间献王时李氏上《周官》五篇，失《事官》一篇，乃购千金不得，取《考工记》以补之"。据此，是购经补记皆河间献王事。然贾《叙废兴》引马融《序》则云："刘向、子歆校理秘书，著于《录》《略》，然亡其《冬官》一篇，以《考工记》足之。"寻绎马意，或以二刘校上，此经始显，因追叙补阙之事，属文先后偶尔不次，未必《周官》初得，六篇本自备具，至向、歆校书时，乃阙《冬官》，而足以《考工记》也。然则马叙所言与陆叙本无不合。《太宰》贾疏谓"《冬官》六国时亡，其时以《考工记》代之"。《御览·学部》引《物理论》谓"鲁共王得《周官》，阙《冬官》。汉武购千金莫得，以《考工记》备其数"。《礼器》孔疏又谓文帝得《周官》，不见《冬官》，使博士作《考工记》补之"。斯并不经之论，不足凭信。王应麟云："《齐书》文惠太子镇雍州，有盗发楚王冢，获竹书十余简，以示王僧虔，僧虔曰是科斗书《考工记》。科斗书汉时已废，则记非博士作也。"案王说是也。考《汉书》，河间献王以孝景前二年立，武帝元光五年薨，故马《传》谓《周官》之出在武帝时。若文帝时献王尚未受封，何云已得《周官》？且《汉书·艺文志》云："《周官经》，王莽时，刘歆置博士。"是孝文时，此经亦尚无博士，故赵岐《孟子题辞》载孝文所立博士，有《论语》《孝经》《孟子》

而无《周官》，安得有博士作记补经之事？足证其妄矣。据郑云"记录出于前代"，则是成于晚周，故贾疏云："虽不知作在何日，要知在于秦以前，是以得遭秦灭焚典籍，《韦氏》《裘氏》等阙也。"《士冠礼》疏亦云："《考工记》，六国时所录。"江永云："《考工记》，东周后齐所作也。其言'秦无卢''郑之刀'，厉王封其子友，始有郑；东迁后，以西周故地与秦，始有秦；故知为东周时书。其言'橘逾淮而北为枳''鹳鹆不逾济''貉逾汶则死'，皆齐鲁间水；而'终古''戚速''椑茭'之类，郑注皆以为齐人语，故知齐人所作也。"（孙诒让《周礼正义》）

总括上说得二要义：（一）《冬官》亡于先秦以前。（二）《考工记》东周后齐人所作。案《考工记》决非汉博士所作，自无疑义，《冬官》亡佚究在何时，不能确定，颇疑孔子时本已不存。《汉·艺文志》所谓"及周之衰，诸侯将越法度，恶其害己，皆灭去其籍，自孔子时而不具"者是也。《冬官》何以独亡者？郑《目录》云："天子立司空，使掌邦事，亦所以富立家，使民无空者也。"春秋以下，诸侯卿相莫不奢侈骄富，岂复以救民困穷为急务，冬官欲使民无空，适招当时君臣之忌，故首废弃之。观于正考甫得名颂十二，而亡者竟至七篇，则孔子时，《周礼》不必全经，无足怪也。《中庸》出于子思子，去孔子时代不远，已称《礼经》三百，说者以为周官三百六十，此举成数言之。案《诗》三百十一篇，举成数，故称三百耳。若余数六十，而又正为一官之数，似不应略去不言，故疑孔子时《冬官》已亡也。

《考工记》云："国有六职，百工与居一焉。"郑注云："百工事官司空之属，于天地四时之职，亦处其一也。司空掌营城郭，建都邑，立社稷宗庙，造宫室车服器械。"孙诒让疏曰："贾疏云：'郑据本而言。案《小宰》职云：六曰冬官，其属六十，掌邦事。此百工即其属六十，言百者，举大数耳。（案此以六十称百。若孔子时六官具存，则《中庸》似当云《礼经》四百矣。）但为其篇亡，故六十之官不见，记人以此三十工代之也。'诒让按《月令》'季春，命工师令百工'，注云'工师，司空之属官也'。又'孟冬，命工师效功'，注云'工师，工官之长也'。是冬官之属，有工师与匠师、梓师同领诸工，而前五官亦或有给事之工，若《玉府》《典妇功》诸职所属之工皆是也。此经三十工并即在官之工，故有明堂、城郭、沟洫、瑞玉、量器诸制，而《梓人》又著梓师监视之法，是其证矣。此篇本为纪识工事之专书，不为补冬官而作，汉时因其与事职相应，取以补阙耳。贾谓记人以三十工代六十官，失之。"

三十工表

（1）轮人为轮　轮人为盖	（19）玉人
（2）舆人为车	（20）柳人（阙）
（3）𫐐人为𫐐	（21）雕人（阙）
（4）筑氏为削	（22）磬人
（5）冶氏为杀矢	（23）矢人
（6）桃氏为剑	（24）陶人
（7）凫氏为钟	（25）瓬人
（8）㮚氏为量	（26）梓人为笋虡
（9）段氏（阙）	梓人为饮器
（10）函人为甲	梓人为侯
（11）鲍人	（27）庐人
（12）韗人为皋陶	（28）匠人建国
（13）韦氏（阙）	匠人营国
（14）裘氏（阙）	匠人为沟洫
（15）画（人）缋（人）	（29）车人
（16）钟氏	车人为耒
（17）筐人（阙）	车人为车
（18）㡛氏	（30）弓人

第十二节　井田

《大司徒·遂人》职云："凡治野田（'田'字依王念孙说加），夫间有遂，遂上有径；十夫有沟，沟上有畛；百夫有洫，洫上有涂；千夫有浍，浍上有道；万夫有川，川上有路，以达于畿。"郑注云："十夫，二邻之田；百夫，一酂之田；千夫，二鄙之田；万夫，四县之田。遂、沟、洫、浍，皆所以通水于川也。遂，广深各二尺，沟倍之，洫倍沟。浍，广二寻，深二仞。径、畛、涂、道、路，皆所以通车徒于国都也。径容牛马，畛容大车，涂容乘车一轨，道容二轨，路容三轨。都之野涂与环涂同，可也。万夫者，方三十三里少半里，九而方一同。以南亩图之，则遂纵沟横，洫纵浍横，九浍而川周其外焉。去山陵、林麓、川泽、沟渎、城郭、宫室、涂巷三分之制，其余如此，以至于畿，则中虽有都鄙，遂人尽主其地。"案自来言井田制度者，至为纷纭，难得确说，兹据程瑶田《沟洫疆理小记》略录其说并图如下。

《遂人》职云："凡治野，夫间有遂，遂上有径；十夫有沟，沟上有畛；百夫有洫，洫上有涂；千夫有浍，浍上有道；万夫有川，川上有路，以达于畿。"郑氏注："以南亩图之，则遂纵沟横，洫纵浍横，九浍而川周其外焉。"按亩，长亩也。一夫之田，析之百畎，以为百亩。南亩者，自北视之，其亩横陈于南也。南亩故畎横，畎流于遂，故遂纵。遂在两夫之间，故谓之夫间，夫间，东西之间也。其南北之间，则沟横连十夫，故曰十夫有沟。不可谓二十夫之间，故变间言夫也。

图一

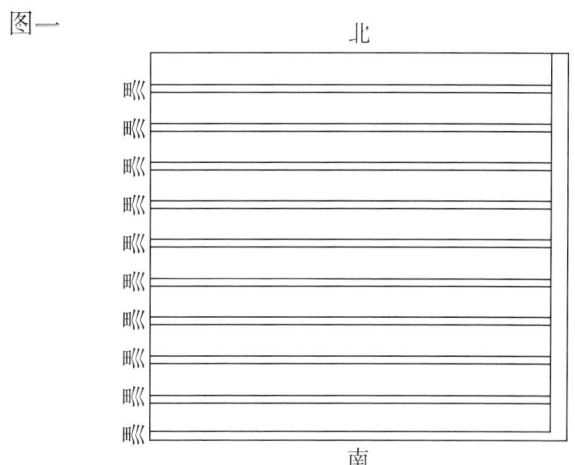

北

南

此一夫百亩中容百畎也。以图中难画百畎，故但作十畎。（广尺深尺谓之畎，广二尺深二尺谓之遂，广四尺深四尺谓之沟。）

沟经十夫流入洫，洫之长如沟，纵承十沟，十沟之水皆入焉，故曰百夫有洫也。洫之水入浍，浍长十倍于洫，而横十洫之分布千夫中者，故曰千夫有浍也。

图二

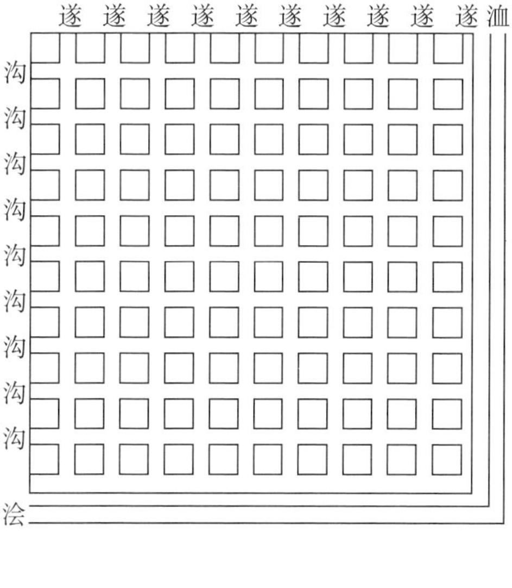

每方空中容前图夫百亩也。此图见十夫共一沟之法，又见百夫共一洫之法。（广八尺深八尺谓之洫，广二寻深二仞谓之浍。）

浍十之横贯万夫之中，十浍之水并入于川，故曰万夫有川，浍横川自纵也。郑氏谓九浍而川周其外，恐不然矣。

图三

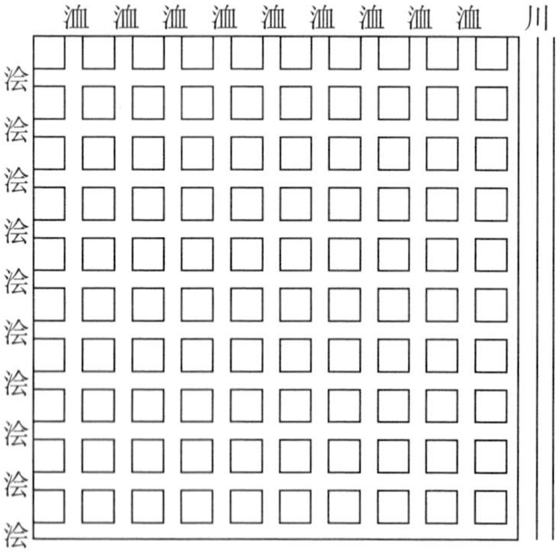

此图中容万夫，每方空中容前图百夫者也。此图见千夫共一浍之法也。

匠人为沟洫，耜广五寸，二耜为耦，一耦之伐（伐之言发也），广尺深尺谓之畎。田首倍之，广二尺深二尺谓之遂。九夫为井，井间广四尺深四尺谓之沟。方十里为成，成间广八尺深八尺谓之洫。方百里为同，同间广二寻深二仞谓之浍。专达于川，各载其名。凡天下之地势，两山之间必有川焉，大川之上必有涂焉。郑注曰："此畿内采地之制，九夫为井，井者，方一里，九夫所治之田也。采地制井田，异于乡遂及公邑。三夫为屋，屋，具也。（程瑶田曰谓之屋者，三夫相连绵如屋然。）一井之中，三屋九夫，三三相具，以出赋税。共治沟也。方十里为成，成中容一甸，甸方八里，出田税，缘边一里治洫。方百里为同，同中容四都、六十四成，方八十里，出田税，缘边十里治浍。采地者，在三百里、四百里、五百里之中。”

陈乔枞曰：“《司马法》‘井十为通，通十为成，成十为终，终十为同’，统言土地之数耳。其实井邑丘甸县都之法（《小司徒》职曰九夫为井，四井为邑，四邑为丘，四丘为甸，四甸为县，四县为都），皆积四成八。成容一甸，甸六十四井，方八里，纵横数之皆八井，八八为六十四井也。同容四都，六十四成，为四千九十六井，积六十四甸之数，纵横数之皆八甸，为六十四成也。则其沟洫之制，自当从井法，而八井共一沟，成为八沟，八沟之水皆注之洫；八成共一洫，洫长终同，同为八洫，八洫之水咸注之浍，方为合制。故《匠人》文但言井间、成间、同间，与《遂人》制异也。知《匠》《遂》沟洫之异，则不当仍仿《遂人》之意以十为数。”

图四

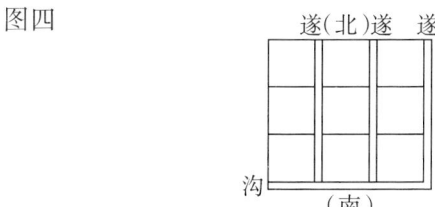

此匠人九夫为井遂沟之图，亦见夫三为屋，屋共一遂之法。

图五

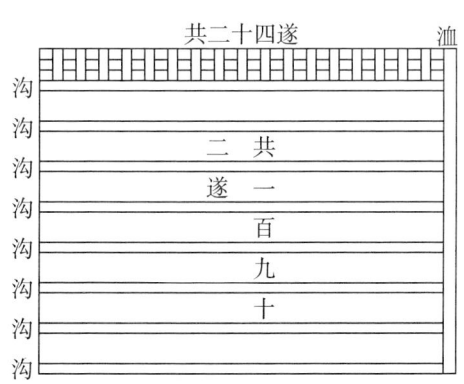

此匠人遂沟洫之图，中积一成（六十四井）之田，共有一洫、八沟、一百九十二遂。（图中第二行至第七行均同第一行，画从略以清眉目。）

图六

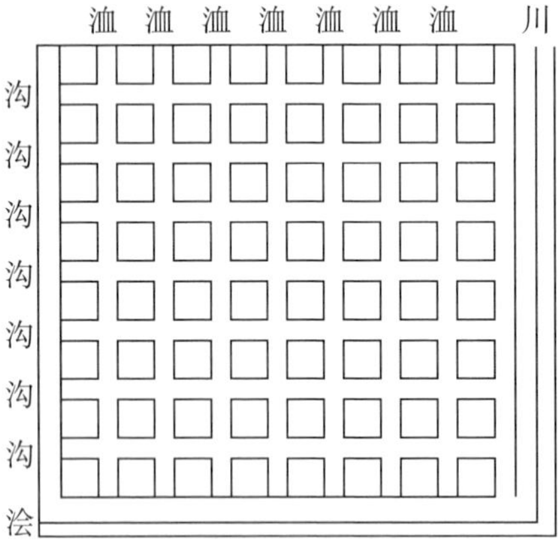

洫　洫　洫　洫　洫　洫　洫　　川

沟
沟
沟
沟
沟
沟
沟
浍

此匠人沟洫浍川之图，中容一同（六十四成）之田，共有一浍、八洫、四千九十六沟、九万八千三百四遂。

第十三节　周礼古字

阮元《周礼校勘记》序云："有杜子春之《周礼》，有二郑之《周礼》，有后郑之《周礼》。《周礼》出山岩屋壁间，刘歆始知为周公之书而读之，其徒杜子春乃能略识其字。建武以后，大中大夫郑兴、大司农郑众皆以《周礼解诂》著，而大司农郑康成乃集诸儒之成，为《周礼注》。盖经文古字不可读，故四家之学皆主于正字。其云故书者，谓初献于秘府所藏之本也。其民间传写不同者，则为今书。有云读如者，比拟其音也。有云读为者，就其音以易其字也。有云当为者，定其字之误也。三例既定，而大义乃可言矣。"

案《周礼》多古文假字，殊不易了，兹刺取书中较难识之字若干列之于篇。

天官

灋（法，大宰）　　毓（育，大透）　　削（稍，大宰）
眡（视，大宰）　　示（祇，大宰）　　鱻（鲜，庖人）
薧（槁，庖人）　　脀（菸，内饔）　　般（斑，内饔）
盨（粢，甸师）　　歔（渔，歔人）　　胖（判，鳖人）
籍（擩，鳖人）　　蠯（蚌，鳖人）　　蠃（螺，鳖人）
貍（埋，鳖人）　　祝（注，疡医）　　劀（刮，疡医）
醫（醷，洒正）　　桌（栗，笾人）　　拍（膊，醢人）
箈（苔，醢人）　　齎（资，外府）　　楬（揭，职币）
廞（陈，司裘）　　褘（翚，内司服）　　揄（摇，内司服）
狄（翟，内司服）　　缘（褖，内司服）

地官

早（皁，大司徒）　　覈（核，大司徒）　　專（团，大司徒）
庫（卑，大司徒）　　虣（暴，大司徒）　　景（影，大司徒）
晦（亩，大司徒）　　嬮（美，大司徒）　　婣（姻，大司徒）
匵（枢，乡师）　　鱞（鲧，闾胥）　　睪（罪，比长）
絿（纠，封人）　　黝（幽，牧人）　　畺（疆，载师）
囏（艰，遗人）　　純（缁，媒氏）
價（此字无定诂，鬻"司市"）　　厎（戾，司市）
淳（准，质人）　　欯（次，廛人）　　奠（定，贾师）

抵（柢，肆长）　　敂（叩，司关）　　甿（民，遂人）

鉏（助，遂人）　　趣（促，县人）　　渴（竭，草人）

嚇（坚，草人）　　爒（脆，草人）　　珆（珉，山虞）

丱（矿，丱人）　　饎（饩，饎人）　　稾（稿，稾人）

春官

飌（风，大宗伯）　　䫏（披，大宗伯）　　頯（眺，大宗伯）

果（祼，小宗伯）　　鬻（煮，肆师）　　貉（祃，肆师）

嘑（呼，鸡人）　　咄（叫，鸡人）　　献（牺，司尊彝）

瑑（篆，典瑞）　　磬（韶，大司乐）　　靁（雷，大司乐）

柬（引，大师）　　歙（吹，笙师）　　篴（笛，笙师）

箸（筮，占人）　　荚（策，大祝）　　攒（拜，大祝）

䪞（稽，大祝）　　禂（祷，甸祝）　　枋（柄，内史）

锡（扬，巾车）　　樊（鞶，巾车）　　斿（旒，巾车）

夏官

壇（墠，大司马）　　撰（选，大司马）　　衿（襘，大司马）

祊（方，大司马）　　駴（骇，大司马）　　檴（栎，挈壶氏）

纁（藻，弁师）　　瑶（珉，弁师）　　璂（綦，弁师）

沛（济，职方氏）　　莘（狐，形方氏）　　邍（原，邍师）

撢（探，撢人）

秋官

罢（疲，大司寇）　　惮（瘅，大司寇）　　撟（矫，士师）

辯（贬，士师）　　訏（迂，訏士）　　庀（乇，司刺）

惷（蠢，司刺）　　拲（拱，掌囚）　　翨（翅，翨氏）

考工记

粵（越，考工记）　　廬（纑，考工记）　　笴（槀，考工记）

淛（裂，考工记）　　澤（释，考工记）　　摶（团，考工记）

段（锻，考工记）　　鮑（鞄，考工记）　　繢（绘，考工记）

柳（栁，考工记）　　戚（促，考工记）　　掣（消，轮人）

眼（限，轮人）　　蚤（爪，轮人）　　蕰（耗，轮人）

瓶（磷，轮人）　　萭（矩，轮人）　　擁（靡，凫氏）

空（孔，函人）　　揱（远，函人）　　陶（鞠，鞞人）

湅（练，幌氏）　　淫（涅，幌氏）　　盝（泸，幌氏）

必（绋，玉人）　　翿（杀，矢人）　　趠（噪，矢人）

觳（斛，陶人）　　髻（刮，瓬人）　　薛（劈，瓬人）

膊（轵，瓬人）　　筲（筲，梓人）　　燿（哨，梓人）

顑（肩，梓人）　　簼（筮，梓人）　　殰（颜，梓人）

桑（臬，匠人）　　畎（畎，匠人）　　庇（刺，车人）

第六章　乐

第一节　乐经

乐必有经，其经又至今幸而未亡。凡谓《乐经》已亡或乐本无经（邵懿辰）者，皆未尝深考之也。《礼记经解》举六经之名有乐；太史公称孔子以《诗》《书》《礼》《乐》教；《庄子·天下》篇以《诗》《书》《礼》《乐》并称；《文选·郭有道碑》"遂考览六经"，注"五经及《乐经》也"；又《剧秦美新》"制成六经"，注"经有五而又有《乐》，故云六经"。略举此文，以明乐本有经。至谓《乐经》未亡，则《汉书·艺文志》云："六国之君，魏文侯最为好古。孝文时，得其乐人窦公，献其书，乃《周官·大宗伯》之《大司乐》章也。"此非《乐经》未亡之确证欤？

《大司乐》章何以即《乐经》？此亦无足异。盖周公制定《周礼》，分授各官，使典守之，以为宪法。至孔子编辑，始成全书。故乐工所守者为《乐经》，而合于《周礼》，则止为大宗伯属官之一部，犹《易》象与鲁《春秋》皆称《周礼》，而又各自命经也。惟《乐经》虽存，而乐则已绝。因乐以音律为节，是故虽有其书，不知其铿锵鼓舞，仍不能行，及至音律讹失，纵复经文具在，亦名存而实亡。黄先生曰："窦公为魏文侯乐人。魏文侯受经艺于子夏，又问子贡乐，见于《乐记》。《大司乐》章必孔门所传。孔子问乐于周史苌弘，就鲁太师而语乐，皆求之当官，《大司乐》章即《周官》之法，故递以相传。至于文侯，乐人以为经书。《汉书·礼乐志》

亦云器用张陈，《周官》具焉。明《周官》所载二十职为乐官本经矣。《周官》所陈，虽仅列其大纲，必别有详密之法度，及乐章之文，凡声律之法，乐器之制，用乐之等，舞容歌曲，类皆粲然著明。周衰而礼乐废坏，师瞽奔散，则微妙之学，由此失统。或但解铿锵而不谙义理，或徒抱故籍而昧其器数。故六经惟《乐》残阙独甚，纵《大司乐》之文具在，亦但知乐制之模略，而不能见古乐之全，斯所以有经亡之说也。"

第二节　律吕

大师掌六律六同，以合阴阳之声。阳声：黄钟、大蔟、姑洗、蕤宾、夷则、无射。阴声：大吕、应钟、南吕、函钟（即林钟）、小吕（即中吕）、夹钟（即圜钟）。皆文之以五声，宫、商、角、徵、羽；皆播之以八音，金、石、土、革、丝、木、匏、竹。孙诒让曰："云'皆文之以五声，宫、商、角、徵、羽'者，凡调乐以五声十二律为本。五声，宫、商、角、徵、羽。《辽史·乐志》载大乐十声，以宫为上，商为尺，角为工，徵为合，羽为四，高徵为六，高羽为五。又以浊商为句，变宫为一，变徵为凡。宋以来俗工字谱沿用之。声有高下，律有倍半，错综成文，而后成调，故《礼运》云'五声六律十二管，还相为工也'。"陈澧云："黄钟之律，文之以五声，则黄钟为宫，黄钟为商，黄钟为角，黄钟为徵，黄钟为羽也。《周礼》但云五声，在后世言之，则谓之一均五调也。六律六同皆如此，则十二均六十调也。"

十二律之长短，以黄钟为标准，其围则皆九分。（郑《月令》注、《汉书·律历志》颜注引孟康说云："黄钟长九寸，围九分；林钟长六寸，围六分；大蔟长八寸，围八分。"则谓律管各随长短而异。孟说疑不足据。）兹列之如下：

黄钟 9 寸 　　大吕 $8\frac{104}{243}$ 寸 　　大蔟 8 寸

夹钟 $7\frac{1075}{2187}$ 寸 　　姑洗 $7\frac{1}{9}$ 寸 　　中吕 $6\frac{12974}{19683}$ 寸

蕤宾 $6\frac{26}{81}$ 寸 　　林钟 6 寸 　　夷则 $5\frac{451}{729}$ 寸

南吕 $5\frac{1}{3}$ 寸 　　无射 $4\frac{6524}{6501}$ 寸 　　应钟 $4\frac{20}{27}$ 寸

第三节　乐节

古乐大节凡五，先金奏，次升歌，次下管笙入，次间歌，而终以合乐，合乐则兴舞，此宾祭大乐之恒法也。金鹗曰："古乐节，一曰金奏，《鲁语》谓之先奏。二曰升歌。金奏堂下，用钟镈，兼有鼓磬，以奏《九夏》，春牍应雅以节之，此乐之始也。无金奏者，以升歌为始；有金奏者，升歌亦为始。盖金奏为堂下乐之始，升歌为堂上乐之始也。金奏、下管，乐之大者，天子、诸侯有，大夫无。"（《释名·释乐器》云："春，撞也。牍，筑也。以春筑地为节也。"金鹗据《国语·周语》谓牍、应、雅三者并木器。）

祭天神于圜丘，祭地示于方丘，祭人鬼于宗庙，此所谓三大祭也。大祭之时金奏，金奏为迎尸之乐，升歌为降神之乐，合乐为馈孰食时之乐，而舞亦并作焉。惟下管与间歌，郑注无明文。孙诒让以为"下管为二裸之乐，间歌为朝践之乐"，义亦可通，兹为分述如下。

（一）金奏

钟师掌金奏，先击钟，次击鼓，以奏《九夏》。（《王夏》《肆夏》《昭夏》《纳夏》《章夏》《齐夏》《族夏》《祴夏》《骜夏》，皆乐章名。）祀天神则奏黄钟（以黄钟为调，下同），祭地示则奏大蔟，祀四望则奏姑洗，祭山川则奏蕤宾，享先姚则奏夷则，享先祖则奏无射。孙诒让曰："天神地示祭日始迎尸升坛时，人鬼祭日始迎尸入室时，皆先奏乐以致神使来也。"《汉书·礼乐志》云："叔孙通因秦乐人制宗庙乐，大祝迎神于庙门，奏《嘉至》，犹古降神之乐也。"盖秦汉祭无迎尸而亦有降神之乐，与古礼同。

（二）升歌（亦曰登歌）

大祭祀大师帅瞽登歌。郑司农云："登歌，歌者在堂也。"祀天神则歌大吕（以大吕为调，下同），祭地示则歌应钟，祀四望则歌南吕，祭山川则歌函钟，享先姚则歌小吕，享先祖则歌夹钟。《羊人》注云"登，升也"，此即《礼经》之升歌，其节在金奏之后，下管之前，堂上鼓琴瑟以歌诗也。《大射仪》升歌，《大师》《少师》及工并升自西阶，北面东上，又云"乃歌《鹿鸣》三终"。《乡饮酒》《燕礼》亦并升歌《鹿鸣》。《明堂位》《祭统》说天子之乐，大尝谛升歌《清庙》，则此大祭祀宜歌《颂》，宗庙大祫又歌《九德》之歌，与诸侯以下歌《小雅》异，其升堂西阶北面之位则同。

（三）下管

《大师》"下管播乐器，令奏鼓鞉"。郑注曰："鼓鞉，管乃作

223

也。"郑司农云："下管，吹管者在堂下。"孙诒让曰："笙师帅众笙立堂下阶间而管，笙入，即谓笙人入而奏管。笙师教吹乐器，笙管并掌也。"孙氏以下管为二裸之乐。案《郁人》贾疏云："天子、诸侯祭有二灌，朝践馈献大名二献之事。"二裸者谓裸而迎牲，则尸入裸之，然后再裸焉，后再裸则大祭祀而已。凡小祭祀，盖一裸也。朝践者，《春官·司尊彝》春祠夏礿，其朝践用两献尊。郑注曰："朝践，谓荐血腥，酌醴，始行祭事。"

（四）间歌

郑注《大司乐》职云："笙镛以间。"孙诒让曰："谓间歌乐之第四节也。贾疏约郑《书注》义云：'东方之乐谓之笙。笙，生也。东方生长之方，故名乐为笙也。镛者，西方之乐谓之庸。庸，功也。西方物熟有成功，亦谓之颂，颂亦是颂其成也。以间，堂上堂下间代而作。'案《乡饮酒礼》云：'间歌《鱼丽》，笙《由庚》；歌《南山有台》，笙《崇丘》；歌《南有嘉鱼》，笙《由仪》。'注：'间，代也。谓一歌则一吹。'与《书注》义同。但《乡饮酒》有笙入无下管，故以笙与歌迭奏。天子、诸侯礼盛，有下管，亦间奏笙，则当以管笙与歌迭奏。"孙氏又云："凡大师、小师掌鼓琴瑟歌《诗》，笙师掌吹管笙奏《诗》，二职不同，故间歌合乐，堂上堂下，或迭奏，或同奏，两不相妨。"

（五）合乐及兴舞

孙诒让曰："郑注《乡饮酒礼》云：'合乐，谓歌乐与众声俱作。'金鹗云：'合乐，堂上歌诗，琴瑟与堂下之乐合作，其诗或

《雅》或《南》，其器八音毕奏，此乐之终也。'贾疏云：'周之礼，凡祭祀皆先作乐下神，乃荐献，荐献讫乃合乐也。'案贾疏荐献讫乃合乐者，谓朝践荐腥，后四献之后而合乐，故前疏谓'大合乐者，据荐腥之后'是也。《祭义》云：'反馈乐成。'注云：'反馈，是进孰也。'盖乐合于进孰之前，而阙于既进之后。合乐时堂上与堂下歌乐齐奏，舞则王亲在舞位，其礼尤为隆重，然亦止具《文》《武》二舞，不必备六舞也。"（《御览·乐部》引《五经通义》云："王者之乐有先后者，各尚其德也。以文得之先文乐，持羽旄而舞；以武得之先武乐，持朱干玉戚而舞，所以增威武也。"孙诒让曰："据《文王世子》文，籥师虽掌文舞，亦兼教武舞。盖此官所奏，即《大司乐》六大舞，故文武兼备。）歌彻，祭末至彻祭器之时所歌。郑司农云："谓将彻之时自有乐，故帅学士而歌彻。"郑玄曰："彻者歌《雍》，《雍》在《周颂·臣工之什》。"

大祭祀与大飨（大飨有三，此指飨诸侯来朝者）乐节皆同，惟大祭祀牲出入则奏《昭夏》，大飨则不入牲，不奏《昭夏》也。

第四节　杂乐

大射，王出入，奏《王夏》，及射，则奏《驺虞》以为节。（《乐师》职云，凡射，王以《驺虞》为节，诸侯以《狸首》为节，大夫以《采苹》为节，士以《采蘩》为节。）

王师大献则奏恺乐。（大献，献捷于祖，恺乐，献功之乐。《续汉书·礼仪志》刘注引蔡邕《礼乐志》云短箫铙歌，军乐也。）

小舞凡六，乐师教之，（一）《帗舞》，（二）《羽舞》，（三）《皇舞》，（四）《旄舞》，（五）《干舞》，（六）《人舞》。（大舞亦六，大司乐教之，即《云门》《大卷》《大咸》《大磬》《大夏》《大濩》，《大武》是也。）

燕乐即房中之乐，《周南》《召南》是也。奏时亦用钟鼓，钟师掌之。

乡乐亦奏二南。

缦乐，磬师教之。郑注曰："缦谓杂声之和乐者也。"孙诒让曰："谓其非雅乐声曲，散杂不名一调，而可以和正乐，故曰杂声。"

靺乐，靺师教之，东夷之乐也。

散乐、夷乐，旄人教之。郑注曰："散乐，野人为乐之善者，若今黄门倡矣，自有舞。夷乐，四夷之乐，亦皆有声歌及舞。"

天子诸侯大夫士用乐表（王国维《观堂集林·释乐次》）

| | 金奏 | 升歌 | 管 | 笙 | 间歌 | | 合乐 | 舞 | 金奏 |
					歌	笙			
大夫士乡饮酒礼	无	鹿鸣四牡皇皇者华	无	南陔白华华黍	鱼丽南有嘉鱼南山有台	由庚崇丘由仪	周南关雎葛覃卷耳召南鹊巢采蘩采蘋	无	陔夏
大夫士乡射礼	无	无	无	无	无	无	周南关雎葛覃卷耳召南鹊巢采蘩采蘋	无	陔夏
诸侯燕礼之甲（据燕礼经）	无	鹿鸣四牡皇皇者华	无	南陔白华华黍	鱼丽南有嘉鱼南山有台	由庚崇丘由仪	周南关雎葛覃卷耳召南鹊巢采蘩采蘋	无	陔夏

续表

	金奏	升歌	管	笙	间歌		合乐	舞	金奏
					歌	笙			
诸侯燕礼之乙（据燕礼记）	肆夏肆夏	鹿鸣	（新宫）	（笙入三成）			（乡乐）	勺	陔夏
诸侯大射仪	肆夏肆夏	鹿鸣三终	新宫三终						陔夏骜夏
两君相见		文王之三					鹿鸣之三		
		清庙	象					武夏篇	
鲁禘		清庙	象					大武大夏	
天子大射	王厦肆夏	清庙	（象）					弓矢舞	肆夏王夏
天子大飨	王厦肆夏	清庙	象						肆夏王夏
天子视学养老	王厦肆夏	清庙	象					大武	肆夏王夏
天子大祭祀	王夏肆夏昭夏	清庙	象					大武大夏	肆夏王夏

表内有（　）者不必备有，加□者经传无明文以意推之。

第七章　仪礼

第一节　仪礼名义

《礼记正义》曰："《周礼》见于经籍，其名异者见有七处。其《仪礼》之别，亦有七处，而有五名：一则《孝经说》、《春秋》（当脱一说字）及《中庸》并云威仪三千。二则《礼器》云曲礼三千。三则《礼说》云动仪三千。四则谓为《仪礼》。五则《汉书·艺文志》谓《仪礼》为古《礼经》。凡此七处五名称谓，并承三百之下，故知即《仪礼》也。"《仪礼》古只称《礼》，而随事立称（如士冠礼、昏礼），刘歆《七略》称曰《礼经》，合记言则曰《礼记》。郑玄谓之今礼，（《礼器》曰经礼三百，曲礼三千。郑曰经礼谓《周礼》也，《周礼》六篇，其官有三百六十。曲犹事也，事礼谓今礼也。礼篇多亡，本数未闻，其中事仪三千。）其引十七篇则直举篇名，若不举篇，则曰《礼记》。（如《召南诗笺》引少牢礼文云：《礼记》主妇髲鬄是也。）《隋书·经籍志》载一字石经有《仪礼》九卷，洪适《隶释》载熹平石经有《仪礼》残碑，晋元帝时荀崧请置郑《仪礼》博士。贾疏于《仪礼》之名不言所始。《困学纪闻》曰："《艺文志》谓之《礼古经》，未有《仪礼》之名。"张淳云："疑后汉学者睹十七篇中有仪有礼，遂合而名之。"（今《仪礼》十七篇，其十五篇每篇首皆自有题目，如《士冠礼》篇首云："士冠礼，筮于庙门。"《士昏礼》篇首云："昏礼下达。"其余篇首皆先云某礼某礼，惟《大射仪》篇首云："大射之仪。"然则今礼十七篇，有木称仪者，有木称礼者，故汉后学者合题为《仪礼》也。）

　　威与仪有别，仪与礼有别，而履与仪又有别。《左传》襄公三十年，卫北宫文子曰："有威而可畏谓之威，有仪而可象谓之仪。"此威仪有别之证。《论语·乡党》曰："执圭，鞠躬如也，如不胜。上如揖，下如授。勃如战色，足蹜蹜如有循。享礼，有容色。私觌，愉愉如也。"此节记孔子为君使聘问邻国之礼容，执圭鞠躬如也，上如揖，下如授，皆有仪可象，所谓仪也。其"如不胜""勃如战色"则所谓威也。大抵仪有实迹可循，而威则惟虚象，使人望之生畏敬惮是也。

　　仪与礼亦殊有别。《左传》昭公五年，公如晋，自郊劳至于赠贿，无失礼。晋侯谓女叔齐曰："鲁侯不亦善于礼乎？"对曰："鲁侯焉知礼。"……"是仪也，不可谓礼。礼所以守其国，行其政令，无失其民者也。"又昭公二十五年，子大叔见赵简子，简子问揖让周旋之礼焉。对曰："是仪也，非礼也。"简子曰："敢问何谓礼？"对曰："夫礼，天之经也，地之义，民之行也。天地之经，而民实则之。则天之明，因地之性。"据此二文，可为仪、礼有别之证。案《礼记正义》引郑《序》云："礼者，体也，履也，统之于心曰体，践而行之曰履。"《正义》申其说云："礼虽合训体、履，则《周官》为体，《仪礼》为履。"故郑《序》又云："然则三百三千虽混同为礼，至于并立俱陈，则曰此经礼也，此曲礼也，或云此经文也，此威仪也，是《周礼》《仪礼》有体、履之别也。"礼仪合言，皆名为礼，分言之则礼为体，仪为履。体者，立国经常之大法，所谓守其国，行其政令，无失其民者是也。履者，各官治事之细目，揖让周旋之节文，凡史官所守之史法，司马所守之司马法，大卜所掌三易之法，与夫事礼十七篇，皆所谓履也。《仪礼》十七篇篇首，皆冠以某礼，惟《大射》独称仪，此盖履与仪亦尚有别之故。履之含义较广，凡践而可行者，皆谓之履，士冠礼、士昏礼之类是也。仪则专重揖让周旋。胡培翚《仪礼正义》引郝氏曰："不曰礼而曰仪者，射主仪也。射者，争之器，行之以揖让，故贵仪。"又引敖氏曰："他篇言礼，是乃言仪者，以其仪多于他篇，故特显之。"

《汉书·艺文志》云："汉兴，鲁高堂生传《士礼》十七篇。"案十七篇古称《士礼》，其实纯乎士礼者，惟《冠》《昏》《相见》《士丧》《既夕》《士虞》《特牲》七篇，若《少牢馈食》《有司彻》为大夫礼，《乡饮》《射》为士、大夫所通行，《燕礼》《大射》《聘礼》《公食大夫礼》为诸侯礼，《觐礼》为诸侯见天子礼，《丧服》则上下通用。其通称《士礼》者，盖以《士冠》列首，遂并其下通称为士，而不复分别耳。毛奇龄《经问》曰："问《汉志》士礼即仪礼也。然不知何时始名仪礼。曰士礼称仪礼，诚不知始于何时。然在汉时即有容礼之称，容礼即仪礼也。据《汉书·儒林传·鲁高堂生传》，《士礼》十七篇，而鲁徐生善为颂，孝文时徐生以颂为礼官大夫。颂即容也。《诗传》'颂者，美盛德之形容'，《鲁仲连传》鲍焦无从颂而死，谓不从容而死。故汉仪有二，即以容貌习礼而郡国有容吏，未央殿前有曲台即容台，命后苍说礼其中，当时称士礼为容台礼，亦名容礼。贾谊引《容经》文即容礼，后汉刘昆为梁孝王后少习容礼皆是也。"案毛氏容礼之名，殊无根据。徐生善为容，"容"字之义，当作"威仪"之"威"字解。盖《仪礼》所载，惟有实迹，行礼之时，其威容非善为之者不能表见。《论语》所谓"堂堂乎张也"，子张殆七十子中善为颂者也。盖为颂者，不必知《礼经》。苏林曰："《汉旧仪》有二郎为此颂貌威仪事，有徐氏，徐氏后有张氏，不知经，但能盘辟为礼容。天下郡国有容史，皆诣鲁学。"此譬犹制氏以雅乐声律世在乐官，颇能记其铿锵鼓舞，而不能言乐义也。毛氏谓未央殿前有曲台，即容台，称士礼为容台礼，亦名容礼，此说殊乏证据。颜师古云："曲台殿在未央宫。"曲台所在，未有明据。俞曲园《湖楼笔谈》云："曲台有二，邹阳《上吴王书》'秦倚曲台之宫'，应劭注'秦皇帝所治之处，若汉之未央宫'，此一曲台也。《翼奉传》孝文皇帝时，'未央无高门、武台、凤凰、白虎、玉堂、金华之殿，独有前殿、曲台殿、宣室、温室、承明耳'。此又一曲台也。汉之曲台在未央宫中，《三辅黄图》'未央宫东有曲台殿'，司马相如《长门赋》'览曲台之央央'。秦之曲台别在一处。枚乘《上吴王书》：'游曲台，临上路。'张宴注：'曲台，长安台，临道上。'《王尊传》'正月中行幸曲台'，当即秦之曲台。使即未央宫之曲台，不得言行幸矣。后苍为记，亦必在此，盖即秦之故宫而习射，故以为天子射宫也。"据俞氏此说，则毛氏曲台即容台之说，无以自立。又考《汉志·曲台后苍记》九篇（据王念孙说，"后苍"下补一"记"字），如淳曰："行礼射于曲台，后苍为记，故名曰《曲台记》。"据此后苍所作者乃自为一书，与《仪礼》无涉。

第二节　仪礼篇数及逸礼

《汉书·艺文志》："《礼古经》五十六卷，《经》七十篇。"刘敞曰："七十当作十七。"王应麟曰："刘歆移书云：'鲁恭王得古文于坏壁，逸《礼》有三十九。'"《仪礼》疏云："高堂生传十七篇，是今文也。孔子宅得古《仪礼》五十六篇，其字皆篆书，是古文也。古文十七篇，与高堂生所传同，而字多不同，余三十九篇，绝无师说，秘在于馆。《七录》云余篇皆亡。"沈钦韩曰："《平纪》元始五年，征天下通知逸经。《王莽传》云'通知逸礼意者，征诣公车'，则彼时已为绝学，可验也。"

《仪礼》古文五十六篇，今文十七篇。康成注《仪礼》十七篇，混合今古文，故注中列举古文某字作某字，或今文某字作某字，盖今古文两本赖此而并存，不可谓非幸事也。逸《礼》三十九篇，本无师说，西汉之世，已成绝学，说者谓郑不注逸《礼》，而三十九篇亡，似未必然。

皮锡瑞《三礼通论》力主十七篇并非残阙不完之说，可谓武断。然或者谓《周礼·大宗伯》举吉、凶、宾、军、嘉五礼，其大别三十有六，分其等差，详其节目，斯所以有三千之多，似亦未为确论。意三千之数，不必定限于五礼。《周礼》冢宰职曰："以八法治官府……六曰官法，以正邦治。"注曰："官法谓职所主之法度，官职主祭祀、朝觐、会同、宾客者，则皆自有其法度。"绎郑君注义，一谓各官所守，皆有专法，著其礼节名数之详。二谓今之《仪礼》十七篇，是官职主祭祀、朝觐、会同、宾客者所守法度之遗。故大司徒之地法，小司徒之比法，大司马之战法，县师之县法，史官之史法，太卜之三易之法，皆当在曲礼三千之中。盖《周礼》总挈纲维，而当官各自有施行细目，其数十倍于经礼，不足为怪。至于吉、凶、宾、军、嘉五礼之细目，既不止十七篇，亦不止五十六篇，惟不必能有三千之多耳。《周礼》大史职云："大祭祀，与执事卜日，戒及宿之日，与群执事读礼书而协事。祭之日，执书以次位常，辨事者考焉，不信者诛之。大会同朝觐，以书协礼事，及将币之日，执书以诏王。"此可证周虽尚文，然群执事临戒宿之日，始读礼书而协事，则简策非极繁重可知。又《大戴礼·保傅》篇云："古者年八岁而出就外舍，学小艺焉，履小节焉。束发而就大学，学大艺焉，履大节焉。"夫五礼之属，设真有三千，则其要略岂束发童子所能服习乎？

王应麟曰："逸《礼》三十九，其篇名颇见于他书。若《天子巡狩礼》见《周官·内宰》注，《朝贡礼》见《聘礼》注，《烝尝礼》见

《射人》疏，《中霤礼》见《月令》注及《诗·泉水》疏，《王居明堂礼》见《月令》《礼器》注，《古大明堂礼》见蔡邕《论》。又《奔丧》疏引逸《礼》，《王制》疏引逸《礼》，云'皆升合于太祖'。《文选》注引逸《礼》云：'三皇禅云云，五帝禅亭亭。'《论衡》：'宣帝时，河内女子发老屋，又得逸《礼》一篇，合五十七。'断珪碎璧，皆可宝也。"吴澄曰："三十九篇唐初犹存，诸儒曾不以为意，遂至于亡，惜哉！"清儒邵懿辰力攻逸《礼》，以为伪作。丁晏辨之曰："位西谓逸《礼》不足信，过矣！当依草庐吴氏，别存逸经为允。至斥逸《礼》为刘歆诬伪，颇嫌臆断。且逸《礼》古经，汉初鲁共王得于孔壁，河间献王得于淹中，《朝事仪》见于《大戴礼》，《学礼》见于贾谊书，皆远在刘歆以前，未可指为歆赝作也。"

清代今文学者力攻逸《礼》，溺于偏见，不足深责。愚谓汉初师儒传学，至为忠实。《仪礼》篇数既多，高堂生何以独传此十七篇乎？大抵古人口耳授受，多凭记忆之功，十七篇在《礼经》中，或较为切要，故高堂生能记其全文，以教弟子，其余则多天子、诸侯、卿、大夫之礼，学者不必皆能背诵，故待壁中文出，而始于十七篇外，别有《礼古经》。皮锡瑞辈称逸《礼》即非伪造，亦必孔子删弃之余，殆未必然也。

第三节　十七篇目录

皮锡瑞《三礼通论》云："《礼运》尝两举八者以语子游，皆孔子之言也，特'射乡'讹为'射御'耳。一则曰达于丧、祭、射、乡、冠、昏、朝、聘，再则曰其行之以货、力、辞、让、饮、食、冠、昏、丧、祭、射、乡、朝、聘。货、力、辞、让、饮、食六者，礼之纬也。非货财强力，不能举其事；非文辞揖让，不能达其情；非酒醴牢羞，不能隆其养。冠、昏、丧、祭、射、乡、朝、聘八者，礼之经也。冠以明成人，昏以合男女，丧以仁父子，祭以严鬼神，乡饮以合乡里，燕射以成宾主，聘食以睦邦交，朝聘以辨上下。天下之人尽于此矣，天下之事亦尽于此矣。而其证之尤为明确而可指者，适合于《大戴》十七篇之次序。《大戴》：

  （一）士冠礼 （二）士昏礼 （三）士相见礼

  （四）士丧礼 （五）既夕   （六）士虞礼

  （七）特牲馈食礼 （八）少牢馈食礼 （九）有司彻

  （十）乡饮酒 （十一）乡射礼 （十二）燕礼

  （十三）大射仪 （十四）聘礼 （十五）公食大夫礼

  （十六）觐礼 （十七）丧服

  是（一）（二）（三）篇，冠、昏也；（四）（五）（六）（七）（八）（九）篇，丧、祭也；（十）（十一）（十二）（十三）篇，射、乡也；（十四）（十五）（十六）篇，朝、聘也；而《丧服》之通乎上下者附焉。《小戴》次序最为杂乱，《冠》《昏》《相见》而后继以《乡》《射》四篇，忽继以《士虞》与《丧服》，又继以《特牲》《少牢》《有司彻》，复继以《士丧》《既夕》，而后以《聘礼》《公食》《觐礼》终焉。今郑、贾注疏所用刘向《别录》次序，则以丧、祭六篇居末，而《丧服》一篇移在《士丧》之前，似依吉凶人神为次。盖向见《记》云'吉凶异道，不得相干'，荀子云'吉事尚尊，表事尚亲'，遂以昏、冠、射、乡、朝、聘十篇为吉礼居先，而丧、祭七篇为凶礼居后焉。较《小戴》稍有条理，而要不若《大戴》之次合乎《礼运》。疑自高堂生、后苍以来，而圣门相传篇序固已如此也。"案皮氏论《大戴》次序合于《礼运》说甚精当；谓圣门相传篇序固已如此，则未可信。兹列十七篇次序目录为表如下：

篇名	大戴次序	小戴次序	别录次序	郑氏目录
士冠礼第一	同	同	同	童子任职居士位，年二十而冠，主人玄冠朝服，则是仕于诸侯。天子之士，朝服皮弁素积。古者四民世事，士之子恒为士。冠礼于五礼属嘉礼，大小戴及《别录》皆第一
士昏礼第二	同	同	同	士娶妻之礼，以昏为期，因而名焉。必以昏者，阳往而阴来，日入三商为昏。昏礼于五礼属嘉礼。大小戴及《别录》此皆第二。（三商谓三刻）
士相见礼第三	同	同	同	士以职位相亲，始承挚相见之礼。士相见于五礼属宾礼。大小戴及《别录》皆第三
乡饮酒礼第四	第十	第四	第四	诸侯之乡大夫，三年大比，献贤者、能者于其君，以礼宾之，与之饮酒。于五礼属嘉礼。大戴此乃第十，小戴及《别录》此皆第四
乡射礼第五	第十一	第五	第五	州长春秋以礼会民，而射于州序之礼。谓之乡者，州，乡之属，乡大夫或在焉，不改其礼。射礼于五礼属嘉礼。大戴第十一，小戴及《别录》皆第五
燕礼第六	第十二	第六	第六	诸侯无事，若卿大夫有勤劳之功，与群臣燕饮以乐之。燕礼于五礼属嘉礼。大戴第十二，小戴及《别录》皆第六
大射仪第七	第十三	第七	第七	名曰大射者，诸侯将有祭礼之事，与群臣射以观其礼，数中者得与于祭，不数中者不得与于祭。大射仪于五礼属嘉礼。大戴此第十三，小戴及《别录》皆第七

续表

篇名	大戴次序	小戴次序	别录次序	郑氏目录
聘礼第八	第十四	第十五	第八	大问曰聘，诸侯相于久无事，使卿相问之礼。小聘使大夫。《周礼》曰："凡诸侯之邦交，岁相问也，殷相聘也，世相朝也。"聘于五礼属宾礼。大戴第十四，小戴第十五，《别录》第八
公食大夫礼第九	第十五	第十六	第九	主国君以礼食小聘大夫之礼。于五礼属嘉礼。大戴第十五，小戴第十六，别录第九
觐礼第十	第十六	第十七	第十	觐，见也，诸侯见天子之礼。春见曰朝，夏见曰宗，秋见曰觐，冬见曰遇。朝、宗礼备，觐、遇礼省，是以享献不见焉。三时礼亡，唯此存尔。觐礼于五礼属宾礼。大戴第十六，小戴第十七，《别录》第十
丧服第十一	第十七	第九	第十一	天子以下，死而相丧，衣服、年月、亲疏、隆杀之礼。丧必有服，所以为至痛饰也。不忍言死而言丧，丧者，弃亡之辞。大戴第十七，小戴第九，刘向《别录》第十一
士丧礼第十二	第四	第十三	第十二	士丧其父母，自始死至于既葬之礼。丧于五礼属凶礼。大戴第四，小戴第十三，《别录》第十二
既夕第十三	第五	第十四	第十三	士丧礼之下篇也。既，已也，谓先葬二日，已夕哭时，与葬间一日。凡朝庙日，请启期，必容焉。此诸侯之下士一庙，其上士二庙，则既夕哭先葬前三日。大戴第五，小戴第十四，《别录》名士丧礼下篇第十三

续表

篇名	大戴次序	小戴次序	别录次序	郑氏目录
士虞礼十四	第六	第八	第十四	虞，安也。士既葬其父母，迎精而反，日中而祭之于殡宫以安之。虞于五礼属凶礼。大戴第六，小戴第八，《别录》第十四
特牲馈食礼第十五	第七	第十	第十五	特牲馈食之礼，谓诸侯之士以岁时祭其祖祢之礼。于五礼属吉礼。大戴第七，小戴第十，《别录》第十五
少牢馈食礼第十六	第八	第十一	第十六	诸侯之卿、大夫祭其祖祢于庙之礼。羊豕曰少牢。于五礼属吉礼。大戴第八，小戴第十一，《别录》第十六
有司彻第十七	第九	第十二	第十七	少牢之下篇也。上大夫既祭傧尸于堂之礼。若下大夫祭毕，礼尸于室中，无别行傧尸于堂之事。天子诸侯之祭，明日而绎。有司彻于五礼属吉礼。大戴第九，小戴第十二，《别录》少牢第十七

第四节　仪礼记传

　　《仪礼》十七篇，《士冠》《士昏》《乡饮酒》《乡射》《燕》《聘》《公食大夫》《觐》《既夕》《士虞》《特牲馈食》十一篇有记，《丧服》一篇有记有传。《汉书·艺文志》："《礼古经记》一百三十一篇，七十子后学者所记也。"贾公彦曰："凡言记者，皆是记经不备，兼记经外远古之言。"又曰："传不知谁人所作。人皆云子夏所为，师师相传，盖不虚也。其传内更云传者，是子夏引他旧传以证己义。"今按十二篇之记有补经之不足者，有与经互相发明者，亦有彼此两记，详略不同，文字互异者。其为七十子之后学者杂记远古之言无疑。熊朋来谓孔子定《礼》，而门人记之者恐非也。

记与传不同，诸篇之记，有特为经一条而发者，有兼为两条而发者，有兼为数条而发者，亦有于经意之外别见他礼者，盖皆当时记礼之书，治《仪礼》者取而附诸经后，作者固不专为释经著也。若传则旁推曲证，皆与经旨比附，近人所谓因经发义，无凭空起义之例者也。（《经义丛钞》语）

段玉裁曰："《经典释文》《唐石经》初刻皆'《丧服经传》第十一'，无'子夏传'三字。贾公彦疏单行本标题亦云'丧服第十一'，无'子夏传'三字。今各本皆作'丧服第十一子夏传'，非古也。盖浅人增此三字，因删去上文'经传'二字耳。"贾疏云："传曰者不知是谁人所作，人皆云孔子弟子卜商子夏所为。按公羊高是子夏弟子，《公羊传》有云'者何''何以''孰谓''曷为'之等，今此传亦云'者何''何以''孰谓''曷为'，弟子却本前师，此传得为子夏所作。"玩贾氏此语，知贾氏作疏时，古经未尝有此三字，贾氏因人言而附会之，要亦未尝妄增于古经传标题也。自《唐石经》改刻增窜，遂使古人意必之辞，成牢不可破之论矣。

第五节　仪礼之传授

《汉书·艺文志》曰："汉兴，鲁高堂生传《士礼》十七篇。迄孝宣世，后苍最明，戴德、戴圣、庆普皆其弟子，三家立于学官。"案《儒林传赞》曰至孝宣世，立大小戴《礼》。《后汉书·曹褒传》：

"褒父充持庆氏《礼》，建武中为博士。"又《董钧传》："钧习庆氏《礼》，永平中为博士。"据此则后汉三礼皆立博士，西京惟大小戴《礼》二博士，班固谓三家立于学官者指后汉言之。

《艺文志》又曰："《礼古经》者，出于鲁淹中（苏林曰：里名也）及孔氏（淹中所得《古礼经》不与孔壁同时，故志分别言之），与十七篇文相似，多三十九篇，及《明堂阴阳》《王史氏记》所见，天子、诸侯、卿大夫之制，虽不能备，犹愈仓等推《士礼》而致于天子之说。"（王应麟曰："朱文公云：'《士礼》特略举首篇以名之，其曰推而致于天子者，盖专指冠、昏、丧、祭而言，若燕、射、朝聘，士岂有是礼而可推耶？'"）

王应麟曰："孔壁古文多三十九篇，康成不注，遂无传焉。《天子巡狩礼》《朝贡礼》《王居明堂礼》《蒸尝礼》《朝事仪》，见于《三礼注》；《学礼》，见于贾谊书；《古大明堂之礼》，见于蔡邕《论》。虽寂寥片言，如断圭碎璧，犹可宝也。"

胡培翚《仪礼正义》曰："贾疏云：遭秦燔灭典籍，汉兴求录遗文之后，有古文今文。《汉书》云鲁人高堂生为汉博士，传《仪礼》十七篇，是今文也；至武帝之末（案贾疏误，当云景帝之末），鲁恭王坏孔子宅，得古《仪礼》五十六篇，其字皆以篆书，是为古文。古文十七篇与高堂生所传者同，而字多不同。其余三十九篇绝无师说，秘在于馆。"方氏体《古文考误》云："贾公彦谓《仪礼》五十六篇，其字皆篆书，是为古文。案昭帝女读古文《论语》，宣帝下太常，时称难晓。若皆篆书，则汉时人人能读，何云难晓乎？此贾疏之误也。"胡氏承珙《仪礼古今文疏》序云："《后汉书·儒林传》云郑玄本习小戴《礼》，复以古经校之，取其义长者顺故（顺故即训诂），为郑氏学。则是郑注所谓今文者，乃小戴本；所谓古文者，则前书所云古经出于鲁淹中者也。郑君作注，参用二本。

从今文者，则今文在经，古文出注；从古文者，则古文在经，今文出注。然有不言今古文，但云某或作某者，殆当时行用，更有别本。此十七篇文字异同之由，而今文、古文所以流传也。"

传《仪礼》诸儒表列于下：

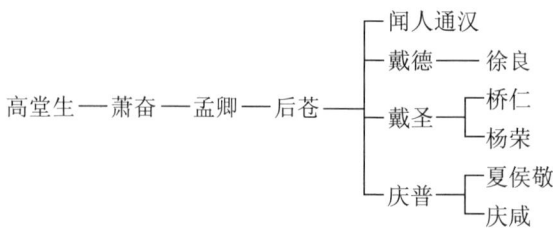

第六节　仪礼读法

皮锡瑞《三礼通论》谓："《仪礼》重在释例，尤重在绘图，合以分节，三者备则不苦其难。"其说曰："《春秋》有凡例，《礼经》亦有凡例，读《春秋》而不明凡例则乱，读《礼经》而不明凡例则苦其纷繁。"陈氏澧曰："《仪礼》有凡例，作记者已发之矣。《乡饮酒礼记》云'以爵拜者不徒作，坐卒爵者拜既爵，立卒爵者不拜既爵。凡奠者于左，将举于右'，此记文之发凡者也。郑注发凡者数十条，《士冠礼》注云：'凡奠爵，将举者于右，不举者于左。''凡醴士，质者用糟，文者用清。''凡荐，出自东房。''凡牲，皆用左胖。'其余诸篇，注皆有之，若钞出之，即可为《仪礼》凡例矣。有郑注发凡而贾疏辨其同异者，有郑注不发凡而贾疏发凡者。有经是变例，郑注发凡而疏申明之者。又有经是变例，注不发凡，而疏发凡者。有贾疏不云凡，无异发凡者。（文多不载，见《东塾读书记》）综而论之，郑、贾熟于《礼经》之例，乃能作注作疏。注精而简，疏则详而密。分析常例、变例，究其因由，且经有不具者，亦可以例补之。朱子云：'《仪礼》虽难读，然却多是重复，伦类若通，则其先后、彼此展转参照，足以互相发明。'此所谓伦类，即凡例也。近时则凌氏廷堪《礼经释例》善承郑、贾之学，大有助于读此经者矣。"陈氏引注、疏甚明，初学犹苦其分散难考，先观《礼经释例》，则一目了然矣。

陈澧又曰："郑、贾作注作疏时，皆必先绘图。今读注、疏，触处皆见其踪迹。如《士冠礼》'筮人许诺，右还，即席坐'，注云'东面受命，右还北行就席'，疏云'郑知东面受命者，以其上文有司在西方东面，主人在门东西面，今从门西东面主人之宰命之，故东面受命可知。知右还北行就席者，以其主人在门外之东南，席在门中，故知右还北行乃得西面就席坐也'。如此之类，乃显而易见者。杨信斋作《仪礼图》，厥功甚伟，惜朱子不及见也。《通志堂经解》刻此图，然其书巨帙，不易得，故信斋此图罕有称述者。张皋文所绘图更加详密，盛行于世，然信斋创始之功不可没也。若夫宫室、器服之图，则当合三礼为之。此自古有之，今存于世者，惟聂崇义之图。至国朝，诸儒所绘益精。若取《皇清经解》内诸图与聂氏图，考定其是非，而别为《三礼图》，则善矣。"锡瑞案："聂氏《三礼图》，朱子讥其丑怪不经，非古制。今观冠制多怪诞，必非三代旧物。而据窦俨《序》，称其'博采旧图，凡得六本'，则实原于郑君及阮谌、梁正、夏侯伏明、张镒诸家，特非尽出郑君。而郑注《仪礼》、贾疏《仪礼》有图，则自陈氏始发之。杨复图世罕传。惟张惠言《仪礼图》通行，比杨氏更精密。韩文公苦《仪礼》难读。读《仪礼》有三法：一曰分节，二曰释例，三绘图。得此三法，则不复苦其难。分节，可先观张尔岐、吴廷华之书；释例，凌廷堪最详；绘图，张惠言最密。若胡培翚《仪礼正义》，虽详而太繁，杨大堉所补，多违古义，与原书不合，不便学者诵习，姑置之。"

第七节　仪礼行于春秋时证 陈伯弢先生

黟俞氏《癸巳类稿》考《仪礼》行于春秋时，以驳顾复初与江都汪氏《周官征文》之篇，同有功于礼学。顾所举只三事而已，以汉章考之，殊不止此。僖三十三年，齐国庄子来聘，自郊劳至于赠贿，礼成而加之以敬。臧文仲言于公曰："国子为政，斋犹有礼。"昭二年，叔弓聘于晋，晋侯使郊劳，辞曰云云，致馆辞曰云云。叔向曰："子叔子知礼哉。"其五年，楚薳罢曰："入有郊劳，出有赠贿，礼之至也。"凡此所谓礼即《仪礼》。（朝礼亦同，故昭五年，公如晋，自郊劳至于赠贿，无失礼。七年，公如楚，及楚，孟僖子为介，不能答郊劳，但于今十七篇无证。）聘礼宾至于近郊，君使卿朝服用束帛劳，劳者遂以宾入，至于朝，大夫帅至于馆，卿致馆，至聘礼毕，公馆宾，宾遂行，舍于郊，公使卿赠，是自郊劳致馆至赠贿之礼也。文六年，季文子将聘于晋，使求遭丧之礼以行。哀十五年，陈芋尹盖曰："有朝聘而终，以尸将事之礼，又有朝聘而遭丧之礼。"是又《聘礼》所云聘遭丧入竟，则遂及宾，入境而死，遂若宾死，未将命则既敛于棺，造于朝，介将命也。又僖九年，王使宰孔赐齐侯胙。孔曰无下拜，齐侯下拜登受。案《觐礼》，侯氏降西阶之间，北面再拜稽首，摈者延之曰升，升成拜。其二十八年，晋侯出入三觐，王享醴。案《觐礼》，觐享肉袒，正出入三觐，飨礼乃归，是觐礼行于桓、文也。襄二十八年，食庆封，庆封氾祭，叔孙穆子使工为诵《茅鸱》。案《公食大夫礼》，宾升席，坐取韭菹，以辩擩于醢，上豆之间祭，继祭黍稷祭牲肺于豆，继祭扱上铏，以柶辩擩之，上铏之间祭，继祭饮酒于上豆之间。杜注氾祭云"远散所祭，盖庆封不知祭于上豆上铏之间"，是食礼惟不行于庆封也。襄十七年，齐晏桓子卒，晏婴粗缞斩，苴绖带杖，菅屦，食鬻，居倚卢，寝苫枕草。案《丧服》斩衰裳，苴绖杖，绞带，冠绳缨，菅屦者。传曰居倚卢，寝苫枕块。杜注云："此礼与《士丧礼》略同，其异者惟枕草。"不知草为凷之误字，凷即块也。昭十五年传，"三年之丧，虽贵遂服"。十年传，"孤斩焉在衰绖之中"，非即三年斩齐之服乎？昭九年传，"王有姻丧，晋赵成如周吊，且致禭"。襄二十三年传，"公有姻丧，乐王鲋使宣子墨缞冒绖"，非即丧服之尊同不降者乎？哀十一年传，"孔子谓僮汪锜可无殇"（详见《檀弓》），非即丧服之以殇降乎？其不见于《左氏传》者，《穀梁传》庄三年五月葬桓王，改葬也。改葬之礼，缌举下缅也，则举改葬缌之礼。《公羊传》哀六年，陈乞曰，常之母有鱼菽之祭，愿诸大夫之化我也。时陈乞为少牢馈食礼之主人，常之母为主妇，诸大夫为宾，故《史记·田完世家》作会饮，宾会祭毕而饮也。其特言鱼菽者，凡宾从献，以鱼湆俎，又羞房中之羞，有糗饵粉糍。郑司农谓糗为熬大豆粉为豆屑，汉人所谓豆，即古所谓菽，（义见《说文》，何休注非是）则举少牢馈食、有司彻之礼。《国语·鲁语》公父文伯祭悼子，（小宗祭其祖）康子与焉，文伯之母阼，又受彻俎，不晏宗，不具不绎，不尽饫则退，饫即祭毕之醮，醮即会饮而绎，为宾尸通名。《礼记·礼器》子路与季氏祭，室事交乎户，堂事交乎阶。郑注室事祭事，堂事傧尸，傧尸即有司彻礼，皆其证矣。（近人陈立《公羊疏》未详此）又《国语·晋语》赵子冠见栾、中行、范、韩、智及三郤诸子，又见张老，即冠礼之以贽见于卿大夫也。（原文作乡大夫刘氏台拱订正）《礼记·射义》孔子射于矍相之圃，射至于司马，即乡射礼之司正为司马，子路执弓矢延射，即司射，公罔之裘之序点扬觯而语，即一人举觯旅酬于旅而语也。其他若《论语·卫灵公》篇，师冕见，子告、子张以相师之道。郑注道为礼，即乡饮酒射之弟子，相工升堂皆坐礼。《阳货》篇，孺悲欲见孔子，孔子以其不由介绍，辞以疾，即仪之不得阶主，非士相见礼之某子以命命某见，故孔子不见，是士相见礼亦行于春秋时也。刘向《列女·贞顺传》，齐孝公亲迎孟姬，于其父母三顾而出，亲授之绥，自御轮三，更足为《昏礼》婿御妇车授绥，及《昏义》御轮三周之证。不独桓三年《穀梁传》说父母送女，隐八年《左氏传》说先配后祖，可证《士昏礼》所未及，乌得谓《仪礼》不行于春秋时，疑其书非周公所作欤？

第八章 礼记

第一节 礼记名义

《礼记正义》引《六艺论》云:"今礼行于世者,戴德、戴圣之学也。"又云:"戴德传《记》八十五篇,则《大戴礼》是也。戴圣传《礼》四十九篇,则此《礼记》是也。"据此大小戴各传《仪礼》,又各传《礼记》,义极著明,无容曲说。毛奇龄谓两汉并无《礼记》(详见《经问》),黄以周以阮元言《礼经》在汉亦曰《礼记》,遂谓魏晋号四十九篇为《礼记》,东汉十七篇之名《礼记》者为所夺,于是别号为《仪礼》,不思两汉称《礼记》之文,不一而足。《汉书·郊祀志》王商、师丹、翟方进等引《礼记》曰"燔柴于大坛,瘞薶于大折"为《祭法》文,王莽引《礼记》"天子祭天地"及"山川岁遍"为《曲礼》文。又引《礼记》曰"天子籍田千亩,以事天墜"为《祭义》文。又引《礼记》"祀典功旅于民则祀之",亦《祭法》文。又引《礼记》曰"王者唯祭宗庙社稷,为越绋而行事",则《王制》文。《韦玄成传》又明引《祭义》曰"王者禘其祖自出,以其祖配之,而立四庙",今为《丧服小记》及《大传》文。刘歆引《礼记·王制》"天子七庙",又引《礼记》"祀典曰圣王制祀",今亦为《王制》《祭法》文。《梅福传》引《礼记》"孔子曰:丘,殷人也"为《檀弓》文。《后汉书·桓郁传》窦宪引《礼记》曰:"天下之命悬于天子,天子之善成乎所习。习与知长,则切而不勤;化与心成,则中道若性。昔成王幼小,越在襁保,周公在前，史佚在后，太公在左，召公在右，中立听朝，四圣维之，是以虑无遗计，举无过事。"注云："皆《大戴礼》之文。"今《保傅》篇详之。《曹褒传》"褒传《礼记》四十九篇"，《桥玄传》"玄七世祖仁著《礼记章句》"。然则大小戴《记》之号，并不始于魏晋，故《景十三王传》称河间献王德所得古文先秦旧书，《礼》《礼记》。师古注曰："礼者，《礼经》；《礼记》者，诸儒记礼之说。"《艺文志》称鲁共王得古文《尚书》及《礼记》，《说文·叙》同，则以礼属《礼经》，记属《礼记》。桂馥以为无《礼记》之目，武亿以为两汉以来皆指《仪礼》为《礼记》，皆为毛奇龄所误，而未考两汉书也。

大小戴《记》在汉代同称《礼记》，自郑玄注小戴，与《周礼》《仪礼》合称三礼，于是《礼记》为《小戴记》专名，而《大戴记》则渐至亡佚。

第二节　礼记篇数

《汉书·艺文志》："礼家有《记》百三十一篇，（自注七十子后学者所记也）《明堂阴阳》三十三篇，《王史氏》二十一篇，（自注七十子后学者）又乐家有《乐记》二十三篇，《论语》家有《孔子三朝》七篇。"

古《记》共二百一十五篇。戴德采取八十五篇，是为《大戴记》。戴圣采取四十九篇，是为《小戴记》（即《礼记》）。二戴各以意采取，故篇目多有同者，其文亦互有详略。盖二戴于取舍之间，未尝相谋也。欲明《戴记》篇数，当熟记此数语，然后观览各家所说，不致迷惑。

《隋书·经籍志》云："汉初，河间献王得仲尼弟子及后学者所记一百三十一篇献之，时亦无传之者。至刘向考校经籍，检得一百三十篇，向因第而叙之，而又得《明堂阴阳记》三十三篇，《孔子三朝记》七卷，《王史氏记》二十一篇（王史氏乃复姓，颜师古引《别录》王史氏，六国时人，可知为一人，不得分为王氏史氏），《乐记》二十三篇，凡五种，合二百十四篇。戴德删其繁重，合而记之，为八十五篇，谓之《大戴记》。而戴圣又删大戴之书为四十六篇，谓之《小戴记》。汉末马融遂传小戴之学，融又足《月令》一篇、《明堂位》一篇、《乐记》一篇，合四十九篇。"

《经典释文·叙录》曰："刘向《别录》云：'古文《记》二百四篇。'晋司空长史陈邵《周礼论序》云：'戴德删古《礼》二百四篇为八十五篇，谓之《大戴礼》；戴圣删大戴为四十九篇，是为《小戴礼》。'刘向《别录》有四十九篇，其篇次与今《礼记》同，名为他家书，拾撰所取，不可谓之《小戴礼》。"戴震辩上说之非，曰："《隋志》说不知何本。今考《后汉书·桥玄传》云：'七世祖仁著《礼记章句》四十九篇，号曰桥君学，仁即班固所谓小戴授梁人桥季卿者。成帝时尝官大鸿胪，其时已称四十九篇，无四十六篇之说。又孔疏四十九篇之首，皆引郑《目录》，郑《目录》之末必云此于刘向《别录》属某门，《月令》《明堂位》《乐记》三篇皆刘向《别录》所有，安得以为马融所增。疏又引郑《六艺论》云：'戴德传《记》八十五篇，则《大戴礼》是也，戴圣传四十九篇，则此《礼记》是也。'郑为马融弟子，使三篇果融所增，郑不容不知，岂有以四十九篇属于戴圣之理？《隋志》误也。"

钱大昕复辩之曰："《汉志》云'《礼》百三十一篇'者，合大小戴所传而言，《小戴礼》四十九篇，《曲礼》《檀弓》《杂记》皆以简策重多分为上、下，实止四十六篇，合大戴之八十五篇，正协百三十一之数。《隋志》谓《月令》《明堂位》《乐记》三篇为马融所足，盖以《明堂阴阳》三十三篇，《乐记》二十三篇，则见《艺文志》，故疑为东汉人附益，不知刘向《别录》已有四十九篇矣。《月令》三篇，小戴入之《礼记》，而《明堂》《阴阳》与《乐记》，仍各自为书，亦犹《三年问》出于《荀子》，《中庸》《缁衣》出于《子思子》，其本书无妨单行。《记》本七十子之徒所作，后之通儒各有损益，河间献王得之，大小戴各传其学，郑氏《六艺论》言之当矣。谓大戴删古《礼》，小戴又删《大戴礼》，其说始于陈邵，而陆德明引之，《隋志》又附益之，然《汉书》无其事，不足信也。"又曰："据《丧服四制》孔疏，《别录》无此文，是《志》所云百三十一篇，在《别录》止百三十篇矣。加《明堂阴阳》《王史氏》五十四篇，再加以《三朝记》及《乐记》二十篇，适得二百四篇，《隋志》三百十四篇，误。"

吴文起《大戴礼篇目考》云："毕沅《夏小正考注》序有云：'小戴有四十九篇，大戴有八十一篇，合之正得百三十篇，较《艺文志》所说，止少一篇。'毕氏此言，欲附合《汉志》百三十一篇之文，抑知小戴篇目，有与大戴同者，今缺后尚同五篇，已缺而可考者又有《礼器》《祭法》二篇，使二戴果分录百三十一篇之文，不应有相同者矣。"

陈寿祺《左海经辨》曰："近人《汉书考异》云：'《小戴记》四十九篇，《曲礼》《檀弓》《杂记》皆以简策重多分为上、下，实止四十六篇；合大戴之八十五篇，正协百三十一篇之数。'案今二戴记有《投壶》《哀公问》两篇篇名同，大戴之《曾子大孝》篇见小戴《祭义》，《诸侯衅庙》篇见小戴《杂记》，《朝事》篇自'聘礼至诸侯秫焉'见小戴《聘义》，《本事》篇自'有恩有义至圣人因杀以制节'见小戴《丧服四制》，其他篇目尚多同者。《汉书·王式传》称《骊驹》之歌在《曲礼》，服虔注云'在《大戴礼》'，《五经异义》引大戴《礼器》，《毛诗·豳谱》正义引《大戴礼·文王世子》，唐皮日休有《补大戴礼祭法》，又《汉书·韦玄成传》引《祭义》，《白虎通·耕桑》篇引《祭义》《曾子问》，《性情》篇引《间传》，《崩薨》篇引《檀弓》《王制》，蔡邕《明堂月令论》引《檀弓》，其文往往为《小戴记》所无，安知非出《大戴》亡篇中，如《投壶》《衅庙》之互存而各有详略乎？《大戴记》亡篇四十七，唐人所见已然，《白虎通》引《礼谥法》《王度记》《三正记》《别名记》《亲属记》《五帝记》，《少牢馈食礼》注引《禘于太庙礼》（疏云《大戴礼》文），《周礼》注引《王霸记》，《明堂月令论》引《昭穆》篇，《风俗通》引《号谥记》，《论衡》引《瑞命》篇，（《毛诗·灵台》正义引《昭穆》篇，《彼汾》正义引《大戴礼·辨名记》即《别名记》，《文选注》引《礼瑞命记》即《瑞命》篇。）皆《大戴》逸篇。其他与小戴出入者，略可举数，岂能彼此相足。窃谓二戴于百三十一篇之记，各以意断取，异同参差，不必此之所弃，即彼之所录也。"

陈氏又曰："二戴所传《记》，《汉志》不别出，以其具于下三十一篇中也。《乐记正义》引《别录》有《礼记》四十九篇，此即小戴所传，则大戴之八十五篇，亦必存其目，盖《别录》兼载诸家之本，视《汉志》为详矣。《经典释文·序录》引陈邵《周礼论序》云：'戴德删古《礼》二百四篇为八十五篇，谓之《大戴礼》。戴圣删《大戴礼》为四十九篇，是谓《小戴礼》。后汉马融、卢植考诸家同异，附戴圣篇章，去其繁重及所叙略而行于世，即今之《礼记》是也。'邵言微误。《隋书·经籍志》因傅会，谓戴圣删大戴之书为四十六篇，马融足《月令》《明堂位》《乐记》为四十九篇。戴东原辨之。（说见前）案桥仁师小戴，《后汉书》谓从同郡戴德学，亦误。又《曹褒传》：父充持庆氏《礼》，褒又传《礼记》四十九篇，教授诸生千余人，庆氏学遂行于世。然则褒所受于庆普之《礼记》，亦四十九篇也。二戴、庆氏皆后苍弟子，恶得谓小戴删大戴之书耶？"

陈氏又曰："《记》百三十一篇，合《明堂阴阳》《王史氏》《乐记》《孔子三朝记》凡二百十五篇，而《别录》言二百四篇，疑《乐记》二十三篇，其十一篇已具百三十一篇，《记》中除之，故为二百四篇。《孔子三朝记》亦重出，不除者，篇名不同故也。《隋志》言刘向得五种合二百十四篇，减少《汉志》一篇，与《别录》不符，失之。"

以上诸家皆辨《隋志》《释文·叙录》之误，而说《别录》二百四篇，《汉志》二百十五篇，《隋志》二百十四篇，仍无一致之见解。黄以周曰："《汉志》本刘歆《七略》，而《七略》与刘向《别录》亦有出入，《别录》入《乐记》于礼家，《七略》出《乐记》于乐家，斯其显异可见者。后人必求其同，说多不可通。陈邵据《别录》为言，作《隋书》者改为二百十四篇，又以五种实有二百十五篇，遂谓《记》百三十一篇刘向校得百三十篇，以合其数，误。杜氏《通典》又改《明堂阴阳记》为二十二篇，《王史氏记》为二十篇，更误。"案黄氏之说是也。

第三节　礼记目录

据《礼记》郑氏《目录》，知刘向《别录》立八种礼目，以纲维四十九篇。一曰通论，二曰制度，三曰明堂阴阳记，四曰丧服，五曰世子法，六曰祭祀，七曰吉礼，八曰吉事，九曰乐记。此最便人寻省，兹依以立表，并附郑氏《目录》焉。（篇目上数字，为《礼记》篇次。）

（一）通论十六篇（檀弓分上、下篇，实止十五篇）

3 檀弓上（名曰檀弓者，以其记人善于礼，故著姓名以显之。姓檀名弓，今山阳有檀氏。）

4 檀弓下（义同前篇，以简策繁多，故分为上、下二卷。）

9 礼运（名曰礼运者，以其记五帝三王相变易，阴阳转旋之道。）

13 玉藻（名曰玉藻者，以其记天子服冕之事也。）

16 大传（名曰大传者，以其记祖宗人亲之大义。）

18 学记（名曰学记者，以其记人学教之义。）

26 经解（名曰经解者，以其记六艺政教之得失也。）

27 哀公问（名曰哀公问者，善其问礼，著谥显之也。）

28 仲尼燕居（名曰仲尼燕居者，善其不倦。燕居犹使三子侍之，言及于礼。著其字，言事可法。退朝而处曰燕居。）

29 孔子闲居（名曰孔子闲居者，善其无倦而不亵，犹使一弟子侍，为之说《诗》。著其氏，言可法也。退燕避人曰闲居。）

30 坊记（名坊记者，以其记六艺之义，所以坊人之失者也。）

31 中庸（名曰中庸者，以其记中和之为用也。庸，用也。孔子之孙子思伋作之，以昭明圣祖之德。）

32 表记（名曰表记者，以其记君子之德，见于仪表。）

33 缁衣（名曰缁衣者，善其好贤者厚也。缁衣，郑诗也。其诗曰："缁衣之宜兮，敝予又改为兮。适子之馆兮，还予授子之粲兮。"粲，餐也。设餐以授之，爱之，欲饮食之。言缁衣之贤居朝廷，宜其服也。我欲就为改制其衣，反欲与之新衣，厚之而无已。）

41 儒行（名曰儒行者，以其记有道德者所行也。儒之言优也，柔也，能安人，能服人。又儒者，濡也，以先王之道能濡其身。）

42 大学（名曰大学者，以其记博学可以为政也。）

（二）制度六篇（实止五篇）

1 曲礼上（名曰曲礼者，以其篇记五礼之事：祭祀之说，吉礼也；丧荒去国之说，凶礼也；致贡朝会之说，宾礼也；兵车旌鸿之说，军礼也；事长、敬老、执贽、纳女之说，嘉礼也。）

2 曲礼下（义与前篇同，简策重多，分为上、下。）

5 王制（名曰王制者，以其记先王班爵、授禄、祭祀、养老之法度。）

10 礼器（名曰礼器者，以其记礼使人成器之义也。故孔子谓子贡：汝，器也。曰：何器也？曰：瑚琏也。）

17 少仪（名曰少仪者，以其记相见及荐羞之少威仪。少，犹小也。）

39 深衣（名曰深衣者，以其记深衣之制也。深衣，连衣裳而纯之以采者。素纯曰长衣，有表则谓之中衣。大夫以上，祭服之中衣用素。诗云："素衣朱襮。"《玉藻》曰："以帛裹布，非礼也。"士祭以朝服，中衣以布明矣。）

（三）明堂阴阳记二篇

6 月令（名曰月令者，以其记十二月政之所行也。本《吕氏春秋》十二月纪之首章也。以礼家好事抄合之，后人因题之名曰《礼记》，言周公所作，其中官名时事，多不合周法。）

14 明堂位（名曰明堂位者，以其记诸侯朝周公于明堂之时，所陈列之位也。）

（四）丧服十一篇

7 曾子问（名曰曾子问者，以其记所问多明于礼，故著姓名以显之。）

15 丧服小记（丧服小记者，以其记丧服之小义也。）

20 杂记上（名曰杂记者，以其杂记诸侯以下至士之丧事。）

21 杂记下

22 丧大记（名曰丧大记者，以其记人君以下，始死、小敛、大敛、殡、葬之事。）

34 奔丧（名曰奔丧者，以其居他国，闻丧奔归之礼。实逸《曲礼》之正篇也。汉兴后，得古文，而礼家又贪其说，因合于《礼记》耳。）

35 问丧（名曰问丧者，以其善问居丧之礼所由也。）

36 服问（名曰服问者，以其善问，以知有服而遭丧所变易之节。）

37 间传（名曰间传者，以其记丧服之间轻重所宜。）

38 三年问（名曰三年问者，善其问，以知丧服年月所由。）

49 丧服四制（名曰丧服四制者，以其记丧服之制取于仁义礼知也。）

（五）世子法二篇

8 文王世子（名曰文王世子者，以其记文王为世子时之法。）

12 内则（名曰内则者，以其记男女居室，事父母舅姑之法。）

（六）祭祀四篇

11 郊特牲（名曰郊特牲者，以其记郊天用骍犊之义。）

23 祭法（名曰祭法者，以其祭有虞氏至周天子以下所制祀群神之数。）

24 祭义（名曰祭义者，以其记祭祀、斋戒、荐羞之义也。）

25 祭统（名曰祭统者，以其记祭祀之本也。统，犹本也。）

（七）吉礼一篇

40 投壶（名曰投壶者，以其记主人与客燕饮，讲论才艺之礼。亦实《曲礼》之正篇也。）

（八）吉事六篇

43 冠义（名曰冠义者，以其记冠礼成人之义。）

44 昏义（名曰昏义者，以其记娶妻之义，内教之所由成也。）

45 乡饮酒义（名曰乡饮酒义者，以其记乡大夫饮宾于庠序之礼，尊贤养老之义。）

46 射义（名曰射义者，以其记燕射、大射之礼，观德行取于士之义。）

47 燕义（名曰燕义者，以其记君臣燕饮之礼，上下相尊之义。）

48 聘义（名曰聘义者，以其记诸侯之国交相聘问之礼，重礼轻财之义也。）

（九）乐记一篇

19 乐记（名曰乐记者，以其记乐之义。）

以上共四十九篇，实止四十六篇。

第四节 曲礼

戴德于二百十五篇中，取八十五篇，戴圣取四十九篇，自来学者多视此为定论，无有异议。然大小戴《记》中，尚有采自逸《礼》之《曲礼》者，不尽出于《记》。考《汉书·儒林传》云："王式既至，止舍中，会诸大夫博士共持酒肉劳式，皆注意高仰之。博士江公世为《鲁诗》宗，至江公著《孝经》说，心嫉式，谓歌吹诸生曰：'歌《骊驹》。'式曰：'闻之于师，客歌《骊驹》，主人歌《客毋庸归》。今日诸君为主人，日尚早，未可也。'江翁曰：'经何以言之？'式曰：'在《曲礼》。'江翁曰：'何狗曲也！'"服虔曰："《骊驹》，逸《诗》篇名也，见《大戴记》。客欲去，歌之。"文颖曰："其辞云：'骊驹在门，仆夫具存。骊驹在路，仆夫整驾。'"据此是《大戴礼》逸篇，有《曲礼》也。

《礼记·奔丧》篇郑《目录》云："《奔丧》者，居于他邦，闻丧奔归之礼，实《曲礼》之正篇也。"《正义》云："郑云逸《礼》者，《汉书·艺文志》云，汉兴，始于鲁淹中得古《礼》五十七篇（案《艺文志》作五十六篇，此云五十七篇误），其十七篇与今《仪礼》正同，其余四十篇，藏在秘府，谓之逸《礼》，其《投壶礼》

亦此类也。"又《六艺论》云："汉兴，高堂生得《礼》十七篇，后孔子壁中得古文《礼》五十七篇，其十七篇与前同，而字多异。"以此言之，则此《奔丧礼》在十七篇外，故谓之逸。下文郑注又引逸《奔丧礼》，似此《奔丧礼》外，更有逸篇。二逸不同，其实只是逸礼《曲礼》篇中之一篇也。《投壶》篇，大小戴《记》均有，惟文字小异。郑《目录》云："亦实《曲礼》之正篇也。"

《曲礼》篇引《曲礼》曰："毋不敬，俨若思，安定辞。"《正义》曰："既云'《曲礼》曰'，是引《仪礼》正经，若引'《春秋》曰'、'《诗》曰'之类，所引者若《冠礼》戒辞云'寿考惟祺，介尔景福'之等。今不见者，或在三千散亡之中也。"

综上诸说，知《大戴记》亡篇中，有《曲礼》篇，《小戴记》之《奔丧》《投壶》两篇出于《曲礼》，"毋不敬"三句，亦即引《曲礼》之语。此《曲礼》究何指乎？案《礼器》篇曰："礼也者，犹体也。体不备，君子谓之不成人。设之不当，犹不备也。礼有大有小，有显有微，大者不可损，小者不可益，显者不可掩，微者不可大也。故经礼三百，曲礼三千，其致一也。"郑注曰："经礼谓《周礼》也，《周礼》六篇，其官有三百六十。曲，犹事，事礼谓今礼也。（今礼即《仪礼》）礼篇多亡，本数未闻，其中事仪三千。"郑于经礼、曲礼分别最明，曲礼即《仪礼》。由此可见大小戴虽自二百十五篇《记》采取成书，然古文《仪礼》增多之三十九篇，尚略存于二戴《记》中也。

第五节　王制

郑《驳五经异义》曰："《王制》是孔子之后大贤所记先王之

事。"《王制》正义曰："《王制》之作，盖在秦汉之际。知者，案下文云有'正听之'，郑云'汉有正平承，秦所置'，又有'古者以周尺'之言，'今以周尺'之语，则知是周亡之后也。秦昭王亡周，故郑答临硕云：'孟子当赧王之际，《王制》之作，复在其后。'卢植云：'汉孝文皇帝令博士诸生作此《王制》之书。'"

陈寿祺曰："《礼记·王制》正义引卢植云'汉孝文皇帝令博士诸生作此书'，考卢氏说出《史记·封禅书》，曰：'文帝召鲁人公孙臣，拜为博士，与诸生草改历服色事，明年，使博士诸生刺六经作《王制》，谋议巡狩封禅事。'然今《王制》无一语及封禅，言巡狩者特一端耳。司马贞《史记索隐》引刘向《别录》（《索隐》作《七录》）云：'文帝所造书，有《本制》《兵制》《服制》篇。'以今《王制》参检，绝不相合。此则博士所作《王制》，或在《艺文志》礼家《古封禅群祀》二十二篇中，非《礼》之《王制》也。"

皮锡瑞曰："郑答临硕曰：'孟子在赧王之际，《王制》之作，复在其后。'推郑君意，似以《王制》为孟子之徒所作，以开卷说'班爵禄'略同《孟子》文也。《王制》非特合于《孟子》，亦多合于《公羊》，姑举数事明之。《公羊》桓十一年传：'郑忽出奔卫。忽何以名？《春秋》伯、子、男，一也。辞无所贬。'《解诂》云：'《春秋》改周之文，从殷之质，合伯、子、男为一。'《王制》曰：'公、侯田方百里，伯七十里，子、男五十里。'郑注云：'此地，殷所因夏爵三等之制。《春秋》变周之文，从殷之质，合伯、子、男以为一，则殷爵三等者，公、侯、伯也。'《正义》曰：'何休之意，合伯、子、男为一，皆从称子。郑意合伯、子、男为一，皆称伯也。'郑、何说虽稍异，而《春秋》三等，《王制》亦三等，其相合者一。《公羊》桓四年传：'春狩于郎。狩者何？田狩也。春曰苗，秋曰蒐，冬曰狩。'何休《废疾》引《运斗枢》曰：'夏不田。

《穀梁》有夏田，于义为短。'郑释之云：'孔子虽有圣德，不敢显然改先王之法，以教授于世；若其所欲改，其阴书于纬，藏之以传后王。《穀梁》四时田者，近孔子故也。《公羊》正当六国之亡，谶纬见，读而传为三时田。'据郑说，则三时田乃孔子《春秋》制。《王制》曰：'天子、诸侯无事，则岁三田。'其相合者二。其他建国之制曰：'凡四海之内九州，州方千里。'又曰：'二百一十国以为州，州有伯。'立学之制曰：'小学在公宫南之左，大学在郊。'取民之制曰：'古者公田藉而不税。'郑注皆以殷制改之，正与《春秋》变周之文、从殷之质相合。特郑君未知即素王之制，故见其与《周礼》不合，而疑为夏、殷礼。"

皮氏又曰："俞樾说：'《王制》者，孔氏之遗书，七十子后学者所记也。王者孰谓？谓素王也。孔子将作《春秋》，先修王法，斟酌损益，具有规条，门弟子与闻绪论，私相纂辑，而成此篇。后儒见其与周制不合而疑之，不知此固素王之法也。'俞氏以《王制》为素王之制，发前人所未发，虽无汉儒明文可据，证以《公羊》《穀梁》二传及《尚书大传》《春秋繁露》《说苑》《白虎通》诸书所说，制度多相符合。似是圣门学者原本圣人之说，定为一代之制，其制损益殷、周，而不尽同殷、周，故与《春秋》说颇相同，而于《周礼》反不相合。必知此为素王改制，《礼》与《春秋》二经始有可通之机，《王制》与《周官》二书亦无纠纷之患。治经者能得此要诀，可事半功倍也。"

案皮氏力主《王制》为今文大宗，其说甚是；谓《王制》即《春秋》素王之制，则今文家曲说，不足信。陈寿祺驳卢植说以为汉文时博士所作，《王制》或在《艺文志》礼家《古封禅群祀》二十二篇中，非《礼记》之《王制》，其说似是而实非。《艺文志》既称封禅群祀为古，其非文帝时书可知。又详审《封禅书》文义，刺六经作《王制》为一事，谋议巡狩封禅为一事，陈氏误以为作《王制》，即谋议封禅事，因疑何以《王制》无一语及封禅。然六经中何尝有言封禅者，诸生将孰从而刺取之乎？陈氏误会《封禅书》文义，并两事为一事，不得不弃《史记》明文，而归之《古封禅群祀》中，未免舍正道而趋曲径矣。窃意今之《王制》，或即《别录》所云之《本制》篇。（《史记索隐》引刘向《别录》云："文帝所造书，有《本制》《兵制》《服制》。"）本制者，国家根本之法制，班爵授禄、祭祀养老之法度是也。故戴圣独采以入记。至诸生所议封禅巡狩之事，必有专篇，因次年新垣平诈发伏诛，文帝怠于改正朔服色神明之事，其书自然废寝，不得流传，正不必因《王制》不言封禅而生疑也。臧庸《拜经日记》曰："案刘向《别录》云'文帝时所造书，有《本制》《兵制》《服制》篇'，而《礼记·王制》只有班爵祭祀养老之文，并无言服制兵制者，则此非汉文时书审矣。且郑《目录》云：此于《别录》属制度，则刘向《别录》、《礼记》本有《王制》，与汉文所造，两列而不容混一。"案臧说甚辨。然《礼记》本采拾而成，其《本制》篇入《礼记》，《别录》属之制度类，其与《兵制》《服制》相联，仍不失为文帝书，故《别录》两著之，《乐记》即其例也。总之论《王制》作者，当依卢植说。

第六节　月令

陈寿祺曰："《月令》正义引郑《目录》云：'《月令》者，本《吕氏春秋》十二月纪之首章，以礼家好事钞合之，后人因题之名曰《礼记》，言周公所作。'寿祺案《正义》云：'贾逵、马融之徒皆云《月令》周公所作，而所据皆夏之时也。'蔡邕《明堂月令论》

曰：'《周书》七十一篇，而《月令》第五十三。'秦相吕不韦著书，取月令为纪号，淮南王安亦取以为第四篇，改名曰《时则》。故偏见之徒，或云《月令》吕不韦作，或云淮南，皆非也。《隋书·牛宏传》：'今《明堂月令》者，蔡邕、王肃云周公所作，《周书》内有《月令》第五十三即此。'《魏郑公谏录》：'《月令》起于上古，吕不韦止是修古《月令》，未必始起秦代也。'此则《礼记·月令》非吕不韦著审矣。《唐书》大衍历议云：'七十二候原于周公《时训》，《月令》虽颇有增益，然先后之次则同。'僧一行亲见《周书·月令》有七十二候，与《礼记·月令》无异，益以信蔡邕之言不妄也。郑君以为礼家抄合，殆失之。又郑君谓三王官无太尉，秦官则有，以此断《月令》为吕氏书。案《月令》命太尉，《吕览》尉作封，然则《礼记》亦当作命大封，即《易通卦验》所谓'夏至景风至，拜大将，封有功'之义。（见《太平御览》引）其作太尉者，《淮南·时则》依汉制改，而礼家从之，非其旧也。"

臧庸《拜经日记》云："《吕氏春秋·孟夏纪》命大封赞杰俊，遂贤良，举长大，行爵出禄，必当其位。《淮南子·时则训》依汉制改大封为大尉，汉儒传《礼记》从之，俗本《吕览》又同《月令》作尉。朱子《仪礼集传集注》云'《吕》尉作封'，今据此改正。案《管子·五行》篇云：'黄帝得大封而辩于西方，故使为司马。'高氏诱据仲冬命神农将巡功云'昔炎帝殖谷，号为神农，后世因名其官为神农'，则此亦因大封治西方职为司马，后世因名司马为大封也。考《汉书·百官公卿表》，'大尉，秦官，金印紫绶，掌武事。武帝建元二年省，元狩四年初置大司马，以冠将军之号'，是太尉即汉之司马。《淮南》改《吕览》以从汉制，不作司马而作大尉者，以汉初官制因秦未革，至元狩四年改制，而淮南王以谋反伏诛在元狩元年，已不及见矣。郑康成因大尉秦官，而以《月令》为秦制，盖未考之《吕览》

钦。"案臧氏解大封义甚详，可以补陈说所未及。

梁玉绳《瞥记》曰："郑注《月令》引今《月令》十七条，今《月令》者即《吕氏春秋》也。其异文不止此，即以十七条而论，亦与高氏注吕本不同。案孔颖达说《月令》出有先后，入《礼记》者为古，不入《礼记》者为今。据郑《目录》，则《礼记·月令》即钞合《吕氏春秋》十二月纪之首章，并无先后古今之分，仲达之言，殊无所据。又郑与高诱同时，所见《吕览》亦不应异同若是。窃疑所谓今《月令》者，乃汉时太史所上月历，非《吕览》也。（《后汉书·侯霸传》'每春下宽大之诏，行四时之令，皆霸所建'，是东汉自有所行《月令》矣。）"

第七节　乐记

《乐记》者，《艺文志》云："河间献王与毛生等共采《周官》及诸子言乐事，以作《乐记》。其内史丞王定传之，以授常山王禹。禹，成帝时为谒者，献二十四卷《记》。刘向校书，得《乐记》二十三篇，与禹不同。"班《志》两载其书，曰《乐记》二十三篇，王禹《记》二十四篇。案《汉书·食货志》王莽下诏曰："《乐语》有五均。"邓展注曰："《乐记》《乐元语》，河间献王所传，道五均事。"臣瓒曰："其文云天子取诸侯之土，以立五均，则市无二价，四民常均，强者不得困弱，富者不得要贫，则公家有余，恩及小民矣。"《白虎通·礼乐》篇亦屡引《乐元语》，此即献王所传《乐记》二十四篇之一篇也。《三礼目录》于《礼记·乐记》云'此于《别录》属《乐记》'，谓属二十三篇之《乐记》也。《礼记正义》云："盖十一篇合为一篇……刘向所校二十三篇，著于《别录》。今《乐记》断取十一篇，余有十二篇，其名犹在。……按《别录》，《礼记》四十九篇，《乐记》第十九，则《乐记》十一篇入《礼记》，在刘向前矣。"《正义》言如此，则今《礼记》中之《乐记》，非王禹《乐记》甚审。《史记正义》云："《乐记》者，公孙尼子次撰也。"此言必本之《别录》《七略》。《乐记》出公孙尼子，而有《窦公》篇者，窦公本魏文侯乐人，年百八十岁，至汉文帝时犹存，此篇或载其在文侯时论乐事也。（以上陈寿祺语）

兹列臧庸《乐记目篇》表于下：

《礼记·乐记》十一篇	《史记·乐记》十三篇	《别录·乐记》二十三篇
	乐本	乐本
乐本	乐论	乐论
乐论	乐礼（《史记正义》作礼乐）	乐施
乐礼	乐施（皆以礼终，下接"乐也者，施也"，至"则以赠诸侯也"）	乐言
乐施		乐礼
乐言	乐情（"然后可以有制于天下也"，下接"乐也者，圣人之所乐也"三十一字）	乐情
乐象		乐化
乐情	乐言	乐象（《史记正义》引作象法）
魏文侯	乐象	宾牟贾（《史记》《礼记》正义皆作宾牟贾问）
宾牟贾	乐化	师乙
乐化	魏文侯	魏文侯
师乙	宾牟贾	奏乐
	师乙	乐器
	奏乐	乐作
	乐义	音始
		乐穆
		说律
		季札
		乐道
		乐义
		昭本
		昭颂
		窦公

第八节　大学　中庸

《中庸》出于子思子，《汉志》有《中庸说》二篇。王应麟曰："《白虎通》谓之《礼中庸记》。"《中庸说》亡佚，当是儒者说《中庸》大义之文。梁武帝作《中庸讲疏》一卷。至宋仁宗始以《大学》赐新第王拱辰等，《中庸》赐新第王尧臣等。朱晦庵《仪礼经传通解》曰："《大学》，《小戴》第四十二篇，专言古者大学教人之次第，河南程氏以为孔氏之遗书者也。《中庸》，《小戴》第三十一篇，程氏以为孔门传授心法，而其书成于子思，其言大抵与《大学》相发明。故熹闻之先君子，尝以为《大学》者此篇之户庭，而此篇则《大学》之阃奥也。"

汪中曰："《大学》其文平正无疵，与《坊记》《表记》《缁衣》相伯仲，为七十子后学者所记，于孔氏为支流余裔，师师相传，不言出自曾子。视《曾子问》《曾子立事》诸篇，非其伦。宋世禅学盛行，士君子入之既深，遂以被诸孔子，是故求之经典，惟《大学》之格物致知，可与傅合，而未能畅其旨也。一以为误，一以为缺，举平日之所心得者，著之于书，以为本义固然，然后欲俯则俯，欲仰则仰，而莫之违矣。习非胜是，一国皆狂，即有特识之士，发瘝于心，至于更定其文，以与之争，则亦不思之过也。诚知其为儒家之绪言，记礼者之通论，孔门设教，初未尝以为至德要道，而使人必出于其途，则无能置其口矣。周秦古书，凡一篇述数事，则必先详其目，而后备言之，其在《逸周书》《管子》《韩非子》至多。本书《祭统》之十伦，《孔子闲居》之五至三无，皆是也。今定为经传，以为二人之辞，而首尾相应，实出一口，殆非所以解经也。意者不托之孔子，则其道不尊；而中引曾子，则又不便于事，必如是而后安尔。门人记孔子之言，必称'子曰''子言之''孔子曰''夫子之言曰'以显之，今《大学》不著何人之言，以为孔子，义无所据。"

宋儒以《大学》《中庸》配《论语》《孟子》称为四书，说者讥其自我作故，不为典要，宜还二篇于《礼记》。郝仲舆曰："世儒见不越凡民，执小数而遗大体，守糟粕而忘菁华，如《曲礼》《王制》《内则》《玉藻》《杂记》则以为礼，如《大学》《中庸》则以为道，过为分析，支离割裂，非先圣教人博文约礼之意。自二篇孤行，则道为空虚而无实地，四十七篇别立，则礼似枯瘁而无根柢，所当亟还旧观者也。"

第九节　礼记传授

《六艺论》云："戴圣传《礼》四十九篇，则此《礼记》是也。"《儒林传》云："小戴授梁人桥仁、杨荣。仁为大鸿胪，家世传业。"兹列表于下：

$$\text{后苍}——\text{戴圣}\begin{cases}\text{桥仁}——\text{桥氏学}\\\text{杨荣}——\text{杨氏学}\end{cases}$$

第十节　大戴礼记及其篇目

《大戴礼记》八十五篇，今本自三十九以前及八十一以后全缺，又缺第四十三、四十四、四十五及六十一四篇，共亡四十六篇，存者凡二十九篇。存篇列后。

王言第三十九（陈先生曰：卢文弨校本作主言，王聘珍《大戴礼解诂》从之，戴震校作王言，孔广森、汪中、汪照、戴礼从之，《家语》同作王言。案篇内"昔者明王"至"有禁而无征"，与《小戴礼·王制》略同。）

哀公问五义第四十（汪照改作《五义》，《荀子·哀公》篇、《家语·五仪解》同。）

哀公问于孔子第四十一（《小戴记·哀公问》同。又前半篇同《家语·问礼解》，后半篇同《家语·大婚解》。）

礼三本第四十二（《荀子·礼论》篇更详，《史记·礼书》亦同。）

礼察第四十六（《小戴记·经解》略同。《史记·礼书》索隐引之。《汉书·贾谊传》论时政疏取此文。）

夏小正第四十七（《隋书·经籍志》、《大戴礼记》十三卷外，又有《夏小正》一卷。《夏小正》似别行，然《北史》魏孝武释奠国学，诏卢景宣讲《大戴礼·夏小正》篇，则此篇自在《记》中。《隋志》又云戴德撰。不知《史记·夏本纪》已云孔子正夏时，学者多传《夏小正》，郑注《小戴礼记·礼运》本之，明非戴德撰。）

保傅第四十八（《汉书·昭帝纪》"通《保傅传》"。文颖注云'贾谊作，在《礼大戴记》'。然《白虎通》及《明堂月令论》引此篇文并云《礼记·保傅》，则贾谊《新书》保傅、傅职、容经、胎教四篇，皆本此记，非谊所作。又《贾谊传》时政疏及刘向《说苑·尊贤》篇亦取此篇文，然则贾谊疏正如董仲舒策引曾子之言耳。）

曾子立事第四十九（《汉书·艺文志》"《曾子》十八篇"，隋唐《志》二卷，晁氏谓其书已见《大戴礼》，陈氏谓后人从《大戴礼》录出别行，然今记止十篇。阮元别为注释。《白虎通·丧服》引

《礼·曾子记》。今无之，已佚。）

曾子本孝第五十（《吕氏春秋·孝行览》"务本莫贵于孝"，本此。）

曾子立孝第五十一（《淮南子·说山训》："曾子立孝，不过胜母之间……曾子立廉，不饮盗泉。"）

曾子大孝第五十二（篇中与《小戴记·祭义》同，《吕氏春秋·孝行览》亦本此。）

曾子事父母第五十三（篇名本《论语》。）

曾子制言上第五十四（孔广森曰"制言者，法言也"。法言本《孝经》"非先王之法言不敢道"。）

曾子制言中第五十五

曾子制言下第五十六（孔广森曰"篇大，故分为三"。）

曾子疾病第五十七（《董仲舒传》"行其所知，则光大矣"，本此篇文。）

曾子天圆第五十八（《淮南子·天文训》本此，《董仲舒传》亦本此。）

武王践阼第五十九（文与《六韬》略同，亦见太公《阴谋金匮》，蔡邕《铭论》言武王铭十八章，今佚其一。）

卫将军文子第六十（《史记·孔子弟子传》，《家语·弟子行解》本此。）

五帝德第六十二（《史记》五帝本纪、三代世表本此，《家语·五帝德》同，《汉书·律历志》引帝考德。）

帝系第六十三（《史记》引作帝系姓，《世本·帝系》篇本此。）

劝学第六十四（《荀子》劝学、宥坐二篇同。《周易正义》引蔡邕《劝学》本此。又《珠玉》一章，同《管子·侈廉》篇。）

子张问入官第六十五（《家语》作入官。）

盛德第六十六（《家语》分作《五刑解》《执辔解》。元熊朋来《五经说》引《明堂》篇，以宋本分此篇为二篇，故《中兴书目》云今所存四十篇。然许慎、蔡邕、刘昭、李谧、牛弘、孔颖达、杜佑、李觏引此篇《明堂制》，不云《明堂篇》。）

千乘第六十七（《别录》"《孔子三朝记》之一"，孔子见鲁哀公问政，比三朝退而为《记》凡七篇。）

四代第六十八（《三朝记》之二，《史记·历书》本此。）

虞戴德第六十九（《三朝记》之三。）

诰志第七十（《三朝记》之四。）

文王官人第七十一（《周书·官人解》同，官人一作观人。）

诸侯迁庙第七十二

诸侯衅庙第七十三（《小戴记·杂记》文同。）

小辨第七十四（《三朝记》之五。）

用兵第七十五（《三朝记》之六。）

少闲第七十六（《三朝记》之七。《三国志·蜀志·秦宓传》注案《中经簿》有《孔子三朝记》八卷，一卷目录）

朝事第七十七（《周礼·秋官》注，《仪礼·觐礼》注，并引作朝事仪。朱子《仪礼经传通解》作朝事义，《小戴记·聘义》文同。本《典命》《大行人》《小行人》《司仪》《掌客》诸职。）

投壶第七十八（《小戴》文略同。）

公冠第七十九（宋本公冠一作公符，《家语》作冠颂解，谯周引作公记，沈文阿引作成王冠仪。）

本命第八十（《家语》名同，《说苑·辨物》篇亦本此，后半篇与《小戴记·丧服四制》同。）

易本命第八十一（《家语·执辔解》文同，《淮南子·墬形训》本此。）

第十一节　大戴记缺篇篇目

王度（《别录》齐宣王时淳于髡等所说，《杂记》注、《曲礼》疏及《白虎通》之《爵》篇、《封公侯》篇、《谏净》篇、《致仕》、《考黜》篇引。）

三正（《三礼义宗》及《仪礼·士冠》疏引，亦见《白虎通》《风俗通》。）

五帝（《白虎通·辟雍》篇引。）

别名（亦作《辨名记》，《白虎通》之《封公侯》篇、《圣人》篇及《礼记·月令》疏引。）

亲属（《白虎通·三纲六纪》篇引。）

谥法（《文苑英华》独孤及《谥议》引，亦见《白虎通》及《路史》。）

礼器（《五经异义》引。）

政穆（《毛诗·大雅》正义引。）

禘于太庙（《仪礼·少牢馈食》注引。）

祭法（皮日休《文薮》补。）

曲礼（《汉书·儒林·王式传》注。）

文王世子（《毛诗·豳诗》疏引。）

第十二节　大戴记传授

后苍——戴德——徐良——徐氏学

第九章　春秋及三传

第一节　春秋名义及其原始

"春秋"之名经无所见，惟传记有之。昭二年韩起聘鲁，称见《鲁春秋》。《外传·晋语》司马侯对晋悼公云："羊舌肸习于《春秋》。"《楚语》申叔时论傅太子之法云："教之以《春秋》。"《礼记·坊记》云："《鲁春秋》记晋丧曰杀其君之子奚齐。"又《经解》曰："属辞比事，《春秋》教也。"凡此诸文所说，多在孔子之前，则知未修之时，旧有"春秋"之目。其名起远，亦难得而详。（《春秋序》正义）《正义》所举而外，复有《管子·山权数》云："《春秋》者，所以纪成败也。"《法法》篇云："故《春秋》之记，臣有弑其君，子有弑其父者矣。"（尹知章注云："《春秋》周公之凡例，而诸侯之国史也。"）《礼记·坊记》子云："《春秋》不称楚越之王。""《鲁春秋》去夫人之姓曰吴，其死曰孟子卒。"《公羊》庄七年传云："不修《春秋》曰，雨星不及地尺而复。"《墨子·明鬼》篇有"周之《春秋》，燕之《春秋》，宋之《春秋》，齐之《春秋》"。又云："吾见百国《春秋》。"《韩非子·内储说上》云："鲁哀公问于孔子曰：'《春秋》之记曰冬十二月陨霜不杀菽'，何为记此？"《战国·燕策》苏代曰："今臣逃而纷齐赵，始可著于《春秋》。"乐毅曰："贤明之君，功立而不废，故著于《春秋》。"《庄子》称《春秋》经世，先王之志，又称《春秋》以道名分。郑樵曰："今《汲冢琐语》亦有《鲁春秋》，记鲁献公十七年事。"总上诸说，以时则或先或后于孔子，以地则或鲁或诸侯，且晋之《乘》，楚之《梼杌》，亦皆名"春秋"，可知"春秋"为诸国国史之大名，亦为鲁史之专称。孔子以前，夙已有之，非待修鲁史而始命此名也。

至国史何以称"春秋"？贾逵曰："'春秋'取法阴阳之中，春为阳中，万物以生，秋为阴中，万物以成，欲使人君动作不失中也。"刘熙曰："春秋者，春秋冬夏，终而成岁。《春秋》书人事，卒岁而究备，春秋温凉，象政和也，故举以为名也。"姜岌曰："仲尼作《春秋》，日以继月，月以继时，时以继年，年以首事。"贺道养曰："春贵阳之始，秋取阳之初。"颜师古曰："《春秋》，孔子约史记而修之也。天有四时，春为阳中，万物以生，秋为阴中，万物以成，故错互举之，包十二月而为名也。"郑樵曰："或谓'春秋'之名，取赏以春夏，刑以秋冬。或谓一褒一贬若春秋。或谓春获麟，秋著书。"案诸说或言阴阳，或言褒贬，恐非正解。"春秋"之义，当以杜预说为定。杜氏《春秋序》曰："'春秋'者，鲁史记之名也。记事者，以事系日，以日系月，以月系时，以时系年，所以纪远近、别同异也。故史之所记，必表年以首事，年有四时，故错举以为所记之名也。"《正义》曰："首，始也。事系日下，年是事端，故史之所记，必先显其年，以为事之初始也。年有四时，不可遍举四时以为书号，故交错互举，取春秋二字，以为所记之名也。春先于夏，秋先于冬，举先可以及后，言春足以兼夏，言秋足以见冬，故举二字以包四时也。"

《春秋》为编年之史，其起或在商代。王国维曰："卜辞言王亥者九，其二有祭日，皆以辛亥。与祭大乙用乙日祭，大甲用甲日同例。是王亥确为殷人以辰为名之始，犹上甲微之为以日为名之始也。然观殷人之名，即不用日辰者，亦取于时为多。自契以下，若昭明，若昌，若冥，皆含朝暮明晦之意。而王恒之名，亦取象于月弦。是以时为名或号者，乃殷俗也。夏后氏之以日为名者，有孔甲，有履癸，要在王亥及上甲之后矣。"据王氏之说，知殷人之俗，最重夫天时。且既知利用辰以记名号，则次列年月，以记大事，亦非不可能。卜辞中有曰"乙未酒盩品田十三丙三丁三示壬三示癸三大丁十大甲十"者，其次序首甲，次乙，次丙，次丁，而终于壬亥，与十日之次全同。可证商人于先世诸公之名，尚以十日之次序，强为整齐。（用王国维说）谓史官不知用干支以编次大事，甚未然也。《左传》疏引《春秋纬》云："黄帝坐于扈阁，凤皇衔书置帝前，其中得五始之文。"依《公羊》说云："元者，气之始；春者，四时之始；王者，受命之始；正月者，政教之始；公即位者，一国之始。"据此似编年之史，起于黄帝，纬书之妖妄，可谓甚矣。《汉书·艺文志》云："古之王者，世有史官，君举必书，所以慎言行，昭法戒（《汉书》作法式，此据《左传》疏改）。左史记言，右史记事，事为《春秋》，言为《尚书》，历代帝王，靡不同之。"《史通·六家》篇依据班说，谓："《春秋》家者，其先出于三代。案《汲冢琐语》记太丁时事，目为《夏殷春秋》。知《春秋》始作，与《尚书》同时。又《竹书纪年》其所记事皆与《鲁春秋》同。"刘子玄之意，以"春秋"为记事之史之共名，而其书则自古有之。案夏代果有编年之史与否，实不敢知。若殷世，则史官所掌，当与周略同。《尚书·多士》篇，周公告商士之文云"惟尔知，惟殷先人有册有典"，是周以前典册记事，经有明文矣。《说文》："册，符命也，诸侯进受于王者也。象其札一长一短，中有二编之形。"卜辞中"册"字之形，皆象札一长一短。《说文》："史，记事者也，从又持中。中，正也。"罗振玉曰："吴中丞云：'象手执简形，古文中作✦，无作中者。'案吴说是也。江先生永《周礼疑义举要》云：

'凡官府簿书谓之中，故诸官言治中受中，小司寇断庶民狱讼之中，皆谓簿书，犹今之案卷也。'故掌文书者谓之史，其字从又从中，可证许君中正之说之失。"（王国维《观堂集林》有《释史》一篇视罗说更详。）案卜辞史作**史**，从又持**中**，中当即"册"字之省，亦象札一长一短，中有二编之形。杜氏《春秋序》云："《周礼》有史官，掌邦国四方之事，达四方之志，诸侯亦各有国史，大事书之于策，小事简牍而已。"古代之辞，皆以竹书，（《说文》"册"之古文作"笧"）翻阅不便，故必简约文辞，确定年月，书于长策，若标题然。至于言语事功之详，则书于简牍，而附于策，册有长札短札，同在一编之形，盖为此也。班氏"左史记言，右史记事，事为《春秋》，言为《尚书》"之说，本于《玉藻》而小异。然观《尚书》亦载事，而《左传》尤多记言，惟《春秋》纯为记事耳。所以然者，春秋为标题，故必记事，若言与事之详，则同在短札，古未必划然分析也。《史记·三代世表》曰："自殷以前诸侯不可得而谱，周以来乃颇可著。孔子因史文次《春秋》，纪元年，正时日月，盖其详哉！至于序《尚书》则略，无年月，或颇有，然多阙，不可录。故疑则传疑，盖其慎也。余读谍记，黄帝以来皆有年数。稽其历谱终始五德之传，古文咸不同乖异。夫子之勿论次其年月，岂虚哉？"史公谓孔子序《尚书》，略无年月，为疑则传疑，其实《尚书》未析出之前，无容更编年月，既析出之后，重在谟训，亦不待编年而明，故有言时而不言月者，如《泰誓》云"十有三年春，大会于孟津"，《金縢》"秋大熟未获"，有言月而不言时者，如《康诰》"惟三月哉生魄"，《召诰》"三月惟丙午朏"，《多士》"惟三月"，《多方》"惟五月丁亥"，《顾命》"惟四月哉生魄"，皆史官所记本文如此，非孔子故阙其年月也。又史公谓稽历谱谍终始五德之传，古文咸不同乖异，谱牒之中，固多出后人伪造及追记，然古史官编年之本，或在其中。罗振玉、王国维二氏精研殷虚遗文，与《史记·殷本纪》《竹书纪年》等书相印证，大体可信。更有《竹书》不误而《尚书》颇异者，如《观堂集林·中宗祖乙》篇云"戬寿堂所藏殷虚文字中有断片，存字六，曰中宗祖乙牛吉"，称祖乙为中宗，全与古今《尚书》学家之说违异。惟《太平御览》八十三引《竹书纪年》曰"祖乙滕即位，是为中宗，居庇"（今本《纪年》注亦云"祖乙之世，商道复兴，号为中宗"即本此），今由此断片，知《纪年》是，而古今《尚书》家说非也。其他证据尚多，可见《竹书纪年》未可忽视。《史记·十二诸侯年表》起于共和，盖共和以后，始有准确年岁可谱，非谓前于共和无年数也。故编年之起，高谈虞夏，诚不敢信，下托周公，亦未必然，谓为出于殷史，而美备于周代，则庶乎近之。

第二节　孔子作春秋及春秋终始

孔子何为而作《春秋》？据杜预《春秋序》曰："或曰：《春秋》之作，《左传》及《穀梁》无明文，说者以仲尼自卫反鲁，修《春秋》，立素王，丘明为素臣。言《公羊》者亦云黜周而王鲁，危行言逊，以辟当时之害，故微其文，隐其意。《公羊》经止获麟，而《左氏》经终孔丘卒，敢问所安？答曰：异乎吾所闻。仲尼曰：'文王既没，文不在兹乎？'此制作之本意也。叹曰：'凤鸟不至，河不出图，吾已矣夫！'盖伤时王之政也。麟凤五灵，王者之嘉瑞也。今麟出非其时，虚其应而失其归，此圣人所以为感也。绝笔于获麟之一句者，所感而起，固所以为终也。"杜氏此《序》以为孔子先有制作之意，而恨时无嘉瑞，明是既得嘉瑞，即便制作，故《春秋》编年之书，必应尽年乃止。而哀公十四年，惟书"西狩获麟"一句，明此一句，即其所感也。

《公羊》哀十四年获麟传云："君子曷为为《春秋》？拨乱世反诸正，莫近诸《春秋》。"《正义》云："孔子未得天命之时，未有制作之意，故但领缘旧经，以济当时而已。既获麟之后，见端门之书，知天命己制作，以俟后王，于是选理典籍，欲为拨乱之道。以为《春秋》者，赏善罚恶之书，若欲治世，反归于正道，莫近于《春秋》之义。是以得天命之后，乃作《春秋》矣。"何休惑于纬书，妄言天命，妖诬不足道。《公羊传》文则略符孟子之旨。

范宁《春秋穀梁传序》曰："昔周道衰陵，乾纲绝纽，礼坏乐崩，彝伦攸斁，弑逆篡盗者国有，淫纵破义者比肩……孔子睹沧海之横流，乃喟然而叹曰'文王既没，文不在兹乎'，言文王之道丧，兴之者在己。于是就大师而正《雅》《颂》，因鲁史而修《春秋》……先王之道既弘，麟感而来应。"

董仲舒曰："周道衰废，孔子知言之不用，道之不行也。是非二百四十二年之中，以为天下仪表。子曰：'我欲载之空言，不如见之于行事之深切著明也。'"

壶遂曰："孔子之时，上无明君，下不得任用，故作《春秋》，垂空文以断礼义。"

刘向曰："夫子行说七十诸侯无定处，意欲使天下之民各得其所，而道不行。退而修《春秋》，采毫毛之善，贬纤介之患，人事浃，王道备，精和圣制，上通于天而麟至。"

闵因曰："孔子受端门之命，制《春秋》之义，使子夏等十四人求周史记，得百二十国宝书，九月经立。"

扬雄曰："仲尼不遭用，《春秋》因斯发。"

《春秋演孔图》曰："获麟而作《春秋》，九月书成。"

赵岐曰："周衰，孔子惧正道遂灭，故作《春秋》。因鲁史记，设素王之法。"

以上诸说皆所以明孔子作《春秋》之本旨，而辞义纷歧，莫归一致，欲得准的，当折衷于孟子之言。

孟子曰："世衰道微，邪说暴行有作，臣弑其君者有之，子弑其父者有之。孔子惧，作《春秋》。《春秋》，天子之事也。是故孔子曰：'知我者其惟《春秋》乎！罪我者其惟《春秋》乎！'"

孔子既有"文王既没，文不在兹"之叹，又睹天下荡荡，王道尽丧之祸，领缘旧文，修订五经，最后乃作《春秋》，知我罪我，非仅纂述陈编，刊正芜乱而已，必有制作大义存于其间。庄子所谓"《春秋》以道名分者"是也。孟子谓"《春秋》为天子之事"者即此。《史记》称"笔则笔，削则削，子夏之徒不能赞一辞"者亦即是。《论语》称"不在其位，不谋其政"，孔子身为匹夫，仰秉周公典法，于当世君臣大人，正名定分，褒刺贬损，若天子之行王政者然，故有"天子之事"之言。皮锡瑞谓："赵岐注《孟子》，两处皆用《公羊》素王之说。朱子注引胡传，亦与《公羊》素王说合。素，空也，谓空设一王之法也。即孟子云'有王者起，必来取法'之意，本非孔子自王，亦非称鲁为王。"案皮氏既知自王王鲁之非，而犹固执《公羊》素王之名，其意特欲尊孔子，尊《春秋》。不知孔子与《春秋》，不待得素王之号而始尊，且亦无空设一王之法之事。孔子曰："甚矣，吾衰也！久矣，吾不复梦见周公！"又曰："苟有用我者，吾其为东周乎！"《春秋》书元年春王正月，而《左氏》补一周字，以明别于夏、殷。是孔子未尝欲革周命也。况伊尹、周公摄行王政，而未尝有假王之嫌。（说者虽谓周公尝称王，殊无确证。）孔子据周公遗典以为后世法，所设者即周公之法也。正如伊、周之辅太甲、成王，行天子之事，而不得谓其有天子之意也。孟子曰"孔子作《春秋》而乱臣贼子惧"，岂惧孔子乎，正惧周公之法明而名分定耳。晋董狐书"赵盾弑其君"，齐太史书"崔杼弑其君"，二人书法皆同。史墨曰：(《左传》昭公二十九年)"官宿其业""一日失战，则死及之"。可见史官有典守之宿业，非周公旧典而何？设史法非出于周公，赵盾何以受而不敢抗？设史法非世宿其业，何以齐太史兄弟被戮，而不肯改？南史氏何以执简而往，必欲书一弑字乎？春秋之乱，源于上下名分不正。故曰："必也正名乎！名不正则言不顺，言不顺则事不成。"然名不能凭私臆定，必得世传公守之旧法为绳墨而后是非有所准。否则自我作故，先无解于"名不正"之咎矣。

今古文家之所以辩难纷纭，终古不决者，皆各有所蔽而不明因袭之理也。今文家以孔子为无前圣人，《春秋》制作，必欲归之孔子而后快。古文家又以孔子全述周公旧典，若影之与形，了无意义。(唐时学校尊周公为先圣，孔子为先师。皮锡瑞以为以生民未有之圣人，不得专享太牢之祭，止可降居配享之列。颇有不平之意，此可以观今文家之心理。)其实皆非也。子曰："述而不作，信而好古，窃比于我老彭。"言老彭不自制作，好述古事，我亦若老彭但述之耳。又曰："盖有不知而作之者，我无是也。多闻择其善者而从之，多见而识之。"所谓从之识之者，当莫过于文武之道。故子贡曰"文武之道，未坠于地，在人。贤者识其大者，不贤者识其小者，莫不有文武之道焉。夫子焉不学"，此可见孔子之学，实源于文、武、周公。谓孔子天纵之圣，生而知之，无待于文、武、周公者，迂腐之见也。至文、武、周公之道，果何自来乎？试征之《论语》："子张问十世。子曰：殷因于夏礼，所损益可知也。周因于殷礼，所损益可知也。其或继周者，虽百世可知也。"是周之典礼，亦根柢于夏、殷，周公制礼，亦但损益之耳，非凿空自造，如后儒所云云也。孔子何以专重周礼，亦自有故。《论语》称"子曰：周监于二代，郁郁乎文哉！吾从周"。《中庸》载"子曰：愚而好自用，贱而好自专，生乎今之世，反古之道，如此者，灾及其身者也。非天子，不议礼，不制度，不考文。天下车同轨，书同文，行同伦。虽有其位，苟无其德，不敢作礼乐；虽有其德，苟无其位，亦不敢作礼乐焉。子曰：吾说夏礼，杞不足征也；吾学殷礼，有宋存焉；吾学周礼，今用之，吾从周"。案《中庸》所说，昭明若此。后儒好为异说，纷呶无已，果何为乎？明乎孔子之学，原于文、武、周公，文、武、周公又原于夏、殷，因袭旧典，无害圣人，何必逞述作之辩而始自诩尊孔子乎？

孟子又曰："王者之迹熄而《诗》亡，《诗》亡然后《春秋》作。晋之《乘》、楚之《梼杌》、鲁之《春秋》，一也。其事则齐桓、晋文，其文则史。孔子曰：其义则丘窃取之矣。"

王者之迹熄而《诗》亡，谓周室东迁，《雅诗》不作，降为《国风》。然此不得谓孔子黜周之证。《关雎》《麟趾》之化，王者之风，则王未始不可称风。惟其政衰道微，不复言天下之事，刑四方之风，故不谓之雅耳。《春秋》之义，本于《周礼》，则若周道复行者然，故曰"《诗》亡然后《春秋》作"也。"其义则丘窃取之"者，谓据《周礼》而明名分也。

总观孟子二文，孔子作《春秋》之本旨，昭然无复疑滞。试再进而推孔子何以必取鲁史之故，《礼运》亦有明文。《礼运》称："孔子曰：於呼哀哉，我观周道，幽、厉伤之。吾舍鲁，何适矣！"昭公元年传："郑公孙黑强与于盟，使太史书其名，且曰七子。"可见当时史法乱矣。鲁史则当较善，孔子主之，此亦一因。《汉书·艺文志》谓"以鲁周公之国，礼文备物，史官有法"者是也。其所以始隐公终获麟之故，据杜预《春秋序》曰："《公羊》经止获麟，而《左氏》经终孔丘卒，敢问所安？答曰：异乎余所闻。……麟凤五灵，王者之嘉瑞也。今麟出非其时，虚其应而失其归，此圣人所以为感也。绝笔于获麟之一句者，所感而起，固所以为终也。曰：然则《春秋》何始于鲁隐公？答曰：周平王，东周之始王也。隐公，让国之贤君也。考乎其时则相接，言乎其位则列国，本乎其始则周公之祚胤也。若平王能祈天永命，绍开中兴，隐公能弘宣祖业，光启王室，则西周之美可寻，文、武之迹不坠。是故因其历数，附其行事，采周之旧，以会成王义，垂法将来。……先儒以为制作三年，文成致麟，既已妖妄，又引经以至仲尼卒，亦又近诬。据《公羊》经止获麟，而《左氏》小邾射不在三叛之数，而余以为感麟而作，作起获麟，则文止于斯，为得其实。至于反袂拭面，称吾道穷，亦无取焉。"杜氏之说云然。《论语》子谓伯鱼曰："女为《周南》《召南》已乎？人而不为《周南》《召南》，其犹正墙面而立也欤！"马融注曰："《周南》《召南》，《国风》之始，乐得淑女以配君，三纲之首，王教之端，故人而不为，如向墙而立。"可知《诗》三百篇，《周南》《召南》尤为首要。考《周南》首列《关雎》，序曰"后妃之德也"；末列《麟之趾》，序曰"《关雎》之应也"。《召南》首列《鹊巢》，序曰"夫人之德也"；末列《驺虞》，序曰"《鹊巢》之应也"。二《南》皆首称不妒之德，末著《麟趾》《驺虞》之应。《礼运》谓："四灵以为畜，故饮食有由也。"郑注曰："四灵与羞物为群。"二《南》之末皆著兽名，当即"四灵为畜，饮食有由"之义，实孔子编《诗》之微旨。《春秋》始于隐公，正以有让位之德，比于后妃夫人之不妒，（《尚书》首《尧典》，亦取其禅让。）哀公十四年，适有获麟之事，孔子感之，因而绝笔，此乃事出偶然，非有奥义，谓感麟而作《春秋》者非，谓作《春秋》而致麟者尤非。（说《春秋》者，误以麟至为有神秘之意义，故皆支离不可信，盖即无麟至，孔子亦必作《春秋》，不过偶逢其事，因而绝笔耳。谓孔子修《春秋》，麟感而至，尤荒谬无取。）

第三节　篇数及续经补传

《汉书·艺文志》："《春秋》古经十二篇，又经十一篇，自注《公羊》《榖梁》二家。"钱大昕曰："汉儒传《春秋》者，以《左氏》为古文，《公羊》《榖梁》为今文，称古经，则共知其为《左氏》矣。《左氏》经、传本各单行，故别有《左氏传》。《尚书》古文经四十六卷，不注孔氏，而别出经二十九卷，注大小夏侯二家，与此同。"

沈钦韩曰："二家合闵公于庄，故十一卷。彼师当缘闵公事短，不足成卷，并合之耳。何休乃云：'系闵公篇于庄公下者，子未三年，无改于父之道。'其先俗师未见古文，或分或合，犹可言也，休已见古文，不当为此言。"

章太炎《春秋左传读叙录》引刘逢禄说曰："十一篇者，夫子手定。《公羊传》所云'隐之篇，僖之篇'是也。何劭公犹传之云：'系闵公篇于庄公下者，子未三年，无改于父之道。'盖西汉胡毋生、颜安乐以来旧本也。古经十二篇，盖刘歆以秘府古文书之，而小变博士所习。（如纪子帛杞侯，夏五月丙午宣榭火，陈灾之属。）或析闵公自为一篇，或附续经为一篇，俱不可知，总之非古本也。"

章氏驳之曰："子骏之说见于《律历志》者，列十二公二百四十二年之事曰：'自《春秋》尽哀十四年，凡二百四十二年，《六国春秋》哀公后十三年，逊于邾。'而不曰二百四十四年，则获麟以后,《左氏》原不以为续经,特存鲁史原文,以记孔丘之卒耳。其不为一篇可知,所多一篇,必闵公篇。《艺文志》:'古文《尚书》经四十六卷为五十七篇。'又云:'经二十九卷,大小夏侯二家,欧阳经三十二卷。'此《书》古今文卷数异也。《诗经》二十八卷,鲁、齐、韩三家。又云《毛诗》二十九卷,《毛诗故训传》三十卷。此《诗》古今文卷数异也。《礼》古经五十六卷,又云经十七卷,后氏戴氏始,此《礼》古今文卷数异也。《论语》古二十一篇,出孔子壁中,两《子张》。又云齐二十二篇,多《问王》《知道》。鲁二十篇。此《论语》古今文篇数异也。何独疑《春秋》古经与今文篇数异乎?公羊家就十一篇而附会'子未三年,无改父道'之义,犹今文《尚书》家,只见二十九篇,而附会二十八篇,当列宿,一篇当北斗也。"

章氏驳刘说极是。《公羊》《穀梁》经皆止于获麟,《左氏》则续传至二十七年公逊于邾,又悼之四年一节。杜注"小邾射以句绎来奔"云:"《春秋》止于获麟,故射不在三叛人之数。自此以下至十六年,皆鲁史记之文,弟子欲存孔子卒,故并录以续孔子所修之经。"案杜说甚是。《公》《穀》于襄二十一年书孔子生,亦补经。《汉书·刘歆传》:"歆以为左丘明好恶与圣人同,亲见夫子,而公羊、穀梁在七十子后,传闻之与亲见之,其详略不同。"刘逢禄云:"《论语》之左丘明,好恶与圣同,其亲见夫子,或在夫子前,俱不可知。若为《左氏春秋》者,则当时夫子弟子传说已异。且鲁悼已称谥,必非《论语》之左丘,其好恶亦大异圣人,以为失明之丘明,犹光武讳秀,刘歆亦可更名秀,嘉新公为刘歆,祁烈伯亦为刘歆也。"刘氏又曰:"左氏仅见夫子之书及列国之史。公羊闻夫子之义。见夫子之书者,盈天下矣,闻而知之者,孟子而下,其惟董生乎!"章太炎驳之曰:"孔子言与左同耻,则是朋友,而非弟子易明

也。何见必后孔子者，乃称鲁君子乎。谓生鲁悼后者，以传有悼之
四年。据《鲁世家》言悼公在位三十七年，去获麟已五十年耳。然
使左氏与曾子年龄相若，则终悼世，尚未及八十也。（此条驳刘氏
丘明盖生鲁悼之后，见夫子之经，及《史记》、晋《乘》之类，而
未闻口受微指也。又称鲁君子则非弟子也条。）故夫左氏书鲁悼者
八十之年，未为大耋，何知不亲见夫子？"案章说甚辩，足以塞刘
氏之口。然窃谓推左氏年岁，不过八十，仅想当然之言耳，未足以
服刘氏诸人之心也。考《汉书·律历志》曰："《春秋》定公即位十
五年，子哀公蒋立……《春秋》尽哀十四年，凡二百四十二年。
《六国春秋》哀公后十三年，逊于邾。"寻绎文义，《春秋》即孔子
之《春秋》，自《春秋》尽哀十四年凡二百四十二年，明《春秋经》
止于哀十四年也。自获麟至孔丘卒，杜注说之已明。若十六年以
后，所谓补传，则实出于《六国春秋》一书，哀公后十三年逊邾
事，正见于补传，而《律历志》谓之《六国春秋》，补传非出丘明
手明矣。如此尚何嫌于书悼公四年事乎？《六国春秋》不著于《艺
文志》，故鲜注意及之者。《艺文志》缺载之书甚多，刘向以中古文
经校施、孟、梁丘经，而中古文《易经》不见于《志》，桓谭称
《连山》藏于兰台，《归藏》藏于太卜，而《连山》《归藏》不见
于《志》。是《六国春秋》虽未著录，而其书汉时尚存，断可知
也。全祖望《经史问答》曰："问《志汉》引《六国春秋》，或曰
即《国策》，是否？答恐非也。《六国春秋》当别是编年之书，而
今不传。《国策》之例，恐近《外传》。盖自哀公二十七年后，当
有《六国春秋》一书，而后《楚汉春秋》继之，然《七略》已不
载是书，其亡久矣。太史公采《国策》止九十三事，则其余所采
或有在《六国春秋》中者，亦未可定也。"大抵六国时传《左氏
春秋》者著是书，如陆贾著《楚汉春秋》，故文辞亦颇类似。后

师取以续传，遂为疑《左传》者所藉口，幸得《律历志》留此孤证，千年积惑赖以释然。

第四节　阙文

顾栋高《春秋阙文表叙》曰："儒者释经，为后王典制所自起，国家善败恒必由之，可不慎哉。《春秋》文多阙误，三《传》类多附会，而《公》《穀》尤甚。迹其流弊，种毒滋深，大者如纪子伯、莒子盟于密，本阙文也，而习《公》《穀》者遂谓纪本子爵，后因天子将娶于纪，进爵为侯，加封百里，以广孝敬。汉世因之，凡立后先封其父为侯，进司马大将军，封爵之滥自此始，而汉祚以移，由不知阙文故也。盖尝推而论之，日食阙书日朔者凡十，本史失之，而《穀梁》则曰'言日不言朔，食晦日也，言朔不言日，食既朔也'。案自襄十五年以后，无不书日朔者，岂自此至获麟近百年，总无食于前、食于后，而独参差不定于襄以前乎？则《穀梁》之说非也。外诸侯卒，阙书名者十，亦史失之，而《左氏》则曰'不书名，未同盟也'。案隐元年及宋人盟于宿，而八年宿男卒不名；成十三年滕会诸侯同伐秦，而十六年滕子卒不名；杞与鲁结昏，而僖二十三年杞成公卒不名，则《左氏》之说非也。夫人不书姜氏，及去姜存氏、去氏存姜者凡四，而《左传》则曰：'不称姜氏，绝不为亲，礼也。'贾逵又云：'哀姜杀子罪轻，故但贬去姜。'《公》《穀》又以出姜不宜成礼于齐，穆姜不宜从夫丧娶，故俱贬去氏。夫去姜存氏、去氏存姜，不成文理，况文姜、哀姜之罪，岂待去其姓氏而明？至夫人方为处女，事由父母，而必责其问合礼与否，无乃蹈拊骖移曰之讥乎？亦拘固不通甚矣。王不称天者凡六，其三史脱之，其三从省文。而胡氏于锡桓公命，归成风之赗及会葬，则六圣人去天以示贬。夫归仲子之赗，王已称天矣，岂于前独罪宰咺，而于天王无贬，于此数事又独责天王，而于荣召无讥乎？桓五年三国从王伐郑，此自省文尔，与公朝于王所同义，而胡氏以为桓王失天讨，岂朝于王所，不责诸侯而反责王乎？必以桓十四年不书王为责桓无王，则宣亦篡弑，何以书王？必以桓四年、七年不书秋冬为责王失刑，则昭十年不书冬，定十四年不书冬，又何以说？秦伐晋，郑伐许，晋伐鲜虞，皆是偶阙人字，而《公》《穀》以为狄之。夫秦且无论，晋之罪莫大于助乱臣立君。襄十四年会孙林父于戚以定卫，当日不闻狄晋，郑伯射王中肩，未尝有微词示贬，而沾沾责其伐许、伐鲜虞，亦可谓舍其大而图其细矣！凡此皆《公》《穀》倡之，而后来诸儒，如孔氏颖达、啖氏助、赵氏匡、陆氏淳、孙氏复、刘氏敞亦既辨之矣，而复大炽于宋之中叶者，盖亦有故焉。自诸儒攻击三《传》，王介甫遂目《春秋》为断烂朝报，不列学官，文定反之，矫枉过正，遂举圣经之断阙不全者，皆以为精义所存，复理《公》《穀》之故说。而吕氏东莱、叶氏少蕴、张氏元德诸儒俱从之。由是《春秋》稍明于唐以后者，复晦昧于宋之南渡，岂非势之相激使然者。夫蔑弃圣人之经与过崇圣人之经，其用心不同，而其未得乎圣人垂世立教之旨则一也。愚故不揆梼昧，浏览诸家之说，于南渡以后，兼取黄氏仲炎、吕氏大圭、程氏端学、俞氏皋、齐氏履谦五家，列阙文凡百有余条，俾学者于此，不复强求其可通，则于诸儒支离穿凿之论，亦扫除过半矣。"

孔颖达谓："《春秋》阙文有二，有史本阙，圣人因而不改者，有系修成后始阙者。"案孔氏说是也。《日知录》曰："孔子曰：'吾犹及史之阙文也。'史之阙文，圣人不敢益也。《春秋》桓公十七年：'冬十月朔，日有食之。'……传曰：'不书朔与日，官失之也.'以圣人之明，千岁之日至，可坐而致，岂难考历布算，以补其阙？而夫子不敢也，况于史文之误而无从取正者乎？况于列国之事，得之传闻，不登于史策者乎？……若乃改葬惠公之类不书者，旧史之所无也。曹大夫、宋大夫、司马、司城之不名者，阙也。郑伯髡顽、楚子麇、齐侯阳生之实杀而书卒者，传闻不胜书，是以从旧史之文也。《左氏》出于获麟之后，网罗浩博，实夫子之所未见。乃后之儒者，似谓已有此书，夫子据而笔削之。即《左氏》之解经，于所不合者亦多曲为之说。而经生之论，遂以圣人所不知为讳，是以新说愈多，而是非靡定。故今人学《春秋》之言，皆郢书燕说，而夫子不能逆料者也。子不云乎'多闻阙疑，慎言其余'，岂特告子张乎？修《春秋》之法，亦不过若此耳。"顾氏颇致疑于《左传》非一人所作，自有所见。惟此须分别言之。孔子时之阙文，固左氏所亲见；《春秋》既传后之阙文，则左氏未能见也。今之《左传》，其解经有所不合者亦多，曲为之说，乃后师据阙文（《春秋》既成以后之阙文）而强为之说，非《左氏》本文已然。推之《公羊》《穀梁》，盖亦若此。学者未明此义，每据后儒附入之说，攻击最初之作者，左氏及子夏，岂能任其咎耶？

第五节　春秋用周正

顾栋高《春秋时令表叙》曰："《春秋》开卷书'春王正月'，议者纷然。蔡氏《尚书传》即主不改时改月之说，而文定传《春秋》又谓夫子虚加'春'字于'月'之上，谓周本是冬十一月，夫子特借以明行夏时之意。是皆考古未核，惑于冬不可为春之疑，遂至辗转相误也。《后汉书·陈宠传》有曰：'天开于子，天以为正，周以为春；地辟于丑，地以为正，殷以为春；人生于寅，人以为正，夏以为春。'是子、丑、寅三阳之月，皆可以言正，皆可以为春明矣。而谓周有天下，更姓改物，于履端初始称冬十一月，以号令天下，一年之内，首尾皆冬，非所以一天下之视听也，周既不改时月矣。而谓夫子为周之臣子，改冬为春，改十一月为正月，戾王朝之正朔，改本国之史书，犹不可以训也。今试以经文最显然者证之：隐九年'三月大雨震电'，若是夏正，则震电不为灾矣；桓十四年'春正月无冰'，若是夏正，则无冰不足异矣。盖自王朝之发号施令，列国之聘享会盟，与史官之编年纪月，较若画一。其余田狩祭享犹用夏时，如蒐苗狝狩、禘祀蒸尝，则以夏时起事，而易其时与月之名。若桓四年'春公狩于郎'，桓八年'春正月己卯蒸'是也。此皆其历历可见者。而传文内间有一二从夏正者，盖亦有故。隐六年'冬宋人取长葛'，而传书'秋'。刘氏敞谓：'丘明作书，杂取当时诸侯史策，有用夏正者，有用周正者，故致与经错异。'可见当时诸侯，亦不尽用周正。孔氏颖达云：'王者存二王之后，使统其正朔，服其服色，故杞、宋各行其祖正朔。'先儒谓宋行商历，晋行颛历，颛历即是建寅。故传书晋国之事，多有从夏正者，若卜偃与绛县老人之言可证也。要自其国通行已久，习俗使然，三代原所不禁，而其告于王朝，则一禀周之正朔。《左氏》特采录列国之私史，其史官之纪载，未经改正，故致偶见此一二耳，无容以为不改时月之验也。其经文则与《尚书》符合，断然周正无疑。善乎，朱子之言，曰：'夫子未笔削以前，鲁史原名《春秋》，可见以春首时。'片言破的，诸儒无所置喙矣。"

严杰《经义丛钞》曰："按《春秋》周正、夏正纷如聚讼。宋儒既有'冬不可为春'之疑，而主周正者，又于经典一二偶不合之处，必欲强以同之，是自寻破绽。是以后人益增惶惑，靡所适从。

愚谓改正朔即是改时月，周断无称冬十一月为岁首之理。王者之发号施令，与史臣之编年纪事，自宜画一，断无不用周正而反从夏正之理。惟民俗话言习于夏正已久，偶有杂出者，在三代原所不禁。如《毛诗》用周正，而'春日迟迟'与'秋日凄凄''冬日烈烈'不可以周正言，以抚时道景，于夏时为切也。《论语》'行夏之时'，明言周家改时，而莫春曰'春服既成'。《孟子》通篇用周正，而公都子曰'冬日则饮汤，夏日则饮水'，俱不可以周正言，以饮食日用于夏时为宜也。惟不必一一强求其同，而正无害其为同。因得张翠屏先生定本，附列于《时令表》之后。其未备者增入之，其强合者驳正之。而后学者于诸经，通达无碍，无龃龉不合，亦无勉强求合之病。而《春秋》'王正月'之为周正，益了然无疑矣。其于经学未必无小补云。僖十五年'韩之战'，及昭三十二年'城成周'，与经所书先后俱差两月。经用周正，传因晋俗而用夏正，此便了然。杜预载《汲冢书》，记曲沃庄伯之十一年十一月为鲁隐之元年正月，其《纪年篇》皆用夏正。先儒谓晋封太原，沿唐之故俗，理或有之。然看来成周盛时，原所不禁。不特周也，亦通三代之所不禁。看《豳风》称'一之日''二之日'，公刘当夏之时，便已自以子月起数。周有天下，遂定为正朔，但不曰'正'，而曰'一'，以避时王之尊号。至武王伐商之年，商命未改，犹曰'惟一月壬辰'，不敢遽用'正'字。《诗》《书》所称，同一揆也。文王于殷时象《易》，于《临卦》曰'至于八月有凶'，亦用子月起数，八月为夏之六月。夏、殷时不禁豳周之用子正，周时独禁晋之用寅正乎？若三代果有此禁，则启之罪状有扈氏，只当云'怠弃夏正'，不当云'怠弃三正'矣。孔子大圣人，为周之臣子，不当教颜渊以行夏之时矣。当日答颜渊，只是现在侯国有用颜子为政者，便当行此数事，非必谓代周而有天下更姓改物，然后行夏之时也。孔子时不比孟子时，以扶起衰周为念。若谓百年之后代周而王者当如此，则孔子教颜渊，乃是悬空说话，不是现在可行之事，岂圣贤商略治道之旨乎？可见当时原是通用，在圣人亦看得平常，又何疑于晋之用夏正也。谓秦以寅月书正，第以十月为岁首，亦未然。彼第见吕不韦作《月令》用夏正，故云然。不知秦亦改时改月，亥月竟称春正月，至寅月已称夏四月矣。沿至汉高、惠、文、景之世犹然。至武帝太初定历，改用夏正。史官因追改前年月，独汉元年冬十月失于追改，犹仍秦旧，故有五星聚东井，致高允之疑。其实秦之冬十月乃夏之七月。七月初未交中气，犹未离六月躔度，日在鹑火与东井，秦分鹑首，犹是隔宫相望。金、水二星附日而行，故俱得会于此。汉初司星者原不错，因后来史官失于追改，后人疑为夏正之十月，则日躔析水之次，与鹑首秦分隔离七宫，金、水无会聚之理。秦之改时改月无所见，此一条其大彰明较著者也。详见唐颜师古《汉书·高帝纪》注及宋刘攽贡父说中。颜、刘俱在史前，而史援引张说未及辨正，可见考核精细之难也。"

"又案秦时置闰，俱称后九月，盖是时历法不讲，不知随时置闰之法，都堆积在岁终。春秋末年，已有此病。此亦秦改时改月之一证也。秦史只称为闰十二月，汉太初以后追改为后九月耳。"

第六节　改制

皮锡瑞曰："《史记·孔子世家》：子曰弗乎弗乎，君子病殁世而名不称焉。吾道不行矣，吾何以自见于后世哉！乃因史记作《春秋》，上至隐公，下讫哀公十四年，十二公，据鲁，亲周，故殷，运之三代，约其辞文而指博。故吴楚之君自称王，而《春秋》贬之曰'子'。践土之会实召周天子，而《春秋》讳之曰'天子狩于河阳'。推此类以绳当世贬损之义，有王者举而开之，《春秋》之义行，则天下乱臣贼子惧焉。孔子在位听讼，文辞有可与人共者，弗独有也。至于为《春秋》，笔则笔，削则削，子夏之徒不能赞一辞。弟子受《春秋》，孔子曰：'后世知丘者以《春秋》，而罪丘者亦以《春秋》。'又《自序》引壶遂曰：'孔子之时，上无明君，下不得任用，故作《春秋》，垂空文以断礼义，当一王之法。'锡瑞案此二条史公未明引董生，不知亦董生所传否，而其言皆明白正大，云'据鲁，亲周，故殷'，则知《公羊》家存三统之义古矣。云'有贬损有笔削'，则知《左氏》家经承旧史之义非矣。云'垂空文，当一王之法'，则知素王改制之义，不必疑矣。《春秋》有素王之义，本为改法而设。后人疑孔子不应称王，不知素王本属《春秋》，而不属孔子。疑孔子不应改制，不知孔子无改制之权，而不妨为改制之言。所谓改制者，犹今人之言变法耳。法积久而必变，有志之士，世不见用，莫不著书立说，思以其所欲变之法，传于后世，望其实行。自周秦诸子，以及近之船山、亭林、梨洲、桴亭诸公皆然。亭林《日知录》明云'立言不为一时'，船山《黄书》《噩梦》，读者未尝疑其僭妄。何独于孔子《春秋》反以僭妄疑之？《春秋》变周之文，从殷之质，或疑孔子自言从周，何得变周从殷，不知孔子周人，平日行事，必从时王之制。至于著书立说，不妨损益前代。颜子问为邦，兼虞、夏、殷、周以答之，此损益四代之明证。郑君解《王制》与《周礼》不合者，率以殷法解之。证以'爵三等''岁三田'，皆与《公羊》义合。此《春秋》从殷之明证。正如今人生于大清，衣冠礼节必遵时制，若著书言法政，则不妨出入。或谓宜从古制，或谓宜采西法。圣人制法，虽非后学所敢妄拟，然自来著书者，莫不如是，特读者习而不察耳。《春秋》所以必改制者，周末文胜，当救之以质。当时老子、墨子、子桑伯子、棘子成，皆已见及之。《春秋》从殷之质，亦是此意。《檀弓》一篇，三言邾娄，与《公羊》齐学同，而言礼多从殷。《中庸》疏引赵商问：'孔子称"吾学《周礼》，今用之，吾从周"。《檀弓》云："今丘也，殷人也。"两楹奠殡、哭师之处，皆所法于殷礼，未必由周，而云吾从周，何也？答曰："今用之者，鲁与诸侯皆周之礼法，非专自施于己。在宋冠章甫之冠，在鲁衣逢掖之衣，何必纯用之。"'《儒行》疏：'案《曲礼》云："去国三世，唯兴之日，从新国之法。"防叔奔鲁，至孔子五世，应从鲁冠，而犹著殷章甫冠者，以丘为制法之主，故有异于人。所行之事多用殷礼，不与寻常同也。且《曲礼》从新国之法，只谓礼仪法用，未必衣服尽从也。'案郑、孔所言，足解从殷之惑。惟衣冠礼法是一类。冠章甫本周制，故公西华可以相礼。两楹奠殡，哭师于寝，盖当时亦可通行。惟作《春秋》立法以待后王，可自为制法之主耳。谓《春秋》皆本鲁史旧文，孔子何必作《春秋》；谓《春秋》皆用周时旧法，孔子亦何必作《春秋》。"

刘申叔《驳孔子改制说》曰：中国自古迄今，制度不同。朝名既改，则制度亦更。然改革制度之权，均操于君主，未有以庶民而操改制之柄者。以庶民而操改制之柄，始于汉儒言孔子改制。

然孔子改制之说，自汉以来，未有奉为定论者。奉汉儒之言为定论，则始于近人。夫以庶民而改制，事非不美，特考之其时，度之于势，稽之于书，觉孔子改制之说，实有未可从者。《中庸》有言"非天子，不议礼，不制度，不考文"，此非孔子之言乎？《王制》有言"析言破律，乱名改作，执左道以乱政，杀"，此非先王之制乎？先王之制既如此，孔子之言又若彼，使孔子而果改制也，又奚必制度之权，谨属于天子？又何必引先王之制，以自蹈乱政之诛？是则孔子者，从周制者也；从周制而兼考古制者也。谓之改古制不可，谓之改周制尤不可。

然孔子改制之说，亦有由来。盖六经之所言之制，与他书不同；而六经所记之制度，复此经与彼经互歧；即一经之中，亦或先后异辞；此诚考古者之所难解也。然静以察之，约有数故：

（一）周代颁行之制，未必普行于列国。古代旧制，仍复并行。如晋启夏政，（《左传》云"封唐于夏墟，启以夏政"，此晋启夏政之说；又晋用夏时，见于《左传》，前人言之已详。）宋袭殷官，（如殷用五官之制，见于《曲礼》诸书，而墨子亦曰"五官六府"。盖宋为殷后，墨子为宋人，所言亦殷制。五官取法五行，故《墨子·经下》篇亦云："五行常相胜。"若宋有六卿，则大抵不列太宰宗伯，而增左师右师。盖即殷代司天之官，别于司民之官之遗制，太宰宗伯，皆司天之官，故不列六官与周异。）鲁备四代之礼乐，（《明堂位》言"鲁备四代之礼乐"。如礼则有虞氏之鸾车，夏后氏之钩车，殷之辂，周之乘辂。爵则夏之盏，殷之斝，周礼之爵。学制则兼备虞之米廪，夏之序，殷之瞽宗，周之泮宫。而乐亦兼备四代，如大琴大瑟中琴小瑟是也。此虽近于夸张，然足证鲁国所讲之制度，不仅一朝，且周公亦未曾尽废古代之制也。）列国之制，有悉用古代之制，有用周制而稍参古制者，故制度互歧。其故一。

（二）由周代之制，亦前后不同。如武王所行之政，殊于文王之治岐；而周公所定之制，又殊于武王开国之初。（如周文王时，用五官之制，故《佚周书·大明武解》云："顺天行五官，官候厥政。"至于开国之后，则改五官为六官。又如孟子言文王治岐，"关市讥而不征，泽梁无禁"。至于周公之时，则有征有禁。又封爵之制，亦周公与武王不同。）盖侯国之制，异于王畿；而守成之法，又异于开创。是犹西汉初年之制，异于孝武时代之制也。故西周末年之制，又与周初不同。（又《礼》言天子不下堂而见诸侯，下堂而见诸侯，天子之失礼也，由夷王以下。是周末年改周初之礼。《周礼》有太宰，无卿士，而《时则训》言幽王时有卿士，此西周末年改周初之官。）东周以降，更无论矣。其故二。

（三）由列国之时，多更古制。（如《春秋经》所书初税亩、作丘甲、作三军、用田赋是。若非言改古制，何以言"作"言"初"。又如晋作州兵、作三行；郑改军制为偏伍；郑作丘赋，楚用乘广。凡田赋军旅之大政，莫不变古。略举数端，余可类推。）无论政治之多纷更也，即礼制亦多纷更。（如《檀弓》篇多著列国之变礼。如言"鲁妇人髽而吊，自败于狐鲐""曾子曰：小功不为位，此委巷之礼"是。余可类推。）故制礼未能画一。其故三。

加以古代之制，或因地而殊，（如乡遂用十夫有沟之法，都鄙用九夫为井之法，而地方区画，或用县遂之法，或用乡党之法，是也。）或因事而殊，（如出军之数，异于赋民之制，是也。）或因时而殊，（如伯禽居丧，不避金革之事是。）至于孔子之时，则古经残缺，故《史记·儒林》有言："《礼》至孔子时，其经不具。"又《孔子世家》曰："周室衰而礼乐废，《诗》《书》缺。"孔子亦曰："吾犹及史之缺文。"（《管子》言封禅者七十二君；夷吾所记者十有二。杨朱言："太古之事渺矣，孰记之哉？"则古事至东周缺者多矣。）经典既残，而古代之书，又著于方策，有漆书刀削之劳，学术多凭口授。孔子虽从周礼，然鲁备四代礼乐；又孔子征夏礼于杞，征殷礼于宋，则孔子编订之礼，于周礼之外，间引古代礼文，亦所必然。故古礼异于周礼者，必明证某礼为某代之制，今见之于《戴礼》者是也。（四代之礼不同，见于《明堂位》《檀弓》《王制》《郊特牲》《表记》者甚多，文词甚繁，兹不赘引。）亦有举古代仅存之礼，而未引今礼，以证其异同者。或系当时人士所共知，不必证明其因革所系，所录之文，书缺有间，未能判决其是非。由前之说，则系孔子之省辞，由后之说，则系孔子之缺疑。（故孔子之言知之为知之，不知为不知。又言君子所不知盖缺如。）况六经多据古册。古册所记，虽系实录，或所录仅一时之制，或所记据时人之言，或增夸饰之辞（如《明堂位》是），或由于传闻之异，孔子因其旧而书之。故六经所言之制，与他书不同。复此经与此经互歧，而一经之中，亦先后异词也。

且孔子周游七十二邦（《庄子》），则所见不仅一国之制；师郯子、苌弘、师襄、老聃，则所闻不仅一人之言。多见而讹，多闻而缺疑。兼收博采，以待折衷。此史谈所由以博而寡要相讥也。然博采异文，附之简策，管、韩诸子皆有之，则儒家之书，记载之歧，奚足异乎？及孔于既没，其弟子所见有异同，所闻亦有详略。或所师不仅孔子一人，如今大小戴诸书，均孔门弟子所编。而《诗》《春秋》诸经，亦为孔门弟子所传。然各有所记，采掇杂辏，或所用非孔子一家之说。由是传经之派，各自不同，其确守孔子之说者亦仅据孔子所录之文，未详考其所出，亦未能判折其异同，则以载籍缺残之故。然六经之互相牾牾者，遂无由而明其故矣。如《檀弓》篇论大功废业，所引者已具两说；而吊丧之服，子游与曾子不同。曾子为子思之师，而其论执亲之丧也，又互相驳诘。足证当世之论古制，均传闻异词。然皆传述之歧，非关制作之旨。（此可证明孔子不改制。若如近人之说，则孔子所改之制，门弟子俱奉之，何以子游与曾子不同，而子思复与曾子不同乎?）

加以战国之去籍，秦政之焚书，古礼尽亡，所存者惟《周官经》。汉儒以之考订他经，觉制度互歧，遂断某书所言为殷礼，某书所言为虞夏礼。及于虞夏殷之礼无所征，遂臆断为孔子所改之制。然孔子改制，于经典无明文。且更制必属于王者，不属于平民。汉儒因《论语》有"其或继周"之文，（或者疑词也。）遂以为孔子承周之统；以谓孔子既承周统，则必革周之制。大承统者必改制，大抵谓王者制定功成也，必新天下之耳目，损益质文，以应世运。然其说非出于儒家，实出于阴阳家之言。"五德考""五德终始"之说，大抵以君主感天而生，历代感生帝不同，则所尚之德亦不同。感生之帝有五，即"青""黄""赤""白""黑"五帝也；所尚之德，即"金""木""水""火""土"五行也。此出于黄帝所倡之五行。若周代文王、周公，均不信五行，故改夏殷之五官为六官，信《周易》而遗《洪范》。《周易》者，不言五行者也。孔子亦治《周易》，故儒家亦不言五行。凡言五行者，均为背师。观荀子之斥子思、孟子也，谓其"案往旧造说，谓之五行，甚僻违而无类"（《非十二子》篇）。则儒家不言五行，于此可见。孟喜《易》注谓"阴阳气无箕子"，箕子为遵信五行之人，阴阳为文王、周公、孔子所奉之说。阴阳气无箕子，固《周易》不言五行之证，亦周代不从五行，孔子不信五行之证也。儒家既不言五行，安有所谓五行之说？故《大戴礼》之载孔子论五帝德也，无一语涉及五德终始。非惟不言五行已也，并不遵从术数。故荀子深辟机祥之道，若五德终始之说，则列于术，合历谱五行二派而成者也。周代传其学者，谓之"日者"。班《志》谓术数皆古明堂羲和史卜所职，而其序阴阳家也，则以阴阳家流，盖出于羲和之官。是战国之时，信术数者，惟阴阳一家。（老、墨均不信术数。）故五德终始之说，亦惟阴阳家言之。《史记》言邹衍"深观阴阳消息，而作怪迂之变，《终始》《大圣》之篇，十余万言"。又言"因载机祥度制"。又言"称引天地剖判以来，五德转移，治各有宜，而符应若兹"。又言邹子"作《主运》"。则五德终始之说，为邹衍所传。至于秦代，而邹衍之说大昌。《史记》云："自齐威、宣之时，邹子之徒论著终始五德之运，及秦帝而齐人奏之，故始皇采用之。而宋毋忌、正伯侨、充尚、羡门子高，最后皆燕人，为方仙道，形解销化，依于鬼神之事。邹衍以阴阳主运显于诸侯，而燕齐海上之方士传其术不能通，然则怪迂阿谀苟合之徒自此兴，不可胜数。"

盖古代之宗教，有神术、仙术二派，及战国时而符箓之说兴。（如"秦伯祠陈仓而获石""赵襄祠常山而获符"是。）其始也亦由于迷信鬼神，厥后则用以预言休咎。至于秦代，其说益盛。（如"亡秦胡也""楚虽三户，亡秦必楚"是。）是为谶纬之始。然谶纬不杂于六经，神术亦不杂于仙术。至燕人依于鬼神之事为仙方，为神术杂于仙术之始；始皇使卢生入海求仙，归奏亡秦之兆，为谶纬杂入仙术之始。又汉人公孙卿言黄帝游山与神会，且战且学仙百余年后，乃与神通（《史记·封禅书》）。而始皇禅梁父封泰山亦采太祝祀雍之礼（《史记·秦本纪》）。则以求仙必本于祀神，而祀神即所以求仙；既重祀神，不得不崇祀神之礼。古代祀神之典，咸见于儒书。欲考祭礼，不得不用儒生；而一二为儒生者，咸因求仙而致用，亦不得不窜仙术于儒书。始皇因卢生亡去而坑诸生，（则卢生亦诸生之一矣。又扶苏言诸生皆诵法孔子，即诸生皆奉儒家之说矣。）又使博士为仙真人诗（《史记》），张苍为秦柱下史，传《左氏春秋》，而其书列于阴阳家（《汉书·艺文志》）。张良从仓海公学礼，或以仓海公为神仙，则秦儒之诵法儒家者，咸杂神仙之说矣。

儒生既杂采神仙之说，由是谶纬之杂入仙术者，亦篡入于儒书，故儒生之明礼者，咸因求仙而进用。汉代亦然，观公玉带献《明堂图》，倪宽草《封禅仪》，司马相如作《封禅文》，咸因汉武求仙之故。然秦皇仅重礼仪，汉武则兼言符瑞，而儒书多言受命之符。（如孔子言"有大德者必受命"，推之《书·太誓》言"赤乌之瑞"，《诗》言"文王受命"之符，又稷契感生之说，《春秋》家言孔子受命及赤血之书，皆其证也。）其说与邹衍之书相近。（为符箓派）故儒生之言礼仪者，一变而为言符瑞，言礼仪出于祀神，言符瑞亦出于祀神，而汉言符瑞，即由逢迎人主之求仙。（观倪宽言黄龙之瑞，非因人主之封禅而何？）厥后求仙之说衰，而言符瑞者，乃一变而侈言谶纬；谶纬盖起于秦汉之间，至哀、平之际而益盛，东汉以降，更无论矣。故汉代之经生，多兼明符箓、历数、仙术。明符箓者，如哀章献《金匮图》是也。明历数者，如路温舒受历数天文，以为汉厄三七之期，贺良上言赤精子之谶，谓汉家历运中衰是也。（历数、符箓二而一者也。）明仙术者，如《韩诗》言郑交甫遇洛神是也。（刘子政亦作《神仙传》。）三者之说，同出一源，近于周秦之方士，实则古代明堂羲和卜祝之嫡传也。是为邹衍学大昌之时代。然以孔子为学者所共尊，由是托名于孔子，若董仲舒诸人，皆传此说者也。使此说而果有意理，则亦已耳。无如谶纬之说，便于君而不便于民。何则？谶纬之说，不外感生受命，以天子为天所生，即受天命以为君，此实神权时代之思想。然后世之君主，恃以护身，因之君主自居于神圣，以轻视下民，而黠民之干大宝者，亦饰此说以惑民。秦汉之间，君权益固，由是陋儒迎合其旨，以谶纬之说，窜入六经，于经文之可附会者，不惜改经义以求售。故《论语》"凤鸟""河图"之文，《公羊》"孔子哭麟"之语，或亦汉儒所伪造。凭臆妄作，以诬古经，遂据邹衍以阴阳推五德之说，以为正朔三而改，文质再而复，逐末忘本，以伪乱真，此正孟子所谓邪词也。使纬书果系孔子所作，何以战国诸子以及孔子之门人，从未一及斯言，则谶纬起于秦汉明矣。

故五德之说，杂入儒书，亦始于秦汉。考《史记·十二诸侯年表序》云："汉相张苍历谱五德，上大夫董仲舒推《春秋》义颇著文焉。"此史公推明汉代五德说之所起也。又《三代世表序》云："余读谍记，黄帝以来，皆有年数。稽其历谱谍终始五德之传，古文咸不同乖异。"此言足证五德之说，与经典之古文乖异。（古文为真经，见《古文学辨诬》。）又《十二诸侯年表序》云"儒家断其义""数家隆于神运"，以数家别于儒家，足证书之言五德终始者，史公均别之儒家以外。又《封禅书》云："群儒已不能辨封禅事，又拘牵于《诗》《书》古文，而不能骋其言。"其言《诗》《书》古文者，正以汉代俗传之《诗》《书》，均有封禅之说，而古文《诗》《书》无之。此即据六艺古本，以证谶纬之失也。又《隋书·经籍志》曰："汉世纬书大行，言五经者皆为其学，惟孔安国、毛公、王璜之徒独非之，相承以为怪妄。故因鲁恭王、河间献王所得古文，参而考之，以成其义。"足证汉代之治古文者，均不信谶纬；其所以不信谶纬者，则以古文不言谶纬之故，此古文学所由长于今文也。今人因古文不言谶纬，于改制诸说，未易附会，于是以古文为伪书，殆孟子所谓"恶其害己而去其籍"者欤。东汉尹敏言纬非圣人所作，桓谭、郑兴均持此说，足证纬非儒家所制定，在汉代早有明征。知纬书之为伪托，即知五德终始之说亦为伪托矣。今乃引之为己助，亦惑之甚者矣。

因五德终始之说兴，由是《公羊》家有王鲁新周故宋黜杞之说。（《繁露·三代改制》篇云："《春秋》作新王之事，变周之制，当正黑统，而殷周为王者之后，绌夏改号禹谓之帝，录其后以小国，故曰绌夏存周，以《春秋》当新王。"）大抵谓孔子托王于鲁，变革周制，以殷周为王者之后。此说一昌，儒者多以为新奇可喜。然《史记·孔子世家》言"孔子据鲁，亲周，故宋"，据鲁者，以鲁为主也，即《史表》所谓兴于鲁而次《春秋》也，言所记之事，以鲁为主，据字之音义近于主，西汉初年钞胥者误主为王，儒生以讹传讹，遂有王鲁之谬说。（《公羊》何注云："惟王者然后改元立号，《春秋》托新王受命于鲁。"《繁露》曰："《春秋》应天作新王之事，时止黑统，王鲁，尚黑。"又曰："《春秋》缘鲁以言王义。"《公羊》何注曰："《春秋》王鲁，托隐公以为始受命王。"又曰："《春秋》托王于鲁，因假以制王法。"又曰："《春秋》王鲁，以鲁为天下化首。"）然如《公羊》所言，则《公羊》于鲁作三军，鲁僭言公，又何以讥其僭用王礼乎？

若夫亲周之说，盖以周为天子，且为鲁国之宗国，故施亲亲之谊。《公羊》宣十六年"成周宣榭灾"，传云："外灾不书，此何以书？新周也。"此"新"字明系"亲"字之讹。盖外灾均不书，因周与鲁最亲，故书其灾，文义至明。至"亲"误为"新"（亦犹《大学》"亲民"之当作"新民"），汉儒不解其词，遂有新周之谬说。若夫故宋之说，不过以宋为古国之后耳。（黜杞者以其用夷礼也。明见于《左传》，而《公羊》家引为黜夏之义，误之甚矣。）史公盖亲见古书，故能据其文以证董生之谬。《春秋》之义，所以不晦者，赖有此耳。乃汉儒既创"新周王鲁"之讹言，犹以为未足，更谓孔子以《春秋》当为新王。（《公羊》何注曰："孔子以《春秋》当新王，上黜杞，下新周而故宋，因天灾中兴之乐器，示周不复兴，故系宣榭于成周，使若国文黜而新之，从为王者后纪灾也。"此说一昌，近人附会之者，其邪说遂日滋矣。）

又自变其王鲁之说。（夫王鲁之说本不足信。《公羊传》引《子家子》斥昭公僭天子之礼，则《公羊》家不以王礼许鲁明矣。安有王鲁之说乎？）又以王鲁为托词，以为王鲁者乃托新王受命于鲁，实则孔子为继周之王，即为制法之王也。（《春秋纬援神契》云："丘为制法之王，黑绿不代苍黄。"《春秋演孔图》曰："丘为木铎，制天下法。"又曰："孔胸文曰，制作定世符运。"《繁露·玉杯》篇云："孔子立新王之道，明其贵志而反和，见其好诚而灭伪，其有继周之弊，故若此也。"盖以孔子为继周之王，即为制法之王，其说大约若此。）其说均迁曲难通。（今以论礼学及国家学两者言之，则王为一国之元首，就中国学理言之，则王即国家。是则王也者，必有王位，有居王位之人，而后可以谓之王者也。今以《春秋》当新王，则是以无机体之书，当有机体之人也。以孔子为王，则是以不居王位之人，而妄称之为王，岂不迁曲难通乎？）

然以孔子为王，于古无征，乃援纬书"素王"二字，以为孔子即"素王"。夫"素王"二字，即孟子"天爵"二字之义。庄子以"虚静恬澹"为"玄圣素王"之道，此泛指有道之人言，非指孔子言。（上文明言尧、舜，无一字涉及孔子，而近人则因庄子为老学，然亦称孔子为素王，可谓断章取义。）周秦以前，无有称孔子为素王者，以孔子为素王，始于纬书。（《春秋元命苞》云："麟出周亡，故立《春秋》，制素王，授当兴也。"《论语》曰："仲尼为素王。"《孝经纬钩命诀》曰："孔子言吾作《孝经》，以素王无爵禄之赏，斧钺之诛，故称明王之道。"而董仲舒等据之遂谓孔子作《春秋》见素王之文，虽大儒若郑君，亦为所惑。故《六艺论》谓孔子既西狩获麟，自号素王，为后世受命之君，制明王之法。）而《淮南子》《中论》《论衡》《风俗通》均袭纬书之说。（《淮南子》云："孔子专行孝道，以成素王。"《中论》云："仲尼为匹夫而称素王。"《论衡》曰："孔子之《春秋》，素王之业也。"《风俗通》曰："孔子制《春秋》之义，著素王之法。"）夫王必有位，故《孟子》曰："天子一位。"《中庸》亦曰："虽有其德，苟无其位，不敢作礼乐。"若如纬书之说，则是无位亦可作礼乐，即背于《中庸》；而不必有位，亦可谓之王，复背"正名"之旨，岂可信乎？

然"素王"犹系空文之称耳。《公羊传》明言"王者孰谓，谓文王"，则以王即孔子，未免前后互歧，背于传文。后儒知其说不足以自立，由是王愆期谓"《公羊》之文王即指孔子"。近人以其新奇可喜，又据《论衡》"文土之义传孔子"一语，遂以《繁露》何注及纬书之"文王"，均指孔子而言。夫《春秋》所用之正，即周代所用之正。《公羊》之文王，明指周代之文王而言，不必强词附会。果如其说，则是以优伶扮演古人之法，施之于孔子，岂非以孔子而扮演文王乎？且《论衡》只言"文王之文传孔子"，未尝言孔子即文王。若合文王、孔子为一人，岂不大谬。今执途人而语之，谓甲即是乙，虽愚者亦察其非。王氏之说，毋乃类是。若不察其非而信之，岂非吕步舒所谓大愚乎。乃近人既信王氏之说，并以荀、孟所言之"圣王"，（其言曰：孟子"圣王不作"即指孔子。荀子"以圣人为师""圣人没"，亦指孔子，并以世子所言圣王之道莫大于恕，亦指孔子而言。）庄、孟所言之"先王"，（其言曰：荀子言"先王恶其乱，故治礼义"，庄子"《春秋》经世先王之志"，孟子"先王有不忍人之心，斯有不忍人之政"，"守先王之道，遵先王之法"，均指孔子而言。引证甚多。）荀卿所言之"后王"，（其言曰：荀子言"后王之成名""君子审后王之道"，彼后王者，天下之君，谬学杂举，不知法后王，谓之不雅。百家之说，不言后王则不听，王者之制法不贰后王，以及法后王一制度，均指孔子而言。）均指孔子而言。夫孟子"圣王不作"明指当时无圣君则言。前文言尧、舜，而复言尧、舜既殁，若此圣王指孔子言，则上言孔子，此文亦当言孔子既殁，方与上文相符。赵岐《章句》曰："此言孔子之后，圣王之道不兴也。"可谓得孟子之义矣。若荀子以"圣王为师"，此则古代君主兼为教师之制，亦非指孔子言也。至于世子等所言之圣王，更系泛指之词。若庄子以"《春秋》为先王之志"，与孟子以"《春秋》为天子之事"同。言《春秋》据先王之法，能得先王治国之意耳。荀子言"先王恶其乱，故制礼义"，而上文言人生有欲，欲不能无求，求不能无争，则此事指上古草昧之世言。（与社会学所言太古之情态合。）且荀子又言"故先王圣人，安为之立中制节"，既言先王，又言圣人，圣人指孔子言，则先王非指孔子言明矣。若孟子言"先王有不忍人之心""不行先王之道""遵先王之道""言则非先王之道"，此先王明指前文之尧、舜言，岂得以为孔子乎？又郑君驳《五经异义》云："《王制》是孔子之后，大贤所记先王之事。"以孔子与先王分言，则先王非指孔子，彰彰明矣。若荀子言"孔子仁智且不蔽，故学乱术足以为先王"，此言孔子之道，足以为王，非谓孔子即王也。至荀子所言"后王"，明系指当时之王而言。《史记·六国表序》云："传曰'法后王'，何也？以其近己而俗变相类，议卑而易行也。"按史公此文，则"后王"即近代之王明矣。若孔子之道，则墨子以为必服古言，马谈以为"博而寡要"，实与"后王"之道相反，今乃谓"后王"即孔子，毋亦昧于史公之文乎？（况荀子之言法后王，其意欲使天下之民，遵守当今之制度，不敢或违，此正李斯、韩非所祖述也。若谓荀子所用之制，即孔子所改之制，非荀子所谓法贰后王乎？盖荀卿不用孔子所改之制，孔子亦未尝改制也。）且"先王"之文，与"后王"之文相对待，果如近人之说，则是"先王""后王"均指孔子言。荀子既言"儒者法先王"，又言"法后王"，同为荀子所著之书，其称乃互相歧异，是曰乱名。乱名者，荀子之所痛斥也，今乃自蹈其失乎？况荀子最崇正名，于公名别名，辨之尤严。若"后王""先王"即孔子，则孔子为别名，"先王""后王"为公名，岂非混别名于公名之中乎？

不惟此也，儒家无帝王思想。《荀子·儒效》篇曰，"大儒者，天子三公也。（杨注云：其才堪王者之佐也。）小儒者，诸侯大夫士也。众人者，工农商贾也。"又以周公为大儒。盖儒者之志，仅以卿相三公为莫大之荣，决不敢以天子自居。故下之僭上，卑之陵尊，均为儒家所首斥。今乃以《白虎通》之"王者"，《大戴礼》之"王言"，《史记》之"王道"悉举而属之孔子，名为尊孔子，实则非孔子之志也。至于孔子之徒，多尊孔子为圣人；而宰予以为贤于尧、舜，此系标榜之词。是犹宋儒以程子接洙泗之传，近儒称戴东原"明德之后，必有达人；孟子之功，不在禹下"也。何得据后儒标榜孔子之词，遂以孔子为帝王乎？盖汉儒以王拟孔子，亦为二因：一则以孔当正黑统。盖以秦为黑统，不欲汉承秦后，遂夺秦黑统而归之孔子，以为汉承孔子之统，此一说也。一则以孔子为赤统，孔子为汉制法，（《论衡·佚文》曰："孔子为汉制文，传在汉也。"《后汉书·霍谞传》曰："此孔子所以垂王法，汉世所宜遵前修。"余见《公羊解诂》不具引。）《春秋》为汉兴而作。（即何休所谓非主假周以为汉制也。）因以孔子受命之符，即汉代受命之符，此又一说也。

由前之说，由于欲汉之抑秦；由后之说，由于欲汉之尊孔。则正汉儒附会其说，欲以歆媚时君，不得已而王孔子。又以王者必受命，遂以西郊获麟，端门受书，为孔子受命之符，并杂引纬书之文以为证。若明其立说之隐，则汉儒之说不难立破。故知纬书不足信，则知孔子之不称王；知孔子之不称王，即知孔子之未尝改制。无稽之说，其亦可以息喙矣。

第七节　凡例

杜预曰："其发凡以言例，皆经国之常制，周公之垂法，史书之旧章，仲尼从而修之，以成一经之通体。其微显阐幽，裁成义类者，皆据旧例而发义，指行事以正褒贬。诸称'书''不书''先书''故书''不言''不称''书曰'之类，皆所以起新旧，发大义，谓之变例。然亦有史所不书，即以为义者，此盖《春秋》新意，故传不言凡，曲而畅之也。其经无义例，因行事而言，则传直言其归趣而已，非例也。故发传之体有三，而为例之情有五。一曰微而显，文见于此而起义在彼，'称族，尊君命'，'舍族，尊夫人'，'梁亡'，'城缘陵'之类是也。二曰志而晦，约言示制，推以知例，参会不地，与谋曰及之类是也。三曰婉而成章，曲从义训，以示大顺，诸所讳避，'璧假许田'之类是也。四尽而不污，直书其事，具文见意，丹楹刻角，天王求车，齐侯献捷之类是也。五曰惩恶而劝善，求名而亡，欲盖而章，书齐豹盗，三叛人名之类是也。推此五体，以寻经传，触类而长之，附于二百四十二年行事，王道之正，人伦之纪备矣。"

《礼纪·经解》篇载孔子之言曰："属辞比事，春秋教也。"聚合会同之辞，是属辞。襄公二十七年，宋人享赵文子，仲尼使举是礼，以为多文辞者是也。比次褒贬之事，是比事。诸称"书""不书""先书""故书""不言""不称""书曰"之类，皆所以起新旧，发大义，杜预谓之变例者是也。盖凡例之数有限，情事之来无穷，必待比傅变通，适符其实，始足以无违礼意，垂法将来，宛如法律之有律有例也。故凡例者，周公以来之定律，"书""不书"之类，孔子修《春秋》之变例，所谓比事者也。

或谓凡例非出于周，陆淳《春秋纂例》驳杜预之说曰："杜预云'凡例皆周公之旧典礼经'，按其传例云'弑君称君，君无道也；称臣，臣之罪也'，然则周公先设弑君之义乎？又曰'用大师曰灭，弗地曰入'，又周公先设相灭之义乎？又云'诸侯同盟，薨则赴以名'。又是周公令称先君之名，以告邻国乎？虽夷狄之人，不应至此也。"案陆氏说至迂腐，不值一辩。而皮锡瑞张大其辞曰："陆淳

302

所引后一条，即《左氏》所谓礼经、杜预所谓常例。陆驳诘明快，不知杜预何以解之，祖杜预者又何以解。柳宗元亦曰'杜预谓例为周公之常法，曾不知侵、伐、入、灭之例，周之盛时，不应预立其法'，与陆氏第二条说同。"兹为皮氏解其惑曰：孟子有言"君之视臣如手足，则臣视君如腹心；君之视臣如犬马，则臣视君如国人；君之视臣如土芥，则臣视君如寇仇"。孟子深于《春秋》之学，故能发此正论。设由他人言之，不知俗儒当若何骇怪！至谓周公不应先设弑君之义，则须知周公之礼经，因于前代。夏商之将亡，太史皆抱其典法，归奔新主，周公制礼，特损益订定之耳。且果如陆淳言，为人子者孰忍言其亲之死，然丧礼何以不废也？又诸侯相灭，夏商以下，史不绝书，文王伐崇戡黎，周史官必有所以记之者。即此凡例之所本也。陆氏又谓"周公不应令赴者称先君之名"，不知杜注明曰"盟以名告神"，故薨亦以名告同盟。《礼记·曲礼》曰："卒哭乃讳。"《杂记》篇曰："天子七月而葬，九月而卒哭；诸侯五月而葬，七月而卒哭。"据此，诸侯之讳在七月卒哭以后，陆氏讥为"夷狄之人，不应至此"，何所据乎？

成公二年，晋侯使巩朔献齐捷于周，王使委于三吏，礼之如侯伯克敌使大夫告庆之礼，降于卿礼一等。王以巩伯宴而私贿之，使相告之曰："非礼也，勿籍。"杜注："籍，书也。"盖天子行事，必依旧典，旧典若穷，则创新法。史官书之垂为法式，所谓天子制礼也。其暂时通变，不为典要者，则勿籍。可证古礼所以益趋繁密之故，亦可以证孔子修《春秋》必创变例之故。

杜预《春秋经传集解序》曰："韩子所见，盖周之旧典礼经也。"又曰："大事书之于策，小事简牍而已。"又曰："仲尼上以遵周公之遗制。"又曰："周公之志，仲尼从而明之。"又曰："其发凡以言例，皆经国之常制，周公之垂法，史书之旧章。"孔疏云："先儒之说《春秋》者多矣，皆云丘明以意作传，说仲尼之经。凡与不凡，无新旧之例。杜所以知发凡言例，是周公垂法史书旧章者，以诸所发凡，皆是国之大典，非独经文之例。隐七年始发凡例，特云谓之《礼经》。十一年又云不书于策。建此二句于诸例之端，明书于策者，皆是经国之常制，非仲尼始造策书自制此礼也。"又云："今案《周礼》竟无凡例，为当礼外别自有凡，为当凡在礼内，今者所据礼内有凡。案《周礼》大宰职于八法之内，有官成、官法。郑众注曰：官成者，谓官府之有成事品式……然则此凡者，是史官之成事法式也。"又引《春秋释例·终篇》云："众凡虽是周公之旧典，丘明撮其体义，引以为言，非纯写故典之文也。盖据古文覆逆而知之，此丘明会意之微致。"今综杜、孔二家之意，盖谓策书之法，即史官之官成，鲁史用之，孔子修之，左氏述而明之，皆此物也。难者或以为《左氏》凡例于《周礼》多无征，或以为周公不应预立杀君灭国之法，申之者又未能得其据依，循其根本。谨案《春秋》天子之事，自必据于《周礼》，《春秋》虽鲁太史所记，实与周太史之职同。故欲明《春秋》之义例，不可不知周太史之职掌。

今寻绎二经之文，而知《春秋》策书之例焉。略陈述其证于左：周官太史掌六典、八法、八则，典者，王谓之《礼经》，常所秉以治天下也。（《天官》注）而《左传》发例，特先言《礼经》，明书法皆合于典法也。此一证也。太史正岁年以序事，颁告朔于邦国，故《春秋》以事系日，以日系月，以月系时，以时系年。又日食必书日，不班历于诸侯则不书日。此二证也。大祭祀，与执事卜日。戒及宿之日，与群执事读礼书而协事。祭之日，执书以次位常，故《春秋》书用郊卜牛大事有事尝烝吉禘之类。此三证也。大会同朝觐，以书协礼事，故《春秋》书公会，公及诸侯盟，公如京师，公如齐之类。此四证也。大师抱天时，与大师同车，故《春秋》书师次于郎，蒐于比蒲之类。此五证也。大迁国，抱法以前，故《春秋》书卫迁于帝丘，邢迁于夷仪之类。此六证也。大丧，执法以莅劝防，故《春秋》书公薨于路寝，夫人子氏薨之类。此七证也。小丧赐谥，注"小丧，卿大夫也"，故《春秋》书挟卒、无骇卒之类。此八证也。小史之职，凡以佐大史，而大祭祀读礼法，史以书叙昭穆之俎簋，故《春秋》书跻僖公，从祀先公之类。此九证也。冯相氏为太史属官，而所掌为天时，保章氏则掌天星，以志日月星辰之变动，故《春秋》书日食星陨，六鹢退飞，星孛大辰之类。又以五云之物，辨吉凶、水旱降丰荒之祲象，故《春秋》书有年不雨蟓螽之类。此十证也。内史掌八枋，爵禄废置杀生予夺，命诸侯孤卿大夫则策命之，故《春秋》书锡桓公命刺公子偃之类。此十一证也。杜预曰："大事书之于策，小事简牍而已。"详大祭祀用册祝，命侯伯卿大夫用策命。《聘礼》百名以上书于策，《左》昭元年郑公孙黑强与于薰隧之盟，使太史书其名。《周礼·大司寇》云"凡邦之大盟约，莅其盟书"，则大盟约亦用策。大会同朝觐，以书协礼事，则亦用策，大丧读诔宜亦用策，夫其所掌大事，大半用策，则其记大事，亦不得不用策，故曰"大事书之于策"。此十二证也。太史掌典法读礼书，故凡《春秋》所云礼，合于《周礼》者也；所云非礼，不合于《周礼》者也。如齐观社，大夫宗妇觌用币，君有变礼，虽细必书。此十三证也。又太史守典奉法，典法所谓大者，虽非其专职，亦得书之。故大司马之职云"贼贤害民则伐之"，而《春秋》书"宋杀其大夫"；云"野荒民散则削之"，故《春秋》书"梁亡"；云"负固不服则侵之"，故《春秋》书"侵楚伐秦"；云"贼弑其亲则正之"，故《春秋》书"执卫侯归之于京师"；云"内外乱、鸟兽行则灭之"，故《春秋》书"蔡世子般弑其君固"。此十四证也。大司寇三典"三曰刑乱国用重典"，注"乱国，篡弑叛逆之国"，故《春秋》书"州吁弑其君完""卫侯朔出奔齐""孙林父入于戚以叛"之类。又吴楚称子不称王，言当为刑法所加也。此十五证也。《大宗伯》以"丧礼哀死亡"，故《春秋》书"外诸侯卒"；以"荒礼哀凶札"，故《春秋》书"大无麦禾"；以"吊礼哀祸灾"，故《春秋》书宋大水，四国灾；以"襘礼哀围败"，故《春秋》书入郢，楚人灭黄；以"恤礼哀寇乱"，故《春秋》书狄入卫，纪侯大去其国；大役之礼任众也，故《春秋》书浚洙，筑台；大封之礼合众也，故《春秋》书韩穿来言汶阳，郑伯以璧假许；以"昏冠之礼亲成男女"，故《春秋》书纪季姜归于京师，夫人姜氏至自齐；以"脤膰之礼亲兄弟之国"，故《春秋》书"天王使石尚来归脤"。此十六证也。总之《春秋》所书，必考之《礼经》，书而法，合于礼也，书而不法，不合于礼也。所谓礼者，周公之制，《春秋》者本之周公之制，以为埻臬者也。丘明所载凡例，未能一一证之《周官》，盖由史官官成尽亡，故无从取验，然大端本之《周礼》，固已彰明较著如此矣。窃谓外史掌达书名于四方，即策书之定例，郑注二说：一以为《尚书》篇名，一以为文字，似皆未允。《荀子·正名》篇曰："刑名从商，爵名从周，文名从礼。"文名者，史文之名；从礼者，从周之礼。杜预云史官达四方之志，盖以所达书名，即四方之志之成法。此说胜于司农者矣。孔子曰"必也正名"，又曰"惟器与名，不可以假人"。《坊记》曰："礼者，所以章疑别微"，"故《春秋》不称楚越之王"，"未没丧，不称君"，"去孟子之姓"。凡此者，皆以礼正名也。必知《春秋》策书有定法，然后知史有阙文之美；必知《春秋》合于《周礼》，然后无疑于天子之事之言；必知《春秋》章疑别微，然后晓然于乱贼怀惧之故；必知《春秋》务在正名，然后不拘执于一字褒贬日月有例之说。善乎，汪中之言，曰："《春秋》本一代之礼，成一国之史，上不可通于夏商，旁不可施于吴楚，非周公不能作，非孔子不能修。"斯言谅矣！

兹录五十凡例于后：

1. 凡诸侯同盟，于是称名，故薨则赴以名，告终称嗣也，以继好息民，谓之《礼经》。隐公七年。

2. 凡雨自三日以往为霖，平地尺为大雪。九年。

3. 凡诸侯有命，告则书，不然则否。师出臧否亦如之。虽及灭国，灭不告败，胜不告克，不书于策。十一年。

4. 凡平原出水为大水。桓公元年。

5. 凡公行告于宗庙，反行饮至，舍爵策勋焉礼也。特相会，往来称地，让事也，自参以上，则往称地，来称会，成事也。二年。

6. 凡公女嫁于敌国，姊妹则上卿送之，以礼于先君，公子则下卿送之；于大国虽公子亦上卿送之；于天子，则诸卿皆行，公不自送；于小国则上大夫送之。三年。

7. 凡祀，启蛰而郊，龙见而雩，始杀而尝，闭蛰而烝，过则书。五年。

8. 凡诸侯之女行，唯王后书。九年。

9. 凡师一宿为舍，再宿为信，过信为次。庄公三年。

10. 凡师敌未陈，曰败某师，皆陈曰战，大崩曰败绩，得俊曰克，覆而败之曰取某师，京师败曰王师败绩于某。十一年。

11. 凡天灾有币无牲，非日月之眚不鼓。二十五年。

12. 凡诸侯之女归宁曰来，出曰来归。夫人归宁曰如某，出曰归于某。二十七年。

13. 凡邑有宗庙先君之主曰都，无曰邑，邑曰筑，都曰城。二十八年。

14. 凡马日中而出，日中而入。二十九年。

15. 凡师有钟鼓曰伐，无曰侵，轻曰袭。二十九年。

16. 凡物不为灾不书。二十九年。

17. 凡土功龙见而毕务，戒事也，火见而致用，水昏正而栽，日至而毕。二十九年。

18. 凡诸侯有四夷之功，则献于王，王以警于夷。中国则否。诸侯不相遗俘。三十一年。

19. 凡侯伯救患分灾讨罪，礼也。僖公元年。

20. 凡诸侯薨于朝会加一等，死王事加二等。四年。

21. 凡分至启闭必书云物，为备故也。五年。

22. 凡夫人不薨于寝，不殡于庙，不赴于同，不祔于姑，则弗致也。八年。

23. 凡在丧王曰小童，公侯曰子。九年。

24. 凡启塞从时。二十年。

25. 凡诸侯同盟死则赴以名礼也，赴以名则亦书之，不然则否，辟不敏也。二十三年。

26. 凡师能左右之曰以。二十六年。

27. 凡君薨，卒哭而祔，祔而作主，特祀于主，烝尝禘于庙。三十三年。

28. 凡君即位，卿出并聘。文公元年。

29. 凡君即位，好舅甥，修昏婚，娶元妃以奉粢盛，孝也。孝，礼之始也。二年。

30. 凡民逃其上曰溃，在上曰逃。三年。

31. 凡会诸侯，不书所会，后也。后至不书其国，辟不敏也。七年。

32. 凡崩薨不赴，则不书；祸福不告，亦不书。十四年。

33. 凡胜国曰灭之，获大城焉曰入之。十五年。

34. 凡诸侯会，公不与不书，讳君恶也；与而不书后也。十五年。

35. 凡弑君称君，君无道也；称臣，臣之罪也。宣公四年。

36. 凡师出与谋曰及，不与谋曰会。七年。

37. 凡诸侯之大夫违，告于诸侯曰，某氏之守臣某，失守宗庙敢告，所有玉帛之使者则告，不然则否。十年。

38. 凡火人火曰火，天火曰灾。十六年。

39. 凡太子之母弟，公在，曰公子；不在，曰弟，十七年。

40. 凡称弟皆母弟也。十七年。

41. 凡自虐其君曰弑，自外曰戕。十八年。

42. 凡诸侯嫁女，同姓媵之，异姓则否。成公八年。

43. 凡自周无出。十二年。

44. 凡君不道于其民，诸侯讨而执之，则曰某人执某侯，不然则否。十五年。

45. 凡去其国，国逆而立之，曰入，复其位曰复归，诸侯纳之曰归，以恶曰复入。十八年。

46. 凡诸侯即位，小国朝之，大国聘焉，以继好结信，谋事补阙，礼之大者也。襄公元年。

47. 凡诸侯之丧，异姓临于外，同姓于宗庙，同宗于祖庙，同族于祢庙。十二年。

48. 凡书取言易也，用大师焉曰灭，弗地曰入。十三年。

49. 凡克邑不用师徒曰取。昭公四年。

50. 凡获器用曰得，得用焉曰获。定公九年。

第八节　左传时月日古例

　　刘申叔《春秋左氏传时月日古例诠微》序曰："史公《三代世表》序云：'孔子因史文作《春秋》，纪元年，正时月日。盖其详哉！'刘子骏《三统历》亦云：'是故元始有象一也，《春秋》二也，三统三也，四时四也：合而为十成五体。'是则《春秋》一经首以'时''月''日'示例。《公》《穀》二家，其例各诠于本传。何、范作注，更扩传文所未备。《左氏传》经远出《公》《穀》前，所诠尤为近实。乃传文所著书日例，仅'日食''大夫卒'二端，余则隐含弗发，以俟隅反。汉儒创通条例，肇端子骏，贾、许诸君，执例全经，于'时''月''日'书法，三致意焉。虽遗说湮沦，存仅百一，然掇彼剩词，详施考核，盖以经书月日，详略不同，均关笔削；礼文隆杀，援是以区，君臣善恶，凭斯而判。所谓辨同异明是非者，胥于是乎在。故数事同'月'，而有'系月''不系月'之殊；二事同'日'，复有'书日''不书日'之别。又或去'月'书'日'，使二事同'日'者，中有'系时''系日'之分。义法照垂，迥超二传。至征南作《释例》，始荡抉旧说之藩，彼以'日食''大夫卒'而外，别无传例可征。故'大夫卒'例曰，丘明'月'无征文，'日'之为例，二事而已。其余详略，皆无义例；而诸溺于《公羊》《穀梁》之说，横为左氏造日月褒贬之例，经传久远，本有异义，犹尚难通，况以他书驱合左氏，引二条之例，以施诸日无例之月（疑'日'字当在'之'字下），妄以生义，此所以垂误而谬戾也。不知汉儒之说，或宗师训，或据传文，盖兰陵北平家法然也。即与二传偶符，亦匪雷同剿说。观于桓经两书'丙戌'：一为鲁郑同盟，一为卫丧。以旧说通之，一由载辞之详，一由赠吊之厚。去上'日'则涉'辞略'，去下'日'则涉'礼亏'。又各经之中，或'时''月'空书，或'时''月'不具，以旧说通之，则去'月'由于不视朔，去'时'由于不登台，与僖五年传文宛合。是则推阐隐幽，钩棘微旨，岂穿穴附合者所克拟哉？斯例不明，则'别显明微'之旨乖，'惩恶劝善'之谊失，而左氏不传《春秋》之说，亦将援是以生矣。《释例》又曰：凡'日''月'者，所以纪远近，明先后。盖记事之常，各随事而存其'日''月'，不有阙也。国史集而书于朝，则简其精粗，合其同异，率意以约文。案《春秋》'朝聘''侵伐''执杀大夫'之属，或'时'或'月'，皆不书'日'；'要盟''战败''崩薨卒葬'之属，亦不皆同，然已颇多书'日'。自文公以上，书'日'者二百四十九；宣公以下亦俱六公，书'日'者四百三十二。计年略同，而'日'数加倍。此则久远遗落，不与近同也。承他国之告，既有详略，且鲁国故典，亦又参差。去其'日''月'，则或害事之先后；备其'日''月'，则古史有所不载。故《春秋》皆不以'日''月'为例。据杜说则经文所书'时''月''日'均承旧史。今考《公羊》隐元年'益师卒'，传云：'何以不日？远也。'杜袭彼文说《左氏》，复昧彼旨所存，不知昭、定之朝，距修经未远，乃昭公十年，不书冬；定十四年亦然，则久远遗落之说非矣。且春不书王，何以独见于桓经，诸侯出亡及返国，经不书'日'，独于卫衎则两书，于此而曰匪义例所寓，夫岂可哉？杜既深抵汉例，故说经之词，恒乖旧说。汉儒之例，以为下事系月，则上事与同月者，虽不系月，亦以月名冠事首。杜例则谓事不冠月，或与下事月同。汉儒之例，凡二事同'日'，一应书，一不应书者，则下事书'月'，上事去'月'书'时'，与因不告朔去'月'者，文同旨异。杜例则均属有'日'无'月'，不复施以区别。弗唯此也，彼于去'月'去'时'之例，概指为阙文，于'大夫卒'一例，明著于传者，且目为无预褒贬。孔疏本之，更谓褒贬不系于书晦，于先儒日月例，指为横造，且以溺于二传为讥。而汉儒所铨大义，至是尽沦，不克与何、范之书并著，岂不恫哉。自曾祖王父治左氏学，作旧注疏证，汉儒故训，甄录靡遗。惟旧例未遑哀辑，师培缵承先业，于赓续疏证之暇，知五十凡例之说，基于征南，汉儒之说，则以凡与不凡，无新旧之别。经有异文，莫不著义，因刺取《释例》及唐疏所引者，援类以区，错综以求厥归，冥索以探其旨。积思既久，举所谓'名例''地例''事例''礼例''灾异例'者，咸豁然贯通。又以'时''月''日'之例，近儒治二传者，咸有专书，惟《左氏》独缺。乃先取汉例，涉及'时''月''日'者，略诠其蕴，刘、贾而外，虽兼及服说，盖以刘、贾为归。汉说不存，则从缺疑，不复引二传为说。成书一卷，名曰《诠微》。若夫月日乖历，或经传之日互殊，是由历术之歧，与书法靡涉。又经文所书月日，恒从赴告，别详总例，非此卷所述也。"

第九节　春秋异文

三传经文，颇多违异。盖《公羊》《穀梁》出自口授，衍文脱文，假字误字，势不能免。《左氏》虽古文，亦间有脱误。兹录三传文异而义不同者列于篇：其详可阅赵坦《春秋异文笺》。

隐公

三年　　《左氏》："纪子帛莒子盟于密。"传曰："鲁故也。"

《公羊》："纪子伯莒子盟于密。"传曰："纪子伯者何？无闻焉尔。"

《穀梁》同《公羊》。传曰："或曰：纪子伯莒子而与之盟。或曰：年同爵同，故纪子以伯先也。"

三年　　《左氏》："君氏卒。"传曰："夏君氏卒，声子也。"又云："不书姓，为公故曰君氏。"

《公羊》："尹氏卒。"传曰："尹氏者何？天子之大夫也。其称尹氏何？贬。何为贬？讥世卿，世卿非礼也。"

《穀梁》同《公羊》。传曰："尹氏者何也？天子之大夫也。"

六年　　《左氏》："郑人来渝平。"传曰："更成也。"（服虔曰："公为郑所获，释而不结平，于是更为约束以结之，故曰渝平。"）

《公羊》："郑人来输平。"传曰："输平者何？输平，犹堕成也。何言乎堕成？败其成也。曰，吾成败矣，吾与郑人未有成也。"

《穀梁》同《公羊》。传曰："输者，堕也，平之为言以道成也。来输平者，不果成也。"

桓公

十八年　　《左氏》："公会齐侯于泺。公与夫人姜氏遂如齐。"《穀梁》同。

《公羊》："公会齐侯于泺。公夫人姜氏遂如齐。"传曰："公何以不言及夫人？夫人外也。夫人外者何？内辞也。其实夫人外公也。"

庄公

元年　　《左氏》："单伯送王姬。"杜注："单伯，天子卿也。"

《公羊》："单伯逆王姬。"传曰："单伯者何？吾大夫之命乎天子者也。何以不称使？天子召而使之也。逆之者何？使我主之也。"

《穀梁》同《公羊》。传曰："单伯者何？吾大夫之命乎天子者也。命大夫故不名也。"

六年　　《左氏》："春王正月，王人子突救卫。"三传皆无明文，未详孰是。

《公》《穀》："春王三月，王人子突救卫。"

《左氏》："齐人来归卫俘。"传曰："齐人来归卫宝，文姜请之也。"

《公》《穀》："齐人来归卫宝。"《左氏》经文误。

八年　　《左氏》："治兵。"传曰："治兵于庙，礼也。"《穀梁》同《左氏》。

《公羊》："祠兵。"传曰："祠兵者何？出曰祠兵，入曰振旅，其礼一也。皆习战也。"

十三年　　《左氏》："齐侯宋人陈人蔡人邾人会于北杏。"（《公羊》"邾"同《左》，惟"邾"作"邾娄"。）

《穀梁》："齐人宋人陈人蔡人邾人会于北杏。"传曰："是齐侯宋公也。其曰'人'何也？始疑之。何疑？为桓非受命之伯也，将以事授之者也，曰可矣乎？未乎？举人，众之辞也。"

二十年　　《左氏》："齐人伐戎。"《公羊》同。

《穀梁》："齐人伐我。"

三十年　　《左氏》："冬十月己未，子般卒。"

《公》《穀》："冬十月乙未，子般卒。""乙未"字误。

僖公

九年　　《左氏》："甲子晋侯佹诸卒。"《穀梁》亦作甲子。
《公羊》："甲戌晋侯诡诸卒。"

文公

十三年　　《左氏》："大室屋坏。"传曰："大室之屋坏，书不共也。"（杜注："大庙之室。"）
《公羊》："世室屋坏。"传曰："世室者何？鲁公之庙也。周公称太庙，鲁公称世室，群公称宫。"
《穀梁》同《左氏》。传曰："大室犹世室也。周公曰大庙，伯禽曰大室，群公曰宫。"

宣公

元年　　《左氏》："冬，晋赵穿帅师侵崇。"（杜注："崇，秦之与国。"）《穀梁》同。
《公羊》："晋赵穿帅师侵柳。"传曰："柳者何？天子之邑也。曷为不系乎周？不与伐天子也。"
十三年　　《左氏》："春，齐师伐莒。"传曰："齐师伐莒，恃晋而不事齐故也。"《穀梁》同。
《公羊》："春，齐师伐卫。"
十六年　　《左氏》："夏，成周宣榭火。"传曰："夏，成周宣榭火，人火之也。凡火人火曰火，天火曰灾。"

《公羊》："夏，成周宣榭灾。"传曰："成周者何？东周也。宣榭者何？宣宫之榭也。何言乎成周宣榭灾？乐器藏焉尔。成周宣榭灾，何以书？记灾也。外灾不书，此何以书？新周也。"

《穀梁》："夏，成周宣榭灾。"传曰："周灾不志也。其曰宣榭何也？以乐器之所藏目之也。"

成公

十年　　《左氏》："冬十月。"《公羊》无"冬十月"三字。《穀梁》同《左氏》。

襄公

十三年　　《左氏》："夏，取邾。"传曰："夏，邾乱，分为三，师救邾，遂取之。"《穀梁》同。

《公羊》："夏，取诗。"传曰："诗者何？邾娄之邑也。曷为不系乎邾娄？讳亟也。"

十四年　　《左氏》："卫侯出奔齐。"《穀梁》同。（杜注："不书名从告。"）

《公羊》："卫侯衎出奔齐。"（何注："不书孙宁逐君者，举君绝为重。"）

昭公

元年　　《左氏》："晋荀吴帅师败狄于大卤。"

《公羊》："晋荀吴帅师败狄于大原。"传曰："此大卤也，曷为谓之大原？地物从中国，邑人名从主人。"《穀梁》同。

十一年　　《左氏》："春王二月，叔弓如宋葬宋平公。"《穀梁》同。

《公羊》："春王正月，叔弓如宋葬宋平公。"

二十一年　　《左氏》："蔡侯朱出奔楚。"《公羊》同。

《穀梁》："蔡侯东出奔楚。"传曰："东者，东国也。"

定公

五年　　《左氏》："春王三月辛亥朔，日有食之。"《穀梁》同。

《公羊》："春王正月辛亥朔，日有食之。"

八年　　《左氏》："晋士鞅帅师侵郑，遂侵卫。"《穀梁》同。

《公羊》："晋赵鞅帅师侵郑，遂侵卫。"

第十节　褒贬

陈寿祺曰："窃观孟子言'孔子作《春秋》'。'作'之云者，虽据旧史之文，必有增损改易之迹。不修《春秋》曰：'雨星不及地尺而复。'君子修之曰：'星陨如雨。'诸侯之策曰：'孙林父、宁殖出其君。'孔子书之曰：'卫侯衍出奔齐。'晋文公召王而朝之。孔子曰：'以臣召君，不可以训。'故书曰：'天王狩于河阳。'《鲁春秋》去夫人之姓曰吴，其卒曰孟子卒。孔子书孟子卒，而不书夫人吴。此其增损改易之验，见于经典者也。华督得罪于宋殇公，名在诸侯之策。晋董狐书曰：'赵盾弑其君。'齐太史书曰：'崔杼弑其君。'《鲁春秋》记晋丧曰：'弑其君之子奚齐及其君卓。'孔子于《春秋》，皆无异辞，此循旧而不改之验也。太子独记子同生，而不及子赤、子野、襄公，则知此为《春秋》特笔，以起不能防闲文姜之失。妾母独录惠公仲子、僖公成风，而略于敬嬴、定姒、齐归，则知此亦《春秋》特笔，以著公妾立庙称夫人之始。有年、大有年，惟见桓三年及宣十六年。盖承屡祲之后，书以示幸。王臣书氏，惟见隐三年及昭二十三年、二十六年，盖兆世卿之乱王室，书以示讥。则其他之删削者夥矣。外大夫奔书字，惟见文十四年宋子哀，盖褒其不失职。外大夫见杀书字，惟见桓二年孔父，盖美其死节。公子季友、公弟叔肸称字，季子、高子称子，所以嘉其贤。齐豹曰盗，三叛人名，所以斥其恶。公薨以不地见弑，夫人以尸归见杀，师以战见败，公夫人奔曰孙，内杀大夫曰刺，天王不言出，凡伯不言执，与王人盟不言公，皆《春秋》特笔也。是知圣人修改之迹，不可胜数，善善恶恶，义逾衮钺。然后是非由此明，功罪由此定，劝惩由此生，治乱由此正。故曰《春秋》天子之事。苟徒因仍旧史，不立褒贬，则诸侯之策，当时未始亡也，孔子何为作《春秋》？且使《春秋》直写鲁史之文，则孟子何以谓之作？则知我罪我安所征？乱臣贼子安所惧？"锡瑞案：陈氏引《春秋》书法，兼采三传，求其增损改易之迹可谓深切著明。即此足见《左氏》家经承旧史，史承赴告，其说近是而实不是。孔子作《春秋》，非可凭空结撰，其承旧史，是应有之事；鲁史亦非能凭臆捏造，其承赴告亦是应有之事。《左氏》家说本非全然无理，特后人视之过泥，持之太坚，谓《春秋》止是抄录旧文，尚不如《汉书》之本《史记》，《后汉书》之袭《三国志》，《新五代史》《唐书》之因《旧五代史》《唐书》，犹有增损改易之功，则《春秋》一书，于鲁史为重台，于《左传》为疣

赘，宋人废之，诚不为过矣。而《春秋》经，岂若是乎？（皮锡瑞《春秋通论》）

第十一节　左传

《史记》十二诸侯年表曰："是以孔子明王道，干七十余君，莫能用，故西观周室，论史记旧闻，兴于鲁而次《春秋》。上记隐下至哀之获麟。约其辞文，去其烦重，以制义法，王道备，人事浃，七十子之徒，口受其传指，为有所刺讥褒讳挹损之文辞，不可以书见也。鲁君子左丘明惧弟子人人异端，各安其意，失其真，故因孔子史记，具论其语，成《左氏春秋》。"《汉书·艺文志》云："古之王者世有史官，左史记言，右史记事，事为《春秋》，言为《尚书》。古之帝王，靡不同之。周室既微，载籍残缺，仲尼思存先圣之业，以鲁周公之国，礼文备物，史官有法，故与左丘明观其史记，据行事，仍人道，因兴以立功，就败以成罚，假日月以定历数，藉朝聘以正礼乐，有所褒讳贬损，不可书见，口授弟子，弟子退而异言。丘明恐弟子各安其意，以失其真，故论本事而作传，明夫子不以空言说经也。《春秋》所贬损大人当世君臣，有威权势力，其事实皆形于传。是以隐其书而不宣，所以免时难也。及末世口说流行，故有公羊、穀梁、邹、夹之传。四家之中，《公羊》《穀梁》立于学官，邹氏无师，夹氏未有书。"案《史》《汉》之言，昭明若此，谓左氏不传《春秋》，特汉博士嫉妒道真之辞耳。如刘逢禄之言曰："丘明论本事而作传，何史公不名为传而曰《春秋》？且如鄅季姬、鲁单伯、子叔姬事何失实也？经所不及者，独详志之，又何说也？经不待事而著，夫子曰：'其义则丘窃取之矣。'何左氏所述君子之论，多乖异也？"章太炎驳之曰："不名为传名为《左氏春秋》者，《左氏春秋》犹云《毛诗》《齐诗》《鲁诗》《韩诗》，非谓孔子删定之诗而外，复有《毛诗》《齐诗》《鲁诗》《韩诗》，如折扬皇华之流也。郑季姬等，《公羊》自失实，转谓《左氏》失实乎？详经所不及者，或穷其源委，或言有可采，事有可观，无非为经义之旁证。观裴松之注《国志》本传，不列其名而引以相稽者多矣，《左氏》说经，岂有异是？经果重义，若谓不待事而著，则何不空设条例，对置甲乙，以极其所欲言；而必取已成之事，加减损益，为削趾适履者之所为？既诬古人，又不能与意密合。今取《春秋》经以校《六典》《唐律》，其科条之疏密为何如耶？述君子者多乖异，谓其乖异于孔子乎？将乖异于《公羊》乎？孔子之旨，本待传见，未尝自言，何以知其乖异？若乖异于他经，论仁言政，《论语》尚数有异同，时有险易，语有进退，岂彼六经悉能较若画一？若乖异于《公羊》者，则《公羊》又乖异于《穀梁》。庄周称齐谐，孟轲称齐东野人之语，诈谖诬罔，诡更正文，齐学之所长如此，宜乎《左氏》《穀梁》皆与乖异也。"

章氏所云，驳诘明快，足以张左氏学者之目。《左传》疏引沈氏（陈沈文阿）云：严氏《春秋》引《观周》篇云："孔子将修《春秋》，与左丘明乘如周观书于周史，归而修《春秋》之经，丘明为之传，共为表里。"严彭祖治《公羊春秋》，又在王肃伪撰《家语》以前，其言自可信。"《公羊》疏闵因叙云：'昔孔子受端门之命，制《春秋》之义，使子夏等十四人，求周史记，得百二十国宝书，九月经立，《感精符》《考异邮》《说题辞》具有其文。'案此当即与左丘明观周之误。百二十国之名，见于《春秋》经者，止五十余国，通戎夷宿潞之属，仅有六十。苏轼《春秋列国图说》曰：'《春秋》之国，见于经传者，总一百二十四国。鲁、晋、楚、齐、秦、吴、越、宋、卫、郑、陈、蔡、邾、曹、许、莒、杞、滕、薛、小邾、息、随、虞、北燕、纪、巴、邓、鄏、徐、鄘、芮、胡、南燕、州、梁、荀、贾、凡、祭、宿、郇、原、夔、舒鸠、滑、郲、黄、罗、邢、魏、霍、郜、鄋瞒、向、偪阳、韩、舒庸、焦、杨、夷、申、密、耿、麇、莱、弦、顿、沈、穀、谭、舒、邔、白狄、赖、肥、鼓、戎、唐、潞、江、郧、权、道、柏、贰、轸、绞、蓼、六、遂、崇、戴、冀、蛮、温、厉、项、英氏、介、巢、卢、根牟、无终、郝、姒、蓐狄、房、鲜虞、陆浑、桐、郯、於余丘、须句、颛臾、任、葛、萧、牟、鄟、极、鄋。蛮夷戎狄，不在其间。'苏氏云百二十四国，正合百二十国宝书之数。《公羊疏》但据经言止得其半，苏氏兼据《左氏传》乃得其全。惟苏氏计数，亦有疏失。云百二十四国，今数之止百二十一国，二虢及齐所**迁之阳**，楚所灭之庸，皆失数。传言毛、聃、雍、邘、应、蒋、**茅、胙，亦不列入**；沈姒、蓐黄在北，**沈胡、江黄在南，当有二沈二黄，止列其一**。云蛮夷戎狄，不在其间，又有鄋瞒、白狄、肥、鼓、戎、蛮、潞狄、**无终**、鲜虞、陆浑诸国，此皆夷蛮戎狄，未必有宝书。当去诸国，而以所漏列者补之，数虽稍赢，计其整数，亦与百二十国合。"（此据皮锡瑞《春秋通论》说）据此闵因百二十国之说，如真有所本，亦必待《左传》而始得证明。徒恃《公羊》，将何以为役乎？刘歆曰："左丘明好恶与圣人同，亲见夫子；而公、穀在七十子之后，传闻之与亲见其详略不同也。"桓谭曰："《左氏》传世后百余年，鲁穀梁赤为《春秋》传，多所遗失。又齐人公羊高缘经文作传，弥离其本事矣。《左氏》经之与传，犹衣之表里，相待而成，经而无传，使圣人闭门思之，十年不能知也。"王充曰："公羊高、穀梁寘、胡母氏皆传《春秋》，各置门户，独《左氏传》为近得实。何以验之？《礼记》造于孔子之堂，太史公汉之通人也，

《左氏》之言，与二书合，公羊高、穀梁寔、胡母氏不相合。又诸家去孔子远，远不如近，闻不如见，刘子政玩弄《左氏》，童仆妻子，皆呻吟之。光武皇帝之时，陈元、范叔上书连属，条事是非，《左氏》遂立。范叔寻因罪罢，元、叔天下极才，讲论是非，有余力矣。陈元言纳，范叔章绌，《左氏》得实，明矣。"刘歆、桓谭、王充三说，皆足正当时俗儒妄谓左氏不传《春秋》之谬。

第十二节　左氏传授

《汉书·艺文志》："《春秋》古经十二篇，《左氏传》三十卷。"《刘歆传》："歆校秘书，见古文《春秋左氏传》，大好之。丞相史尹咸以能治《左氏》，与歆共校经传。歆略从咸及翟方进受，质问大义。初《左氏传》多古字古言，学者传训诂而已。及歆治《左氏》，引传文以解经，转相发明，由是章句义理备焉。歆以为左丘明好恶与圣人同，亲见夫子，而公羊、穀梁在七十子后，传闻之与亲见之，其详略不同。及歆亲近，欲建立《左氏春秋》及《毛诗》、《逸礼》、古文《尚书》，皆列于学官。哀帝令歆与五经博士讲论其义，诸博士或不肯置对，歆乃移书让之。"

《汉书·儒林传》："穀梁议郎尹更始又受《左氏传》，取其变理合者，以为章句，传子咸及翟方进、琅邪房凤。"

"凤明经通达，迁五官中郎将。时光禄勋王龚与奉车都尉刘歆共校书，三人皆侍中。歆白《左氏春秋》可立。哀帝纳之，以问诸儒，皆不对。歆于是数见丞相孔光，为言《左氏》以求助，光卒不肯，惟凤、龚许歆，遂共移书责让太常博士。"

"汉兴，北平侯张苍及梁太傅贾谊，京兆尹张敞，太中大夫刘公子，皆修《春秋左氏传》。谊为《左氏传》训故，授赵人贯公，为河间献王博士，子长卿为荡阴令，授清河张禹长子。禹与萧望之同时为御史，数为望之言《左氏》。望之善之，上书数以称说。后望之为太子太傅，荐禹于宣帝。征禹待诏，未及问，会疾死。授尹更始，更始授子咸及翟方进、胡常，常授黎阳贾护季君，哀帝时待诏为郎，授苍梧陈钦子佚，以《左氏》授王莽，至将军。而刘歆从尹咸及翟方进受，由是言《左氏》者，本之贾护、刘歆。"

《后汉书·郑兴传》："少学《公羊春秋》，晚善《左氏》。天凤中将门人从刘歆讲正大义。歆使撰条例、章句、训诂，及校《三统历》。世言《左氏》者，多祖兴。兴子众作《春秋难记条例》。"

《范升传》："尚书令韩歆上疏欲为《左氏春秋》立博士，诏下其议。四年正月朝公卿、大夫、博士，见于云台。帝曰：'范博士可前平说。'升起对曰：'《左氏》不祖孔子，而出于丘明，师徒相传，又无其人。'遂与韩歆、许淑等互相辩难，日中乃罢。升乃奏《左氏》之失凡十四事。时难者以太史公多引《左氏》，升又上太史公违戾五经，谬孔子言，及《左氏春秋》不可录三十一事。诏以下博士。"

《贾逵传》："九世祖谊，文帝时为梁王太傅，曾祖父光为常山太守，父徽从刘歆受《左氏春秋》，作《左氏条例》二十一篇。逵悉传父业。肃宗好古文《尚书》、《左氏传》，建初元年诏逵入讲北宫白虎观、南宫云台。帝善逵说，使出《左氏传》大义长于二传者。逵于是具条奏之。帝令逵自选《公羊》严、颜诸生高才二十人，教以《左氏》，与简纸经传各一通。"

《班彪传》："定、哀之间，鲁君子左丘明论集其文，作《左氏传》三十篇。又撰异同，号曰《国语》，二十一篇。由是《乘》《梼杌》之事遂暗，而《左氏》《国语》独章。"

刘向《别录》："左丘明授曾申，申授吴起，起授其子期，期授楚人铎椒，铎椒作《抄撮》八卷，授虞卿，虞卿作《抄撮》九卷，授荀卿，荀卿授张苍。"

《经典释文》曰："左丘明作传以授曾申，申传卫人吴起，起传其子期，期传楚人铎椒，铎椒传赵人虞卿，卿传同郡荀况，况传武威张苍，苍传洛阳贾谊，谊传至其孙嘉，嘉传赵人贯公，贯公传其少子长卿，长卿传京兆尹张敞及侍御史张禹。"

综上列诸说，《左氏》之传授略明。兹列简表如下：

（一）孔子—左丘明—曾申—吴起—吴期—铎椒—虞卿—荀卿—张苍

（二）张苍—贾谊——贾嘉（《经典释文》谓嘉传贯公，误。）
贯公—贯长卿—张禹—尹更始——尹咸
翟方进——刘歆
胡常—贾护

（三）刘歆——郑兴—郑众—郑安世
贾徽—贾逵—崔瑗
桓谭

（四）贾护—陈钦—陈元

第十三节　左氏学行于西汉考 刘申叔先生

《汉书·艺文志》云："《春秋》古经十二篇，经十一卷，《左氏传》三十卷。"古经者，《左氏》经也。经者，《公》《穀》经也。别言《左氏传》者，西汉《左氏传》与经别行也。《左氏》经得之汉初，自张苍受业荀卿传《左氏》学，汉兴献《春秋左氏传》，此西汉秘府有《春秋》古经及《左传》之始，盖在高帝之时。故高祖之诏引其文，叔孙通之伦，并采其说以制礼。下迄文帝诏书，武帝制令，哀帝封册，咸书其文。汉廷有司，亦持以议礼，此即张苍所献之书，亦即刘歆所谓《春秋左氏》，丘明所修。皆古文旧书，多者二十余通，藏于秘府，伏而未发者也。及成帝陈发秘藏，以考学官所传经，欲立三传博士，胥君安以《左传》不祖圣人相驳。然成帝封孔子后，仍推迹古文，以《左氏》相明。此均歆、莽以前，《左传》行于汉廷之征也。其行于民间者，则张苍既献其书，复作《历谱五德》，又作《张氏微》十篇，以授贾谊；谊作《左氏传训故》，遗说具见贾子《新书》。贾氏世传其业。谊兼授贯公，此古文经传，传于民间者，盖与秘府所藏相合。及鲁恭王坏孔子宅，得《春秋》古经，并得《春秋左氏传》。盖未献秘府，仅安国辈所藏，故孔臧亦见其文。嗣司马迁为太史令，紬史记金匮石室之藏，读《春秋》古文，又与贾嘉通书，从安国问故，故《史记》述《左传》特详。盖秘府所藏之书，孔子所传之说，惟史迁克以兼通也。又河间献王好古学，亦立《左氏春秋》博士。博士即贯公，则河间所兴之《左氏》，亦贾谊之传。厥后贾嘉传子捐之，贯公传子长卿。长卿授清河张禹，说为萧望之所善。禹传尹更始，更始初通《穀梁》，又受《左氏传》，取其变理合者为章句，以传子咸并传翟方进、胡常、房凤。常授贾护，护授陈钦，钦授王莽。由更始以下，大抵以《左氏》通《穀梁》，与《公羊》家言相远。长卿又以学授张敞，敞传子吉，敞女为杜邺母，邺从吉学，得其家书，恒引《左传》之说，竦为敞孙，从学于吉，亦通《左氏》。自敞以下，大抵以《左氏》通《公羊》，不杂《穀梁》之说。此民间《左氏》学之区别者，然均由长卿上溯张、贾。至刘歆典校秘书，见古文《春秋左氏传》，又从咸、方进质问大义，引传文解经，转相发明，而章句义理以备。盖以秘藏经传为主，而兼通张、贾以下相传之大谊者也。其遗说具见《汉书》诸志，旁见《王莽传》《韦玄成传》。凡《释例》《正义》所引刘说，其与贾、许、颖并言者，均歆说之佚文；其单词只义，复散见《七略》《钟律书》，不惟《遂初赋》所述已也。然汉儒通《左氏》者，别有刘公子、张霸、刘向诸人，惟授受不克考。若夫研治群籍兼通《左氏》，汉初则陆贾、毛公、贾山，中叶则刘安舍人路温舒，季叶则谷永、杨赐。贾山以上或亲见周秦故书者也，刘安以下，盖习闻张、贾绪论，或克睹秘藏者也。若邹阳、东方朔、褚先生、杜钦、王骏、王褒之流，盖亦亲见《左氏传》，故咸有述传之词。即今文大师，亦于《左传》多甄引。如伏生、韩婴、董仲舒、主父偃、眭弘、严彭祖、焦延寿、京房、翼奉、龚胜是也。及成、哀以降，若王龚、王舜、崔发，均通《左传》，则染濡莽、歆之论。故歆等欲立《左氏》，虽为哀帝博士所格，迄于平帝之世，遂立学官。而桓谭、杜林、贾徽、孔奋之徒，通习《左氏》经传，均当西汉季年，遂启东汉古文之学。由是而观，则《左氏》之学，汉初汉季再显于汉廷。文、景以降，哀、平以前，虽伏而不发，然民间传习，未尝一日绝，则所谓左氏不传《春秋》者，仅汉季博士之偏词耳，奚足辩哉。

第十四节　周官左氏相通考 刘申叔先生

　　昔周公作《周官经》以致太平。春秋之时，贤士大夫，多亲见其书，故所言礼制，多与《周官经》相合。又鲁秉周礼，故《周官经》一书，又为鲁史所藏。丘明为《春秋》作传，亦亲见其书，故《左氏》一书，多载《周官经》之说。西汉之时，《周官》《左氏》同为古文家言。考河间献王得《周官》，又请立《左氏春秋》博士。

刘歆立《周官》于学官，复昌明《左氏春秋》之学。郑兴受《左氏》于刘歆，传至于众，众作《左氏条例章句》。马融、贾徽、贾逵皆为《左氏》学，而郑兴复受《周官》于杜子春，亦传至郑众、马融、贾徽、贾逵，复并治《周官经》。是两汉巨儒，治《周官》者，皆兼治《左氏》。则二书微言大义，多相符合，可以即彼通此，彰彰明矣。又许氏作《五经异义》，所举古文家说，多《左氏》与《周官》并言，此尤二书相符之确证。故汇辑《左氏》之文若干条，而证以《周官》之说，凡治古文家言者，或亦有取于斯欤。

《左传》隐七年所云"《礼经》"，即太宰所掌"建邦之六典"。

案《太宰》"掌建邦之六典"，注："典，常也，经也，法也。王谓之《礼经》，常所秉以治天下也。邦国官府，谓之礼法，常所守以为法式也。"

哀三年以"象魏为旧章"，即太宰所司"县法之象魏"。

案《太宰》"乃县治象之法于象魏"，注："象魏阙也。故鲁灾季桓子御公立于象魏之外，命藏象魏曰：旧章不可忘。"疏："周公谓之象魏，雉门之外，两观阙高魏魏然。孔子谓之观，《春秋左氏》定二年'夏五月雉门灾及两观'是也。云观者以其有教象可观望。又谓之阙者，阙，去也，仰视治象，阙去疑事。或解阙中通门，是以庄二十一年云，'郑伯享王于阙西辟'。注：'阙，象魏也。'案《公羊传》云：子家驹谓昭公云，'诸侯僭天子，大夫僭诸侯'。若然，'雉门灾及两观'及《礼运》'游于观之上'，有观亦是僭也。又云：'《左传》桓、僖庙灾，天火曰灾，谓桓、僖庙为天火所烧。旧章象魏在太庙中，恐火连及，故命藏之。'"

僖四年言"五侯九伯"与《太宰》所言"设其监"之制合。

案《太宰》"立其监"，疏："周之法使伯佐牧，即僖公四年'五侯九伯'。五侯是州牧，九伯是牧下之伯。"

昭十七年言"出火之期"，与宫正所掌"修火禁"之制合。

案《宫正》"春秋以木铎修火禁"，注："火星以春出，以秋入，因天时而以戒。"疏："火星则心星也。服注《春秋》云，火出于夏为三月，于商为四月，于周为五月，故云以春出。季秋昏时伏于戌，火星入，故云以秋入。"

昭十六年言"祭有受脤"，与《膳夫》所言"致福"之礼合。

案《膳夫》"凡祭祀之致福者，受而膳之"，注："致福谓诸臣祭祀，进其余肉，归胙于王。"疏："按《春秋左氏》昭十六年，子产云祭有受脤归脤，彼注云，受脤谓君祭以肉赐大夫，归脤谓大夫祭归肉于公也。"

昭四年言"出冰藏冰"，与《凌人》所言"颁冰"之制合。

案《凌人》"夏颁冰掌事"，注："《春秋传》曰：'古者日在北陆而藏冰，西陆朝觌而出之。'"疏："昭四年传：'火出而毕赋。'服氏云：'火出于夏为三月，于商为四月，于周为五月。'又云：'陆，道也。'北陆言在，谓十二月日在危一度。西陆朝觌不言在，则不在昴，谓二月在娄四度。谓春分时奎娄晨见东方而出冰，是公始用之。今此郑注引朝觌而出之，谓经夏颁冰，则西陆朝觌而出冰，群臣用之。若然，日体在昴在三月内，得为夏颁冰者，据三月末之节气。春秋言火出者，据周正。"

昭二十年晏子所言"山林之木，衡麓守之"一节，与大司徒所掌"分地职奠地守"之制合。

案《大司徒》"乃分地职奠地守"，疏："案昭二十年《左氏传》，晏子云：'山林之木，衡麓守之；泽之萑蒲，舟鲛守之；薮之薪蒸，虞候守之；海之盐蜃，祈望守之。'注云：'衡麓、舟鲛、虞候、祈望皆官名也。守之令民不得取之，不共利。时景公设此守以致疾，故晏子取此，非其不与民同。'郑引之者以证地守之官。若然，此地官唯有衡、虞，无舟鲛、祈望者，此《周礼》举其大纲，《左氏》言其细别，故详略不同。"

襄二十五年言"井衍沃牧隰皋"与小司徒所掌"井牧田野"之制合。

案《小司徒》"而井牧其田野"，注："郑司农云：井牧者，《春秋传》所谓'井衍沃牧隰皋'者也。玄谓隰皋之地，九夫为牧，二牧而当一井。今造都鄙，授民田，有不易，有一易，有再易，通率二而当一，是之谓井牧。昔夏少康在虞思有田一成，有众一旅，一旅之众，而田一成，则井牧之法，先古然矣。"疏："衍沃谓上地，下平曰衍，饶沃之地。九夫为一井牧。隰皋者，下湿曰隰，近皋泽之地。言有田一成，有众一旅，则地以上中下为率者，以为其成方十里，九百夫之地，一旅五百夫，故知是通率之法，正应四百五十夫，言一旅，举成数也。"

庄二十五年言"非日月之眚不鼓"与鼓人所掌"救日月"之礼合。

案鼓人"救日月则诏王鼓"，注："救日月食，王必亲击鼓者，声大异。《春秋传》曰：非日月之眚不鼓。"疏："按太仆职云：'军旅田役赞王鼓。'郑注云：'佐击其余面。'又云：'救日月食亦如之，太仆亦佐击其余面。'按上解祭日月与天神同用雷鼓，则此救日月亦宜用雷鼓八面，此救日月用鼓，惟据夏四月阴气未足纯阳用事，日又太阳之精，于正阳之月，被食为灾，故有救日食之法，他月似无救理。《尚书》季秋九月，日食救之者，上代之礼，不与周同。诸侯用币伐鼓于朝，近自攻责，若天子法，则伐鼓于社。昭十七年，昭子曰，日食天子伐鼓于社是也。"

昭二十九年言"五官之神"，与《大宗伯》所言"五祀"之典合。

案《大宗伯》"以血祭祭社稷五祀五岳",注:"玄谓此五祀者,五官之神,在四郊,四时迎五行之气于四郊,而祭五德之帝,亦食此神焉。少昊氏之子曰重,为句芒,食于木;该为蓐收,食于金;修及熙为玄冥,食于水。颛顼氏之子曰黎,为祝融、后土,食于火土。"疏:"《春秋》昭二十九年《左传》曰:'颛顼氏之子黎为祝融,共工氏有子曰句龙,为后土。'其二祀五官之神,及四郊合为黎,食后土。《祭法》曰,共工氏霸九州也,其子曰后土,能平九州,故祀以为社,社即句龙。答曰,黎为祝融,句龙为后土。《左氏》下言后土为社,谓暂作后土,无有代者。"

僖元年言"救患分灾",与《大宗伯》所言"哀邦国之忧"合。

案《大宗伯》"以凶礼哀邦国之忧",注:"哀谓救患分灾。"疏云:"此据《左氏》僖元年文,引之者证哀者从后往哀之。其言救患分灾讨罪者,救患即邢有不守之患,诸侯城之,是救患也。分灾谓若宋灾,诸侯会于澶渊,谋归宋财,是分灾也。讨罪谓诸侯无故相伐,是罪人也,霸者会诸侯共讨之,是讨罪也。案救患分灾,即《宗伯》所言哀邦国之礼。"

庄十八年言"古者名位不同,礼亦异数",与《大宗伯》所言"以九仪辨位"合。

案《大宗伯》"以九仪之命,正邦国之位",注:"每命异仪,贵贱之位乃正。《春秋传》曰名位不同,礼亦异数。"

僖三十三年言"烝尝禘庙",与《鬯人》"庙用修"之制合。

案《鬯人》"庙用修",注:"玄谓庙用修者,谓始禘时。"疏:"谓练祭后迁庙时。以其宗庙之祭,从自始死以来无祭,今为迁庙,以新死者木主入庙,特为此祭,故云始禘时也。以三年丧毕,明年春禘为终禘,故云始也。郑知义迁庙在练时者,案文二年《穀梁传》云:作主坏庙有时日,于练焉坏庙。坏庙之道,易檐可也,改涂可也。尔时木主新入庙，禘祭之。是以《左氏》说，凡君薨，祔而作主，特祀主于寝，毕三时之祭，期年然后烝尝禘于庙。许慎云：《左氏》说与礼同。郑无驳，明用此礼同，义与《穀梁传》合。贾、服以为三年终禘，遭烝尝则行祭礼，与前解违，非郑义也。"

文六年言"朝庙"与《司尊彝》所言"朝享"之制合。

案《司尊彝》"凡四时之间祀，追享朝享"，注："朝享谓朝受政于庙。《春秋传》曰：闰月不告朔，犹朝于庙。"疏："文公六年《左氏传》云：闰月不告朔，犹朝于庙。若然，天子告朔于明堂，而云受政于庙者，谓告朔自是受十二月政令，故名明堂为布政之宫，以告朔讫因即朝庙，亦谓之受政，但与明堂受朔别也。《春秋》者，彼讥废大行小。引之者，见告朔与朝庙别，谓若不郊，犹三望与郊亦别也。"

定四年言"祝奉以从"，与《小宗伯》所言"立军社"之制合。

案《小宗伯》"若大师，则帅有司而立军社，奉主车"，注："有司，太祝也。王出军，必先有事于社及迁庙，而以其主行。社主曰军社，迁主曰祖。《春秋传》曰，军行祓社衅鼓祝奉以从。社之主盖用石为之。"

昭二十三年言"列国之卿，当小国之君"，与《典命》所言"公孤之命"合。

案《典命》"公之孤四命，以皮帛视小国之君"，注："视小国之君者，列于卿大夫之位，而礼如子男也。郑司农云：'九命上公得置孤卿一人。'《春秋传》曰：列国之卿，当小国之君，固周制也。"疏："案昭二十三年《左传》云：叔孙婼为晋所执，晋人使与邾大夫坐讼。叔孙曰：'列国之卿，当小国之君，固周制也。寡君命介子服回在。'是其事也。若然，先郑引鲁之卿以证孤者，孤亦得名卿。故《匠人》云外有九室，九卿朝焉。是并六卿与三孤为九卿。亦得名卿者，以其命数同也。鲁是侯爵，非上公亦得置孤者，鲁为州牧，立孤与公同。若然，其孤则以卿为之，故叔孙婼自比于孤也。"

襄十八年言"歌风"，与《太师》所言"执同律以听军声"合。

案《太师》"执同律以听军声"，注："郑司农说以师旷曰：'吾骤歌北风，又歌南风，南风不竞，多死声，楚必无功。'"疏："案襄公十八年注云：北风夹钟无射以北，南风姑洗南吕以南，南律气不至故死声多。吹律而言歌与风者，出声曰歌，以律是候气之管，气则风也，故言歌风。"

桓十七年言"天子有日官"，与太史所掌之事合。

案《太史》"掌建邦之六典"，注："太史，日官也。《春秋传》曰：'天子有日官，诸侯有日御。日官居卿以底日，礼也。日御不失日，以授百官于朝。'居犹处也，言建六典以处六卿之职。"疏："桓十七年服氏注云日官日御，典历数者也。日官居卿以底日，礼也，日御不失日，以授百官于朝。服注云是居卿者，使卿居其官以主之，重历数也。按郑注，居犹处也，言建六典以处六卿之职，与服不同。服君之意，太史虽下大夫，使卿来居之，治太史之职，与《尧典》云，乃命羲和，钦若昊天，历象日月星辰，是卿掌历数，明周掌历数，亦是日官。郑意以五帝殊时，三王异世，文质不等，故设官不同。五帝之时，使卿掌历数，至周使下大夫为之，故云建六典处六卿之职以解之。"

桓十七年又言"不告朔官，失之也"，与太史所掌"颁告朔"合。

案《太史》"颁告朔于邦国"，注："天子班朔于诸侯，诸侯藏之祖庙，至朔朝于庙，告而受行之。郑司农云：颁读为班。班，布也，以十二月朔布告天下诸侯。故《春秋传》曰：'不书日，官失

之也。'"疏:"《春秋》之义,天子班历于诸侯,日食书日,不班历
于诸侯,则不书日。其不书日者,由天子日官失之不班历。"

昭二年言"周志"与《小史》所言"掌邦国之志"合。

案《小史》"掌邦国之志",注:"郑司农云:志谓记也。《春秋
传》所谓《周志》。史官主书,故韩宣子聘于鲁,观书太史氏。"
疏:"《左传》:《周志》有之,勇则害上。引韩宣子者,证史官掌邦
国之志,此经小史掌志,引太史证之者,太史史官之长,共其事
故也。"

僖五年言"必书云物",与保章氏所掌之事合。

案《保章氏》"以五云之物,辨吉凶水旱降丰荒之祲象",注:
"物,色也。视日旁云气之色。郑司农云:以二至二分观云色。青
为虫,白为丧,赤为兵荒,黑为水,黄为丰。故《春秋传》曰,凡
分至启闭,必书云物,为备故也。"疏:"云青为虫已下,盖据阴阳
书得知。按僖五年《左氏传》必书云物,为备故也。注云:分春秋
分,至冬夏至,启立春立夏,闭秋立冬,据八节而言。"

僖二十八年言"策命晋侯",与内史所掌之事合。

案《内史》"凡命诸侯及孤卿大夫则策命之",注:"郑司农说
以《春秋传》曰:王命内史兴父,策命晋侯为侯伯。策谓以简策书
王命。其文曰:王谓叔父,敬服王命,以绥四国,纠逖王慝。晋侯
三辞,从命受策以出。"疏:"按《曲礼》云:大国曰伯父,州牧曰
叔父。晋既大国,而云叔父者,王以州牧之礼命之故也。"

襄十四年言"军制",与《夏官司马》所记之制合。

案《夏官司马》"王六军,大国三军,次国二军,小国一军,
军将皆命卿",注:"言军将皆命卿,则凡军帅不特置,选于六官六
乡之吏,自乡以下,德任者使兼官焉。郑司农云:'王六军,大国
三军,次国二军,小国一军。故《春秋传》有大国、次国、小国。'

又曰：'成国不过半天子之军。周为六军，诸侯之大者，三军可也。'又云：'《春秋传》曰，王使虢公命曲沃伯以一军为晋侯。此小国一军之见于传也。'"疏："襄公十四年晋侯舍新军，礼也。成国礼不过半天子之军，周为六军，诸侯之大者三军可也。晋虽为侯爵，以世为霸王，得置三军，故为礼也。云以一军为晋侯，庄十六年传文。以其新并晋国，虽为侯爵，以小国军法命之，故一军也。"其说甚晰。

庄二十九年所引"侵伐"，与《大司马》所言灭国之事合。

案《大司马》"外内乱，鸟兽行，则灭之"，疏："按《春秋》公羊、左氏说，凡征战有六等，谓侵战伐围入灭。用兵粗粗，不声钟鼓，入境而已，谓之侵。侵而不服则战之，谓两阵交刃。战而不服则伐之，谓用兵精而声钟鼓。伐而不服则围之，谓匝其四郭。围而不服则入之，谓入其四郭，取人民不有其地。入而不服则灭之，谓取其君。"

襄九年言"以出内火"，与《司爟》所言"出火"之制合。

案《司爟》"季春出火"，注："火所以用陶冶，民随国而为之。郑人铸刑书，火星未出而出火，后有灾。郑司农云：以三月本时昏，心星见于辰上，使民出火，九月本黄昏，心星伏在戌上，使民内火。故《春秋传》曰：以出纳火。"疏："心星则大火辰星是也。三月诸星复在本位，心星本位在卯，三月本之昏，心星始时未必出见卯南，九月本始之黄昏，心星亦未必伏在戌上，皆据月半后而言。"

成十七年言"在外为奸，在内为轨"，与《司刑》所言寇贼之名合。

案《司刑》注："《书传》曰：降畔、寇贼、劫略、夺攘、挢虔者，其刑死。"疏："按《舜典》云：寇贼奸轨。郑注云：'强聚为寇，杀人为贼，由内为奸，起外为轨。'案成十七年长鱼矫曰：'臣闻乱在外为奸，在内为轨。御奸以德，御轨以刑。'郑与传不同，郑欲见在外亦得为轨，在内亦得为奸，故反覆见之，或后人转写误，当以传为正。《吕刑》'夺攘挢虔'注云：有因而盗曰攘，挢虔谓挠扰。《春秋传》'虔刘我边垂'谓劫夺人物，以相挠扰也。"

僖二十七年言"用夷礼故曰子"，与《大行人》所言"九州之外谓之蕃国"合。

案《大行人》"九州之外谓之蕃国"，注："《曲礼》曰：'其在东夷、北狄、西戎、南蛮，虽大曰子。'《春秋传》曰：'杞，伯也，以夷礼故曰子。'然则九州之外，其君皆子男也。无朝贡之岁，父死子立，及嗣王即位，乃一来耳。各以其所贵宝为贽，则蕃国之君无执玉瑞者，是以谓其君为小宾，臣为小客。所贵宝见传者，若犬戎献白狼白鹿是也。"

昭九年"以殷聘为礼"，与《大行人》所言"殷相聘也"合。

案《大行人》"殷相聘也"，注："殷，中也。久无事，又于殷朝者及而相聘也。郑司农说殷聘以《春秋传》曰：孟僖子如齐殷聘，是也。"疏："按服彼注云：殷，中也。自襄二十年，叔老聘于齐，至今积二十年聘齐，故中复盛聘。与此中年数不相当。引之者，年虽差远，用礼则同，故引为证也。"

定五年言"归粟于蔡"，与《小行人》所言"槁禬之制"合。

案《小行人》"若国师役，则令槁禬之"，注："师役者，国有兵寇，以匮病者也。使邻国合会财货以与之。《春秋》定五年夏，归粟于蔡是也。"

昭十七年郯子所言"官制"，与贾氏叙《周礼》之说合。

案序云："《春秋传》又云自颛顼以来，不能纪远，乃纪于近。是以少皞以前，天下之号象其德，百官之号象其征。颛顼以来，天下之号因其地，百官之号因其事。事即司徒司马之类是也。昭十七年服注颛顼之下云，春官为木正，夏官为火正，秋官为金正，冬官为水正，中官为土正。高辛氏因之。故传云，遂济穷桑。穷桑，颛顼所居，是度颛顼至高辛也。"

以上所言，皆《左氏》与《周官经》相符之证也。而顾栋高《春秋大事表》则曰："考《周礼》六官所掌，凡朝觐宗遇会同聘享燕食，其期会之疏数，币赋之轻重，牢醴之薄厚，各准五等之爵为之杀。而适子誓于天子，则下其君之礼一等，未誓则以皮帛继子男。是宜天下诸侯卿大夫，帅以从事，若今会典之罔敢逾尺寸。而春秋二百四十年，若子产之争承，子服景伯之却百牢，未闻据《周礼》大行人之职，以折服强敌也。却至聘楚，而金奏作于下；宋享晋侯以桑林之舞，皆逾越制度，虽恐惧失席，而不闻据周公之典以折之。他如郑成公如宋，宋公问礼于皇武子，楚子干奔晋，晋叔向使与秦公子同食，皆百人之饩；而楚灵大会诸侯，问礼于左师与子产，左师献公合诸侯之礼六，子产献伯子男会公之礼六，皆不言其所考据，各以当时大小强弱为之等。是皆春秋博学多闻之士，而于周公所制会盟聘享之礼，若目未之见，耳未之闻，是独何与？若周公束之高阁，未尝班行列国，则当日无为制此礼。若既行之列国矣，而周公之子孙，先未有称述之者，岂果弁髦王制，不遵法守耶？不应举世皆懵然若此。且孔子尝言吾学周礼矣。而孔子一生所称引，无及今《周官》一字者；孟子言班爵禄之制，与《周官》互异。"顾氏之说，大抵以《左传》不引《周官经》，遂定《周官经》为伪书，今得二经相通大义若干条，则《左氏》不引《周官经》之说，可不击而自破矣。

第十五节　左传荀子相通考 刘申叔先生

　　刘向《别录》叙《左传》师承也，谓："左丘明授曾申，申授吴起，起授其子期，期授楚铎椒，椒作《钞撮》八卷，授虞卿，卿著《钞撮》九卷，授孙卿，卿授张苍。"（《左传正义》引）陆氏《经典释文》亦曰："左丘明作传以授曾申，申传卫人吴起，起传其子期，期传楚人铎椒，椒传赵人虞卿，虞卿传同郡郇卿，卿名况，况传武威（按张苍阳武人，此云武威系传写之讹）张苍，苍传洛阳贾谊。"则《春秋》左氏学固荀子所传之学矣。故《荀子》一书于《左传》大义，或明著其文，或隐诠其说，今试举之：

　　成公十五年传曰："《春秋》之志微而显，志而晦，婉而成章，近而不污，惩恶而劝善，非君子谁能修之。"

　　案《荀子·劝学》篇云："《春秋》之微也。"杨注云："微谓褒贬沮劝，微而显，志而晦之类也。"与《左传》合。此荀子发明《左传》大义之语也。又《劝学》篇云："《春秋》约而不速。"杨注云："文义隐约，褒贬难明，不能使人速晓其义。"据杨注观之，亦与"微而显，志而晦"之旨合。

　　庄十七年传曰："古者诸侯名位不同，礼亦异数，不以礼假人。"成二年传曰："孔子曰：惟器与名，不可以假人。名以出信，信以守器。"

　　案《荀子·劝学》篇云："国家无礼，则不宁。"《王制》篇云："分均则不偏，执齐则不一，众齐则不使；有天有地则上下有差，明王始立而处国有制。"又曰："先王制礼义以分之，使有贫富贵贱之等。"又曰："衣服有制，宫室有度，人徒有数，丧祭械用，皆有等宜。"《富国》篇云："礼者贵贱有等，长幼有差，贫富轻重皆有称者也。"《议兵》篇曰："礼者治辨之极也。"《礼论》篇曰："君子既得其养，又好其别。"（余与《富国》篇同）又曰："礼者以财物为用，以贵贱为文，以多少为异，以隆杀为要。"《正名》篇曰："知者为之分别，制名以指实，上以明贵贱，下以别同异。"（《大略》篇亦多此义）皆与《中庸》"亲亲之杀，尊贤之等，礼所生也"相合，亦即《左传》"名位不同，礼亦异数，惟器与名，不可假人"之义也。盖左氏深于礼，而荀卿亦深于礼，故曲台之礼，亦荀氏所传也。

宣四年传云："凡弑君称君，君无道也。"

案《荀子·正论》篇云："汤、武者，民之父母也；桀、纣者，民之怨贼也。今世俗之为说者，以桀、纣为君，而以汤、武为弑，然则是诛民之父母，而师民之怨贼也。"（又《议兵》篇曰："汤、武之诛桀、纣也，拱挹指麾，而强暴之国莫不趋使，诛桀、纣若诛独夫。故《泰誓》曰：'独夫纣。'此之谓也。"）此即"弑君称君，君无道"之义也。荀子之说，与孟子对齐宣王之说合。又《左传》襄十四年，晋师旷曰"天之爱民甚矣，岂可使一人以纵其上，以肆其淫"，亦为荀子之说所本。而《左传》此语，后儒集矢纷纭，抑独何与？

隐四年传云："书曰卫人立晋，众也。"

案《荀子·王制》篇云："君者，善群也。"《王霸》篇云："合天下而君之。"又曰："天下归之谓之王。"又曰："君者何也，曰能群也。"《大略》篇曰："天之生民，非为君也；天之立君，以为民也。"此皆君由民立之义。《左氏》之说，与《公》《穀》二传相合，得荀子而证之，其说益明。盖《左传》所谓"众"，即《荀子》所谓"群"也。

成十五年传云："凡君不道于其民，诸侯讨而执之，则曰某人执某侯，不然则否。"

案《荀子·王霸》篇云："官人失要则死，公侯失礼则幽。"失礼者，即不道于其民之谓也；幽者，即讨而执之之谓也。杨注云："幽，囚也。《春秋传》曰：'晋人执卫侯，归之于京师，置诸深室也。'"案晋执卫侯亦因卫侯不道于其民之故。

襄二十六年传云："善为国者赏不僭而刑不滥。赏僭则惧及淫人，刑滥则惧及善人。若不幸而过，宁僭无滥，与其失善，宁其利淫。"

案《荀子·致士》篇云："赏不欲僭，刑不欲滥。赏僭则利及小人，刑滥则害及君子。若不幸而过，宁僭无滥，与其害善，不若利淫。"谢氏墉曰："此数语全本《左传》。"案由此数语观之，足证荀子曾见《左传》全文矣。

隐元年传云："天子七月而葬，同轨毕至；诸侯五月而葬，同盟至；大夫三月，同位至；士逾月，外姻至"。

案《荀子·礼论》篇云："天子之丧动四海，属诸侯；诸侯之丧动通国，属大夫；大夫之丧动一国，属修士；修士之丧动一乡，属朋友；庶人之丧合族党，动州里。"杨注云："属谓付托之，使主丧也。通国，谓通好之国也。一国谓同在朝之人也。修士谓上士也。一乡谓一乡内之姻族也。《春秋传》曰：'天子七月而葬，同轨毕至；诸侯五月而葬，同盟至；大夫三月，同位至；士逾月，外姻至。'"案杨注引《左传》以释《荀子》，则《荀子》之文，即本于《左传》。盖此乃古代相传之礼制也。（《礼记·王制》篇亦有此文。）《礼论》篇又曰："故虽备家，必逾日然后能殡，三日而成服。然后告远者出矣，备物者作矣，故殡久不过七十日，速不损五十日。"杨注云："此皆据《士丧礼》，首尾三月者也。损减也。"案杨注甚确。《荀子》此文，所以释《左传》"士逾月而葬"一语也。《礼论》篇又云："三月之殡何也？曰大之也，重之也，所致隆也，所致亲也。将举错之，迁徙之，离宫室而归丘陵也。先王恐其不文也，是以由其期足之日也。故天子七月，诸侯五月，大夫三月，皆使其须足以容事，事足以容成，成足以容文，文足以容备，曲容备物之谓道矣。"杨注云："此殡谓葬也。"案《荀子》此文所以释《左传》"天子七月而葬""诸侯五月""大夫三月"三语也。盖荀子言礼固大率本于《左传》也。（《左氏》亦深于礼。）

隐元年传云："赠死不及尸，吊生不及哀，豫凶事非礼也。"

案《荀子·大略》篇云："货财曰赙，舆马曰赗，衣服曰襚，玩好曰赠，玉贝曰唅。（与《公》《谷》隐元年传同。）赙赗所以佐生也，赠襚所以送死也，送死不及柩尸，吊生不及悲哀，非礼也。"杨注云："皆谓葬时。"案此亦《荀子》引《左传》之确证。《荀子·大略》篇又云："故吉行五十，奔丧百里，赗赠及事，礼之大也。"杨注云："既说吊赠及事，因明奔丧亦宜行远也。"据杨注观之，则《荀子》此文，亦引申《左传》之说者也。盖《荀子》言礼多本《左氏》，余可类推。

昭元年传云："中声以降，五降之后，不容弹矣。"

案《荀子·劝学》篇云："诗者，中声之所止也。"杨注云："诗谓乐章，所以节声音至乎中而止，不使流淫也。《春秋传》曰：'中声以降，五降之后，不容弹矣。'"盖荀卿说诗，即用《左传》之说。

昭三十一年传云："君子曰名之不可不慎也如是。夫有所有名而不如其已，以地畔虽贱必书地，以名其人终为不义，弗可灭矣。是故君子动则思礼，行则思义，不为利回，不为义疚；或求名而不得，或欲盖而名章，惩不义也。是以《春秋》书齐豹曰盗，三畔人名，以惩不义，数恶无礼。"案《荀子·修身》篇云："害良曰贼，贼与盗同。"（《左传》文十八年云："毁则为贼。"昭十三年云："杀人不忌为贼。"亦可互证。）此即指齐豹等之事言也。又曰："窃货曰盗，盗地犹之窃货。"此即指三畔人等之事言也。又曰："保利弃义，谓之至贼。"盖"保利弃义"，与"不为利回，不为义疚"者相背，即《左传》所谓不义之人也。故《荀子》谓之至贼。又《荣辱》篇云："先义而后利者荣，先利而后义者辱。"此即"不为利回，不为义疚"之说。又《君子》篇云："以义制事则知所利矣。"此即《左传》"义为利之蕴"之说也。盖义利之辨，始于《论语》，丘明授业孔门，故"君子曰"以下，皆丘明所述之语也。荀子传《左氏》之学，故于义利之别，辨之甚精，其旨略与孟子同。又《不苟》篇云："盗名不如盗货，陈仲、史鳅，不如盗也。"此即《左传》"或求名不得"之义，所谓"有所有名而不如其已"也。

昭二十八年传云："昔武王克商，光有天下，其兄弟之国者十有五人，姬姓之国者四十人，皆举亲也。"

案《荀子·儒效》篇云："周公兼制天下，立七十一国，姬姓独居五十三人，而天下不称偏也。"杨注引《左氏》此文，谓"与此数略同"。又谓"言四十人盖举成数"。案传云："兄弟之国者十有五人。"兄弟之国者，亦姬姓之诸侯也。合以姬姓四十人，则为五十五人。此云"五十三人"者，郝懿行曰"三当作五"，其说甚确。盖《荀子》此语，亦多《左传》之说也。

隐三年传云："是故贱妨贵，少陵长，远间亲，新间旧，小加大，淫破义，所谓六逆也。"

案《荀子·富国》篇云："强胁弱也，知惧愚也，民下违上，少陵长，不以德为政，如是，则老弱有失养之忧，而壮者有分争之祸矣。"案"少陵长"一语，既本《左传》，而"下违上"一语，即

《左传》"贱妨贵"之义也;"不以德为政"即《左传》"淫破义"之义也。此亦《荀子》用《左传》之证。

桓十五年传云:"诸侯不贡舆服,天子不私求财。"

案《荀子·大略》篇云:"上重义则义克利,上重利则利克义。故天子不言多少,诸侯不言利害。"此即"天子不私求财"之义。又《王霸》篇云:"以非所取于民而巧。"此即《左传》讥"田赋丘甲"之旨也。

桓三年传云:"凡公女嫁于敌国,姊妹则上卿送之,公子则下卿送之,于大国虽公子亦上卿送之。"

案《荀子·富国》篇云:"男女之合,夫妇之分,婚姻聘内,逆送无礼。"杨注云:"聘,问名也;内,纳币也;送,致女也;逆,亲迎也。"(又《大略》篇云:"亲迎之道,重始也。"又曰:"以男下女。")考《左氏》凡例有逆女之例。王逆女使卿。(见桓八年)君有故亦使卿逆女。(见隐二年及桓三年)为君逆女,则称女。(见上)卿臣逆女称字。(见庄二十七年及僖二十五年)此即亲迎之礼也。有送女之例,如单伯送王姬(庄元年),季孙行父如宋致女(成九年),是此即致女之礼也。有纳币之例,如公如齐纳币(庄二十二年),公子遂如齐纳币(文二年),是此即聘内之礼也。桓三年传所言,则仅致女之礼耳。

成十二年传云:"凡自国无出。"

案《荀子·君子》篇云:"天子四海之内无客礼,告无适也。"又引《诗》"普天之下,莫非王土"为证。考僖二十四年"天王出居于郑",杜注云"天子以天下为家,故天子无外",与《荀子》合。惟天子无外,故其臣出奔者,亦不书国境也。

文三年传云:"民逃其上曰溃。"

案《荀子·致士》篇云:"国家者,士民之居也。国家失政,则士民去之。"又曰："无人则上不守。"即"民逃其上"之义。

庄三年传云："过信为次。"十一年传云："凡师敌未阵曰败某师，覆而败之曰取某师。"三十一年传云："凡师轻曰袭。"

案《荀子·议兵》篇云"不潜军，不留众"，盖"过信为次"，即"留众"也，"覆败敌军，轻袭敌国"，即"潜军"也。故荀子戒之。

庄三十一年传云："凡物不为灾不书。"

案《荀子·天论》篇云："天地之变，阴阳之化，物之罕至者也。怪之可也，而畏之非也。夫日月之有蚀，风雨之不时，怪星之党见，是无世而不常有之。"又曰："雩而雨，何也？曰犹不雩而雨也。日月食而救之，天旱而雩，卜筮然后决大事，非以为得求也，以文之也。故君子以为文。"其说最确。昔《左传》载内史叔兴之言曰："阴阳之事，非吉凶所生也。吉凶由人。"又子产有言"天道远，人道迩"。皆与荀子之说相合。盖《左传》一书，素无灾异五行之说。一志国灾，如"雨三日以上为霖，平地尺为大雪"（隐九年），"凡平原出水为大水"（桓元年），"凡火天火曰火，人火曰灾"（桓十六年）是也。此皆因有害于民而志之，若无害于民，则弗志。故曰"凡物不为灾不书"也。（凡《春秋》书旱，书饥，皆指有害于民也。故僖四年传云："不书旱，不为灾也。"此其确证。）一志典礼，如"龙见而雩"（桓五年），"非日月之眚不鼓"（庄二十六年）是也。盖《左传》之例，君举必书，大雩诸礼既为君主所躬行，故亦必书之史册，以存旧史之真。此即荀子所谓"君子以为文"也。若《左传》记鹳鹆来巢，以"书所无"释之，此即荀子所谓"物之罕至者"也，故《左传》亦志之。非《公》《穀》二传之深信灾祥也。

以上十八条，皆《荀子》立说本于《左传》者。且《王霸》篇之论齐桓、管仲，《臣道》篇之记咎犯、孙叔敖，《解蔽》篇之论宾孟（《解蔽》篇云："昔宾孟之蔽者乱家是也。"杨注云："宾孟，周景王之佞臣，欲立王子朝者。"），《成相》篇之溯昭明（《成相》篇云："契元王，生昭明，居于砥石迁于商。"杨注云："《左氏传》曰：'阏伯居商丘，相土因之，相土，昭明子也，言契居砥石，至相土乃迁商丘地也。'"），亦莫不本于《左传》而论礼。（《礼论》曰："刑余罪人之丧，棺椁三寸。"杨注引"简子损棺三寸"之语为证。）引《诗》（如《正名》篇引"礼义不愆，何恤于人言"，是。）考《乐》（《礼论》篇云"故钟鼓管磬琴瑟竽笙，韶夏护武汋桓箾象"，杨注引贾逵《左传注》之文为证。案此类乐名，见襄公二十九年传。）亦半引《左传》之文，则荀卿深于《左传》学明矣。况荀卿所著之书，有《春秋公子血脉谱》（王伯厚《玉海》引宋李淑《书目》云：《春秋公子血脉谱》传本曰荀卿撰，秦谱下及项灭子婴之际，非荀卿作明矣。然枝分派别，如指诸掌，非殚见洽闻不能为），至宋犹存。案公卿世系，三传之中，惟《左传》记之较详，则荀卿此书，必据《左传》之文，而参以《世本·姓氏》篇（《世本》亦丘明所作，见《颜氏家训》），在杜预《春秋世族谱》前，不可谓之非奇书也。惜其书湮没不存耳。此亦荀卿通《左氏》之旁证。故荀卿之学，一传而为韩非、毛公，《韩非子》一书，既导源左氏（见《读左札记》），而毛公作《诗》传，亦多引左氏遗文，此荀卿之学，所由为古文家言之祖也。且杨倞注《荀子》，亦广引《左传》，计十余条。（如《劝学》篇引阳虎锲其轴，引中声以降，引先王不为刑辟。《仲尼》篇引策命晋侯为侯伯。《儒效》篇引晋人败范氏于百泉。《王霸》篇引以为大戮，引晋侯执卫侯，引由质要。《议兵》篇引师之耳目在吾旗鼓。《大略》篇引一子守二子从公，引卫侯使工尹问子贡以弓。《成相》篇引宋祖帝乙。或曰《春秋传》，或曰《左氏传》。）以证《荀子》之文本于《左氏》，则荀卿学术之渊源，杨惊就能识之。特荀卿虽传《左氏》，于《公》《榖》二传，亦舍短取长，与后儒执一废百者迥异，此其所以集学术之大成也。

第十六节　公羊传授

《汉书·艺文志》："《春秋经》十一卷，《公羊传》十一卷。"《儒林传》曰："武帝时，瑕丘江公与董仲舒并。仲舒通五经，能持论，江公呐于口。上使与仲舒议，不如仲舒；而丞相公孙弘本为《公羊》学，比辑其议，卒用董生。于是上因尊《公羊》家，诏太子受《公羊春秋》，由是《公羊》大兴。"《四库总目》云："《汉书·艺文志》，《公羊传》十一卷，班固自注曰：'公羊子，齐人。'颜师古注曰：'名高。'徐彦疏引戴宏序曰：'子夏传与公羊高，高传与其子平，平传与其子地，地传与其子敢，敢传与其子寿，至汉景帝时寿乃与齐人胡母子都著于竹帛。'何休之注亦同。（休说见隐公二年"纪子伯莒子盟于密"条下。）今观传中有子沈子曰、子司马子曰、子女子曰、子北宫子曰，又有高子曰、鲁子曰，盖皆传授之经师，不尽出于公羊子。定公元年传，'正棺于两楹之间'二句，《榖梁传》引之，直称沈子，不称公羊，是并其不著姓氏者，亦不尽出公羊子。且并有子公羊子曰，尤不出于高之明证。知传确为寿撰，而胡母子都助成之，旧本首署高名，盖未审也。又罗璧《识遗》称公羊、榖梁自高、赤作传外，更不见有此姓。万见春谓皆姜字切韵脚，疑为姜姓假托。案邹为邾娄，披为勃鞮，木为弥牟，殖为舌职，记载音讹，经典原有是事。至弟子记其先师，子孙述其祖父，必不至竟迷本字，别用合声，璧之所言，殊为好异。至程端学

《春秋本义》竟指高为汉初人，则讲学家臆断之词，更不足与辨矣。"

《公羊传》授如下：

（一）公羊高—平—地—敢—寿—胡母子都—公孙弘

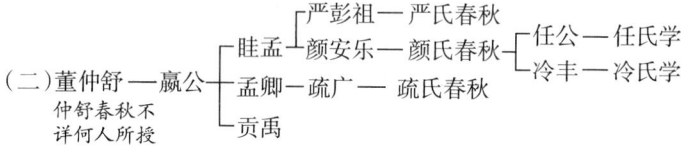

（二）董仲舒—赢公
　　　仲舒春秋不
　　　详何人所授

第十七节　五始、三科、九旨、七等、六辅、二类、七缺

（一）五始

何休《文谥例》云："五始者，元年、春、王、正月、公即位是也。"何注"元年春王正月"传，以为"元者，天地之始；春者，岁之始（此句系传文）；王者，人道之始（传：王者孰谓，谓文王也）；正月者，政教之始；即位者，一国之始"。

（二）三科、九旨

《文谥例》云："三科九旨者，新周故宋，以春秋当新王，此一科三旨也；所见异辞，所闻异辞，所传闻异辞，二科六旨也；内其国而外诸夏，内诸夏而外夷狄，是三科九旨也。"

徐疏引宋氏注曰："《春秋》说三科者，一曰张三世，二曰存三统，三曰异外内，是三科也。九旨者，一曰时，二口月，三曰日，四曰王，五曰天王，六曰天子，七曰讥，八曰贬，九曰绝。时与日、月，详略之旨也；王与天王、天子，是录远近亲疏之旨也；讥与贬、绝，则轻重之旨也。"

（三）七等

《文谥例》云："七等者，州、国、氏、人、名、字、子是也。"

（四）六辅

《文谥例》云："六辅者，公辅天子，卿辅公，大夫辅卿，士辅大夫，京师辅君，诸夏辅京师是也。"

（五）二类

《文谥例》云："二类者，人事与灾异是也。"

（六）七缺

《春秋》说云："《春秋》书有七缺。"徐疏："七缺者：惠公妃匹不正，隐、桓之祸生，是为夫之道缺也；文姜淫而害夫，为妇之道缺也；大夫无罪而致戮，为君之道缺也；臣而害上，为臣之道缺也；僖五年晋侯杀其世子申生，襄二十六年宋公杀其世子痤，残虐枉杀其子，是为父之道缺也；文元年楚世子商臣弑其君髡，襄三十年蔡世子般弑其君固，是为子之道缺也；桓八年正月己卯烝，桓十四年八月乙亥尝，僖三十一年夏四月四卜郊不从，乃免牲犹三望，郊祀不修，周公之礼缺。是谓七缺也。"

第十八节　皮锡瑞说存三统

　　何氏《文谥例》，《春秋》有五始、三科、九旨、七等、六辅、二类之义。三科九旨，尤为闳大。《文谥例》三科九旨者：新周故宋，以春秋当新王，此一科三旨也；所见异辞，所闻异辞，所传异辞，二科六旨也；内其国而外诸夏，内诸夏而外夷狄，是三科九旨也。宋氏之注《春秋》说三科者，一曰张三世，二曰存三统，三曰异外内，是三科也。九旨者，一曰时，二曰月，三曰日，四曰王，五曰天王，六曰天子，七曰讥，八曰贬，九曰绝。何氏九旨，在三科之内；宋氏九旨，在三科之外；其说亦无大异。而三科之义，已见董子之书。《楚庄王》篇曰："《春秋》分十二世，以为三等，有见有闻有传闻。有见三世，有闻四世，有传闻五世。故哀、定、昭，君子之所见也；襄、成、宣、文，君子之所闻也；僖、闵、庄、桓、隐，君子之所传闻也。所见六十一年，所闻八十五年，所传闻九十六年，此张三世之义。"《王道》篇曰："内其国而外诸夏，内诸夏而外夷狄，言自近者始也。此异外内之义。"《三代改制质文》篇曰："《春秋》应天作新王之事，时正黑统，王鲁，尚黑，绌夏，新周，故宋。"又曰："《春秋》上绌夏，下存周。以《春秋》当新王。《春秋》当新王者奈何？曰：王者之法，必正号，绌王谓之帝，封其后以小国，使奉祀之，下存二王之后以大国，使服其服，行其礼乐，称客而朝。故同时称帝者五，称王者三，所以昭五端，通三统也。是故周人之王，尚推神农为九皇，而改号轩辕谓之黄帝，因存帝颛顼、帝喾、帝尧之帝号，绌虞而号舜曰帝舜。录五帝以小国，下存禹之后于杞，存汤之后于宋，以方百里爵号公，皆使服其服，行其礼乐，称先王客而朝。《春秋》作新王之事，变周之制，当正黑统。而殷周为王者之后，绌夏改号禹，谓之帝禹，录其后以小国，故曰绌夏存周，以《春秋》当新王。此三统之义。"锡瑞案存三统尤为世所骇怪，不知此是古时通礼，并非春秋创举。以董子书推之，古王者兴，当封前二代子孙以大国，为二王后，并当代之王为三王。又推其前五代为五帝，封其后以小国。又推其前为九皇，封其后为附庸。又其前则为民。殷周以上皆然。然则有继周而王者，当封殷周为二王后，改号夏禹为帝。《春秋》托王于鲁为继周者立法，当封夏之后以小国，故曰绌夏；封周之后为二王后，故曰绌周。此本推迁之次应然。《春秋》存三统，实原于古制。逮汉以后，不更循此推迁之次，人但习见周一代之制，遂以五帝三王为一定之号，于是《尚书大传》舜乃称王，解者不得其说，《周礼》先、后郑注引九皇六十四民，疏家不能证明，盖古义之湮晦久矣。晋王接、宋苏轼、陈振孙皆疑黜周王鲁，《公羊》无明文，以何休为《公羊》罪人。不知存三统，明见董子书，并不始于何休；《公羊传》虽无明文，董子与胡毋生同时，其著书在《公羊》初著竹帛之时，必是先师口传大义。据其书可知古时五帝三王，并无一定，犹亲庙之祧迁。后世古制不行，人遂不得其说，学者试取董书《三代改制质文》篇，深思而熟读之，乃知春秋损益四代立一王之法，其制度纤悉具备，诚非空言义理者所能解也。

第十九节　皮锡瑞说异外内之义与张三世相通

　　三科惟张三世之义明见于《公羊传》。隐元年："公子益师卒。何以不日，远也。所见异辞，所闻异辞，所传闻异辞。"《解诂》曰："所见者，谓昭、定、哀，已与父时事也；所闻者，谓文、宣、成、襄，王父时事也；所传闻者，谓隐、桓、庄、闵、僖，高祖时事也。所以三世者，礼，为父母三年，为祖父母期，为曾祖父母齐衰三月，立爱自亲始。故《春秋》据哀录隐，上治祖祢，与董子书略同，皆以三世为孔子之三世。据此足知《春秋》是孔子之书。"张三世之义，虽比存三统、异外内为易解。然非灼知《春秋》是孔子作，必不信张三世之义，而《春秋》书法详略远近，皆不得其解矣。张三世有二说。颜安乐以为从襄二十一年之后孔子生讫，即为所见之世。《演孔图》云："文、宣、成、襄，所闻之世也。"颜氏分张二公而使两属，何劭公以为任意。二说小异，而以三世为孔子三世则同。异外内之义，与张三世相通。隐元年《解诂》曰："于所传闻之世，见治起于衰乱之中，用心尚粗粗，故内其国而外诸夏，先详内而后治外；于所闻之世，见治升平，内诸夏而外夷狄；至所见之世，著治太平，夷狄进至于爵，天下远近小大若一。"锡瑞案《春秋》有攘夷之义，有不攘夷之义。以攘夷为《春秋》义者，但见宣十一年晋侯会狄于攒函，《解诂》有"殊夷狄"之文。成十五年叔孙侨如等会吴于钟离，《传》有"曷为殊会吴，外吴也"之文。不知宣、成皆所闻世，治近升平，故殊夷狄。若所见世，著治太平，哀四年晋侯执戎曼子赤归于楚，十三年公会晋侯及吴子于黄池，夷狄进至于爵，与诸夏同，无外内之异矣。外内无异，则不必攘，远近小大若一，且不忍攘。圣人心同天地，以天下为一家，中国为一人，必无因其种族不同，而有歧视之意。而升平世不能不外夷狄者，其时世界程度，尚未进于太平，夷狄亦未进化，引而内之，恐其侵扰，故夫子称齐桓、管仲之功，有被发左衽之惧，以其能攘夷狄，救中国，而特笔褒予之。然则以《春秋》为攘夷，圣人非无此意，特是升平主义，而非太平主义，言岂一端而已，夫各有所当也。拨乱之世，内其国而外诸夏。诸夏非可攘者，而亦必异外内，故董子明言自近者始，王化自近及远，由其国而诸夏，而夷狄，以渐进于大同，正如由修身而齐家而治国，以渐至平天下。进化有先后，书法有详略，其理本极平常。且春秋时夷狄，非真夷狄也。吴，仲雍之后；越，夏少康之后；楚，文王师鬻熊之后。而姜戎是四岳裔胄，白狄、鲜虞是姬姓。皆非异种异族，特以其先未与会盟，中国摈之比于戎狄，故《春秋》有七等进退之义。《公羊》庄十三年传曰："州不若国，国不若氏，氏不若人，人不若名，名不若字，字不若子。"疏云："言荆不如言楚，言楚不如言潞氏、甲氏，言潞氏不如言楚人，言楚人不如言介葛卢，言介葛卢不如言邾娄仪父，言邾娄仪父不如言楚子、吴子。"《春秋》设此七等，以进退当时之诸侯。韩文公曰："诸侯用夷礼则夷之，进于中国则中国之。"是中国、夷狄之称，初无一定。宣十二年传曰："不与晋而与楚子为礼也。"《繁露·竹林》篇曰："《春秋》之常辞也，不予夷狄而与中国为礼。至邲之战，偏然反之，晋变而为夷狄，楚变而为君子，故移其辞以从其事。"是进退无常，可见《春秋》立辞之变。定四年传曰："吴何以称子，夷狄也而忧中国。"吴入楚，传曰："吴何以不称子，反夷狄。"是进退甚速，可见《春秋》立义之精，皆以今之所谓文明、野蛮为褒贬予夺之义。后人不明此旨，徒严种族之辨，于是同异竞争之祸烈矣。盖托于《春秋》义而实与《春秋》义不甚合也。

第二十节　公羊荀子相通考 刘申叔先生

昔汪容甫先生作《荀卿子通论》，谓"《荀子·大略》篇言《春秋》贤穆公善胥命"以证卿为《公羊春秋》之学。又惠定宇《九经古义》亦引《荀子》周公东征西征之文，以证《公羊》之说。则《荀子》一书，多《公羊》之大义，彰彰明矣。吾观西汉董仲舒治《公羊春秋》之学。然《春秋繁露》一书，多美荀卿，则卿必为《公羊》先师。且东汉何邵公专治《公羊》学，所作《解诂》亦多《荀子》之文。如庄公三十一年传，《解诂》云："礼，天子外屏，诸侯内屏。"而《荀子》亦曰："天子外屏，诸侯内屏，礼也。"其引用《荀子》者一。定四年传，《解诂》云："礼，天子雕弓，诸侯彤弓，大夫婴弓，士卢弓。"而《荀子》亦曰："天子雕弓，诸侯彤弓，大夫墨弓，礼也。"其引用《荀子》者二。隐元年《解诂》云："礼，年二十见正而冠。"《荀子》亦曰："天子、诸侯子，十九而冠，冠而听治，其教至也。"义亦相近，其引用《荀子》者三。若宣十五年初税亩传，《解诂》虽多引班《志》之文，然与《荀子·王制》篇之文，亦多相合。则《公羊》佚礼多散见于《荀子》书中，昭然无疑，故邵公多引《荀子》以释《公羊》也。今举《荀子》用《公羊》义凡若干条，试述之如下：

《王制》篇云："虽王公士大夫之子孙，不能属于礼义，则归之庶人。虽庶人之子孙也，积文学，正身行，能属于礼义，则归之卿相士大夫。"又曰："尚贤使能，则等位不遗。"《君子》篇云："先祖当贤，后子孙必显，行虽如桀纣，列从必尊，此以世举贤也。以世举贤，虽欲无乱，得乎哉？"

案《公羊传》云："《春秋》讥世卿，世卿非礼也。"故于尹氏卒则讥之，于崔氏出奔则贬之，于任叔之子来聘则书之，皆《公羊》讥世卿之义。《荀子》所言，咸与《公羊》相合。

《王制》篇云："桓公劫于鲁庄。"

案此即《公羊传》所记曹沫劫齐桓事。《左氏》《穀梁》二传均未记此事，惟《公羊》有之。故知《荀子》之说，本于《公羊》。

《王制》篇云："王者之制，道不过三代，法不贰后王。道过三代谓之荡，法贰后王谓之不雅。"

案"道不过三代"，即《公羊》存三统之说；"法不贰后王"，近于《公羊》改制之说。

《王制》篇云："四海之内若一家。"《君子》篇云："《诗》曰：'普天之下，莫非王土；率土之滨，莫非王臣。'圣王在上，分义行乎下，则士大夫无流淫之行，百吏官人无怠慢之事，众庶百姓无奸怪之俗，无盗贼之罪，莫敢犯太上之禁。"

案此即《公羊传》大一统之义。《公羊传》之言大一统也，必推本于正朝廷、正百官，尤与《荀子》义合。

《王制》篇云："故周公南征而北国怨曰：'何独不来也？'东征而西国怨曰：'何独后我也？'"

案《公羊》僖四年传云："古者周公东征则西国怨，西征则东国怨。"注云："此道黜陟之时也。盖周公于用兵之际，兼行黜陟之事，故四方望其来。"《荀子》言周公南征，足补《公羊》之缺，其事见《吕览·古乐》篇。

《王霸》篇云："以非所取于民而巧，是伤国之大灾也。"

案此即《公羊传》讥"丘甲"、讥"税亩"、讥"用田赋"之义。

《君道》篇云："君者何也？能群也。"《大略》篇云："天之生民，非为君也；天之立君，以为民也。"

案此即《公羊传》善卫人立晋之义。

《正论》篇曰："曷为楚越独不受制也？彼王者之制也，视形势而制械用，称远迩而等贡献，岂必齐哉。"又曰："故诸夏之国，同服同仪；蛮夷戎狄之国，同服不同制。封内甸服，封外侯服，侯卫宾服，蛮夷要服，戎狄荒服。甸服者祭，侯服者祀，宾服者享，要服者贡，荒服者终王。日祭月祀，时享岁贡，夫是之谓视形势而制械用，称远近而等贡献，是王者之至也。"

案《公羊传》言："《春秋》内其国而外诸夏，内诸夏而外夷狄。"又言王者欲一乎天下，必自近者始，《荀子》此言，皆与《公羊》义合。又《王制》篇云"理道之远近而致贡"，其义亦同。

《礼论》篇云："郊止于天子，而社止于诸侯。"

案《公羊传》言："天子祭天，诸侯祭土。祭天者即郊天之礼也，祭土者即祭社之礼也。"

《礼论》篇云："故社，祭社也；稷，祭稷也。郊者并百王于上天而祭祀之也。"

案《公羊传》言："天子有方望之事，无所不通。"注云："方望谓郊时所望，祭四方群神、日月星辰、风伯雨师、五岳四渎及余山川，凡三十六所。"是郊为合祭之典，与《荀子》义近。

《礼论》篇云："三年之丧，二十五月而毕。"

案《公羊传》云："三年之丧，实以二十五月。"与《荀子》同。

《大略》篇云："货财曰赙，舆马曰赗，衣服曰禭，玩好曰赠，玉贝曰晗。赙赗所以佐生也，赠禭所以送死也。"

案《公羊传》云："车马曰赗，货财曰赙，衣被曰禭。"与《穀梁传》相同，亦与《荀子》所言相合。

《大略》篇云："《易》之咸，见夫妇，夫妇之道，不可不正也。君臣父子之本也。"又曰："亲迎之道，重始也。"

案《公羊》"纪履緰来逆女"，传云："讥始不亲迎也。"又据《五经异义》谓《春秋公羊》说，自天子至庶人皆亲迎，则《公羊》亦重亲迎之礼矣。

《大略》篇云："《春秋》贤穆公，以为能变也。"

案《公羊》"秦伯使遂来聘"，传云："遂者何？秦大夫也。秦无大夫，此何以书？贤穆公也。何贤乎穆公？以其能变也。"《荀子》之说，本于《公羊》，足证荀子亲见《公羊传》，且确认《公羊》为说《春秋》之书矣。

《大略》篇云："故《春秋》善胥命，而《诗》非屡盟，其心一也。"

案《春秋》"齐侯、卫侯胥命于蒲"，《公羊传》云："胥命者何？相命也。何言乎相命？近正也。古者不盟，结言而退。"《公羊》以胥命为近正，即以胥命为善也。故荀子言《春秋》善胥命，其亦本于《公羊》。

由是观之，则《荀子》一书，多述《公羊》之义，彰彰可考。故杨倞注《荀子》，亦多引《公羊传》之文。特近人之疑此说者，以为荀卿治《春秋》，为穀梁、左氏二家之先师，《公羊》师说，多与《穀梁》《左氏》不同，而卿复杂用其说，与家法相违。不知仅通一经，确守家法者，小儒之学也；旁通诸经，兼取其长者，通儒之学也。试观西汉刘向为《穀梁》之大师，兼通《左氏春秋》，其所著《说苑》一书，亦多刺取《公羊》之义。如《说苑》云："夫天之生人也，盖非以为君也；天之立君也，盖非以为位也。夫为人君行其私欲而不顾其人，是不承天意，忘其位之所以宜事也，如此者，《春秋》不予能君而夷狄之。郑伯恶一人而兼弃其师，故有夷狄不君之词。人主不以此自省，惟既以失实，心奚因知之。故曰有国者，不可以不知《春秋》，此之谓也。"此非用《公羊》闵二年传之义乎？《说苑》又云："孔子曰：'君子务本，本立而道生。'夫本不正者末必倚，始不盛者终必衰。《诗》云：'原隰既平，泉流既清。'本立而道生，《春秋》之义。有正春者无乱秋，有正君者无危国。《易》曰：'建其本而万物理，失之毫厘，差以千里。'是故君子重贵本而重立始。魏武侯问元年于吴子。吴子对曰：'言国君必慎始也。''慎始奈何？'曰：'正之。''正之奈何？'曰：'明智。智不明何以见正？多闻而择焉，所以明智也。'是故古者君始听治，大夫而一言，士而一见，庶人有谒必达，公族请问必与，四方至者勿距，可谓不壅蔽矣。分禄必及，用刑必中，君心必仁，思民之利，除民之害，可谓不失民众矣。君身必正，近臣必选，大夫不兼，执民柄者不在一族，可谓不权势矣。"此非用隐元年传之义乎？观于刘向治《穀梁》《左氏》而兼采《公羊》，则《荀子》兼用《公羊》之说，夫何疑乎？惜近儒之治《公羊》者，以为卿治《穀梁》，为鲁学之大师，多与《公羊》立异，故于《荀子》之述《公羊》者，不复一引。此则拘于班《志》之说者也，何足以测通儒之学哉。

第二十一节　穀梁传授

《汉书·艺文志》："《穀梁传》十一卷。"《儒林传》曰："太子既通《公羊》，复私问《穀梁》而善之。宣帝即位，闻卫太子好《穀梁》，以问韦贤、夏侯胜及史高，皆鲁人也。言穀梁子本鲁学，公羊氏乃齐学也，宜兴《穀梁》。时蔡千秋为郎，召见，与《公羊》

家并说，上善《穀梁》说，擢千秋为谏议大夫。甘露元年，召名儒大议殿中，多从《穀梁》，由是《穀梁》之学大盛。"

《四库总目》云："晋范宁《集解》，唐杨士勋疏。其传则士勋疏称，穀梁子名俶，字元始，一名赤，受经于子夏，为经作传，则当为穀梁子所自作。徐彦《公羊传疏》又称：'公羊高五世相授，至胡毋生乃著竹帛，题其亲师，故曰《公羊传》。'《穀梁》亦是著竹帛者，题其亲师，故曰《穀梁传》。则当为传其学者所出。案《公羊传》定公即位一条，引子沈子曰'何休《解诂》以为后师'（案此注在隐公十一年所引子沈子条下）；此传定公即位一条，亦称沈子曰。公羊、穀梁既同师子夏，不应及见后师。又初献六羽一条，称穀梁子曰，传既穀梁自作，不应自引己说。且此条又引尸子曰，尸佼为商鞅之师，鞅既诛，佼逃于蜀，其人亦在穀梁后，不应预为引据。'疑徐彦之言，为得其实，但谁著于竹帛，则不可考耳。"

兹列《穀梁》传授表如下：

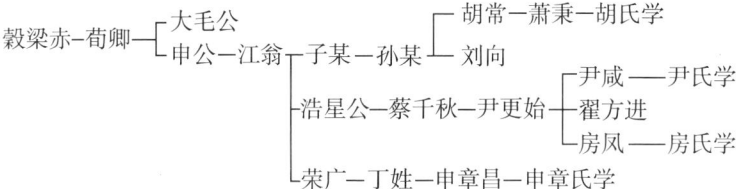

第二十二节　穀梁荀子相通考 <small>刘申叔先生</small>

杨士勋《穀梁疏》云："穀梁子名俶，字元始，一名赤，鲁人，受经于子夏，为经作传，授荀卿。卿传鲁人申公，申公传瑕丘江翁。"颜氏师古亦曰："穀梁受经于子夏，传荀卿。"皆荀卿传《穀梁》之证。据《汉书·儒林传》，谓申公少与楚元王交，俱事齐人浮丘伯，卒以《诗》《春秋》教授，而瑕丘江公尽能传之。《诗》即《鲁诗》，《春秋》即《穀梁》，则荀卿以《穀梁》传浮丘伯，而浮丘伯后以《穀梁》传申公，凡西汉《穀梁》之学，皆荀卿所传之学也。故汉儒说《穀梁》者，若韦贤、荣广、夏侯胜、史高，皆系鲁人，则鲁学多出荀卿之证也。今观卿所著书，有引《穀梁》之文者，有用《穀梁》之说者，皆荀卿传《穀梁》之证。试述之如下：

《大略》篇云："诸侯相见，卿为介，以其教出毕行，使仁居守。"

案《穀梁》隐二年传云："会者外为主焉耳。知者虑，义者行，仁者守，有此三者，然后可以出会。"《荀子》此文，正与"义者行，仁者守"二语合。

《大略》篇云："亲迎之道，重始也。"

案《穀梁》隐二年传云："逆女，亲者也，使大夫非正也。"是《穀梁》以亲迎为礼，以不亲迎为非礼也。而《荀子》亦以亲迎之道为重始，则《荀子》亦以亲迎为礼矣。又《说苑·修文》篇亦以亲迎为古礼，且历陈诸侯亲迎礼，以补昏礼之遗。刘向传《穀梁》，此必《穀梁》之佚礼也。《公羊》亦曰讥始不亲迎，是《荀子》之说，亦与《公羊》合。

《大略》篇云："货财曰赙，舆马曰赗，衣服曰禭，玩好曰赠，玉贝曰唅。"

案《穀梁》隐元年传曰："赗者何也？乘马曰赗，衣衾曰禭，贝玉曰唅，钱财曰赙。"与《荀子》略同。又《说苑·修文》篇说赗马之数云："天子乘马六匹，诸侯四匹，大夫三匹，元士二匹，下士一匹。"说禭礼之数云："天子文绣礼各一袭到地，诸侯覆跗，大夫到踝，士到髀。"向传《穀梁》，则此亦《穀梁》之佚礼，足补《荀子》之缺，《公羊》之说，亦与《穀梁》同。

《大略》篇云："赗赙所以佐生也，赠禭所以送死也。"

案《穀梁》隐三年传云："归死者曰赗，归生者曰赙。"与《荀子》同。惟《荀子》"赗赙"二字，系"赙赠"之讹；"赠禭"二字，系"赗禭"之讹，斯与《穀梁》义合。盖赗训为覆，当是覆被亡人之义，乃归死之物，非归生之物，故知《荀子》有误文也。且"赗""赠"字形相近，故传写颠倒。又《说苑·修文》篇云："知生者赗赙，知死者赠禭，赠禭所以送死也，赗赙所以佐生也。"向传《穀梁》，所记应与《穀梁》同，则《说苑》之有误文，亦与《荀子》同矣。

《大略》篇云："誓诰不及五帝，盟诅不及三王，交质子不及五霸。"

案《穀梁》隐八年传云："诰誓不及五帝，盟诅不及三王，交质子不及二伯。"与《荀子》同。惟《穀梁》仅指桓、文言，而《荀子》则指桓、文及秦穆、宋襄、楚庄言耳。又《荀子》此文，与《礼记·杂记》篇所载周丰语相合。

《议兵》篇云："王者有诛而无战，城守不攻，兵格不击，上下相喜则庆之，不屠城，不潜军，不留众，师不越时。"

案《穀梁》隐五年传云："伐不逾时，战不逐奔，诛不填服。"案伐不逾时者，即《荀子》'不留众，师不越时'之义也。战不逐奔者，即《荀子》'城守不攻，兵格不击'之义也。诛不填服者，即《荀子》'上下相喜则庆之，不屠城'之义也。"又隐十年传云："不正其乘败人而深为利。"又即《荀子》"不潜军"之义也。

《君子》篇云："以义制事，则知所利矣。"《大略》篇云："义胜利者为治世，利克义者为乱世。上重义则义克利，上重利则利克义。"

案《穀梁》隐元年传云"《春秋》贵义而不贵惠"，惠即利也。

盖《穀梁》区言义利，已开荀、孟之先。

《王制》篇云："君者善群也。"《君道》篇云："君者何也？曰能群也。"

案《穀梁》隐四年传云："卫人者，众辞也。其称人而立之何？得众也。得众则是贤也。"得众与能群义同。

《王霸》篇云："传曰：农分田而耕，贾分货而贩，百工分事而劝，士大夫分职而听。"

《王制》篇云："农农，士士，工工，商商，一也。"

案《穀梁》成元年传云："古者有四民，有士民，有商民，有工民，有农民。"与《荀子》合。《管子》始分贾为二，则曰五民。又《荀子·解蔽》篇云："农精于田，而后可以为农师；贾精于市，而后可以为贾师；工精于器，而后可以为工师。"亦荀子重视农工商之证。

《君道》篇云："请问为人君。曰，以礼分施，均遍而不偏。请问为人臣。曰，以礼待君，忠顺而不懈。请问为人父。曰，宽惠而有礼。请问为人子。曰，敬爱而致文。"

案《穀梁》庄十七年传云："逃义曰逃。义谓君父之义。仲尼曰：'天下有大戒二：其一命也，其一义也。子之爱亲，命也，不可解于心；臣之事君，义也，无适而非君也，无所逃于天地之间，是之谓大戒。'"案《穀梁》言义无适而非君，即《荀子》"忠顺而不懈"之义也。言爱亲不可解于心，即《荀子》"敬爱而致文"之义也。盖《荀子》偏重纲常，故《致士》篇云："君者，国之隆也；父者，家之隆也。"亦《荀子》君父并崇之证。

《礼论》篇云："王者天太祖，诸侯不敢坏，大夫士有常宗，所以别贵始。贵始，得之本也。"

案《穀梁》僖十五年传言"天子七庙"，又言"是以贵始德之本也"，与《荀子》符。"得""德"古通，杨倞注云"得当为德，言德之本在贵始"，此言得之。

《君子》篇云："天子也者，势至重，形至佚，心至愉，志无所诎，形无所劳，尊无上矣。《诗》曰：'普天之下，莫非王土；率土之滨，莫非王臣。'"《王霸》篇云："人主者，天下之利势也。"

案《穀梁》隐三年传云："天子之崩，以尊也，以其在民之上，故崩之。其不名何也？大故不名也。"与《荀子》"天子之尊无上"语同。盖《荀子》之尊君权，固《穀梁》有以启之也。又《穀梁》以大上为天子。范注云："居人之大，在民之上，故无所名。"而《荀子·君子》篇亦曰："莫敢犯大上之禁。""大上"二字，即本《穀梁》，亦《荀子》传《穀梁》之证。

《解蔽》篇云："昔人臣之蔽者，唐鞅、奚齐是也。唐鞅蔽于欲权而逐载子，奚齐蔽于欲国而罪申生。"

案《穀梁》僖九年传云："晋里克杀其君之子奚齐。其君之子云者，国人不子也，不正其杀世子申生而立之也。"杨倞注《荀子》，即引《穀梁》为证，而不引《左氏》《公羊》，明《荀子》此语，本于《穀梁》也。

以上十二条，皆《荀子》传《穀梁》之证，且《穀梁》之文，多引《论语》。如隐元年传云"成人之美，不成人之恶"；僖二十二年传云"过而不改，是谓之过"，二十三年传云"以不教民战，则是弃其师"，皆《穀梁》引《论语》之证。据郑君《论语序》，则《论语》一书，为仲弓、子夏所撰。而穀梁既师淑子夏，荀子并师淑子夏、子弓，故《穀梁》引《论语》，而《荀子》亦多引《论语》。观二书之皆引《论语》，则知二家学术相近矣。盖《荀子》之传《穀梁》，其善有二：一曰发《穀梁》之微言，一曰存《穀梁》之佚礼。惜《穀梁》古谊，近儒多未诠明，傥能即《荀子》以考《穀梁》，则鲁学渊源，多可考见，此则后儒之责也。（又《荀子·大略》引《孟子》攻齐王邪心之语，案"邪心"二字，亦见《穀梁》隐元年传。）

第二十三节　章太炎春秋左传读叙录后序

《后序》曰：经师传授之迹，征诸《史记》《别录》《七略》《汉书》，事不悉具，则举其一为征。《左氏》授受翔实如此，戴宏妄言无验如彼，校练情伪，断可识矣。寻桓谭《新论》，以为《左氏》传世后百余年，鲁穀梁赤为《春秋》，又有齐人公羊高，缘经作传。郑《起废疾》以穀梁为近孔子，公羊六国时人，传有先后。由今推之，穀梁子上接尸佼，下授荀卿，盖与孟子、淳于髡辈同时。《公羊》之文有曰"君亲无将，将而诛焉"，秦博士稍引其文。有曰"拨乱世反诸正"，汉群臣为高帝议谥，亦用其文。疑高盖尝入秦，或在博士诸生之列。何以明之？公羊以伯于阳为公子阳生，"伯"旧或书作"白"，"公"旧或书作"仫"，小篆"白"字从"入"从"二"，隶变作"仐"则字近公。若古文"白"字作"皁"，与纯为小篆不从隶变者，形皆不得近"公"。隶书"子"字"于"字形近，小篆作𠂤作亏，亦又无以讹变，明作此传者，但睹隶书，不及知古文大小篆也。又《公羊》宣十五年传曰："上变古易常，应是而有天灾。"《解诂》曰："上谓宣公。"按六国时尚无直称人君为上者，以上之名斥人君，始于秦并天下以后，《公羊》遂用之称宣公。然则《穀梁》在六国，《公羊》起于秦末，为得其情。自仲尼作经，弟子既人人异端，故左氏具论本事，以为之传，若隐括之正曲木，平地之须水准。自是以降，七十子或散在诸侯，尤以绪言教授，而亦略记《左氏》。若《春秋》庄三年经"葬桓王"，《左氏》则曰缓也。七年始葬，于礼已慢，却尸则非人情。"缓""爰"声通（《释训》：爰爰，缓也），旧有两读，读爰则为"爰田""爰书""爰宅"之义，说为改葬。穀梁子闻其说，故其葬桓王传先引传曰："改葬也。"次举或说为却尸以求诸侯，其所举传宜即《左氏》。而"爰""缓"两读，未尝著其得失。公羊复闻穀梁之说，又不审此桓王即桓十五年所书天王崩者，故发传云："此未有言崩者，何以书葬？盖改葬也。"言盖云者，于改葬却尸，两不能决，姑取改葬之说以传疑。《左氏》称孔子圣人之后，而灭于宋，穀梁子闻其说，故于"宋督弑其君与夷及其大夫孔父"传曰："其不称名，盖为祖讳也，孔子故宋也。"公羊误读《穀梁》之文，复于"成周宣谢灾"下发新周之文以偶之，由是有黜周王鲁之谬。《左氏》昭七年传"孟絷之足不良能行"，穀梁子闻其说，故于"盗杀卫侯之兄辄"传曰："辄者何也？曰两足不能相过，齐谓之绠，楚谓之踂，卫谓之辄。"公羊闻《穀梁》天疾之说，徒以恶疾解不立，尚不能知其疾在足也。《左氏》定三年传说楚三年止蔡侯，蔡侯归，及汉，执玉而沈曰："余所有济汉而南者，有若大川。"穀梁子闻其说，定四年传说蔡侯被拘事，与《左氏》相应。其文曰："拘昭公于南郢，数年然后得归。归乃用事乎汉曰：'苟诸侯有欲伐楚者，寡人请为前列焉。'"《公羊》全录《穀梁传》文，改其"用事乎汉"为"用事乎河"，是不审楚蔡间地望。何氏《解诂》曰："时北如晋请伐楚，因祭河。"此以《左传》下有蔡侯如晋之文救之也。然不审《公羊》此传，悉袭《穀梁》，于《左氏》如晋之文何与？且既言归时事，何得谓之如晋？此《左氏》《穀梁》《公羊》先后之序也。《穀梁》

称"正棺两楹之间，然后即位"，其说出于沈子（定元年传）。言沈子者，在朋友圈属之际，与自举穀梁子同（隐五年传）。《公羊》称子沈子，著其为师，则不烦数数题其名号，是故正棺之说（定元年传），不举其所由来。晋人及姜戎败秦师于殽（僖三十三年经），《左氏》《穀梁》皆有"师"字。《穀梁传》曰："不言战而言败，何也？狄秦也。其狄之何也？秦越千里之险，入虚国，进不能守，退败其师，徒乱人子女之教，无男女之别，秦之为狄，自殽之战始也。"公羊见《穀梁》言狄秦，即改经文，去其"师"字云："其谓之秦何，夷狄之也。"然下复不举乱男女事，所谓夷狄之者，竟无其征，由习闻《穀梁》说，忘其义指，此《公羊》后于《穀梁》之征也。然自荀卿以及刘向，称说《左氏》，亦往往与二传出入。大抵七十子之异言，咎在违离本事，而以空例相推，其义非与《左氏》绝舛，末师承之，稍益流衍。《穀梁》善自节制，《公羊》始纵恣，以其谲言，佞谀暴君，旧义或什存一。今《左氏微》既佚，其合者无以举契。总之荀、贾所见近是。若夫《公羊》所说，或剽窃《左氏》而失其真，见《左氏》言"治兵于庙"，则改"治兵"为"祠兵"；见《左氏》言"卿可会伯子男"，则曰："春秋伯子男一也。"隐公狐壤之止，在春秋前，顾发诸郑人输平之下，以为不书讳获；长狄侵齐，是年为叔孙得臣所败，然王子成父获荣如时，距此且八十岁，而二传说为同时。《穀梁》犹知侨如长寿，即以禽二毛为解，《公羊》于此，复茫昧不省。（《穀梁》"叔孙得臣败狄于咸"传，传曰"长狄也"，此所引传，即是《左氏》。或言《公羊》本云长狄也，似《穀梁》据《公羊》，不知《穀梁》言重创者，谓既射其目，又断其首。断首为舂喉杀之，异于戮俘，故言重创。此岂《公羊》所有乎？）故知《左氏》之义，或似二家，由后之袭前，非前之取后也。

第二十四节　三传平议 黄季刚先生

　　《汉书·艺文志》曰："周室既微，载籍残缺，仲尼思存前圣之业，以鲁周公之国，礼文备物，史官有法，故与左丘明观其史记，据行事，仍人道，因兴以立功，就败以成罚，假日月以定历数，藉朝聘以正礼乐，有所褒讳贬损，不可书见。（案损谓不可见之于经也。）口授弟子，弟子退而异言；丘明恐弟子各安其意，以失其真，故论本事而作传，明夫子不以空言说经也。《春秋》所贬损大人当世君臣，有威权势力，其事实皆形于传。是以隐其书而不宣，所以免时难也。及末世口说流行，故有《公羊》《穀梁》《邹》《夹》之传。"谨案言《春秋》经传原委者，以班氏此言为最简当。《史记·孔子世家》亦曰："因史记作《春秋》，笔则笔，削则削，子夏之徒，不能赞一辞。"《十二诸侯年表》曰："鲁君子左丘明惧弟子人人异端，各安其意，以失其真，故因孔子史记具论其语，成《左氏春秋》。"此亦是为《春秋左传》互为表里之证。自汉以来，《左氏》与二传互相非难，至今不已。兹为简其辞说，约分数科论之。其刘子玄《申左篇》所已详者，不具赘也。一曰《春秋》本策书成法，二传亦有其证也。《公羊》庄八年引不修《春秋》，而曰君子修之。昭十二年传以经伯于阳为公子阳生，而引孔子曰："我乃知之矣。"何注曰："孔子年二十三，具知其事，后作《春秋》。案《史记》知'公'误为'伯'，'子'误为'于'，'阳'在，'生'刊灭阙。"如《公羊》言，是孔子于策书成文，有所不改更也。《穀梁》桓十四年传："夏五，传疑也。"范注："承阙文之疑，不书月，明皆实录。"僖十九年传："梁亡郑弃其师，我无加损焉，正名而已矣。"如《穀梁》言，是孔子于策书成文，有所不改更也。夫小事尚以阙文，况于大事而可以意补阙乎？明知其误，而有所不更，况于策书明白而任意删改乎？故必如杜氏之说，以为仲尼《春秋》上遵周公遗制，即用旧文者多，至于教之所存，文之所害，乃刊而正之。则知孔子《春秋》实欲使周公旧制昭明，其所奉以为笔削之准则者，亦只史官旧章而已，非别有所谓义法也。二曰《春秋》大义，已见于《左传》，孔子秉笔之意，亦略有可寻；其余变例，皆具于传，舍此别求，皆非圣人之真意也。案成十四年传称："君子曰：《春秋》之称，微而显，志而晦，婉而成章，尽而不污，惩恶而劝善，非圣人谁能修之。"又昭三十一年传曰："《春秋》之称，微而显，婉而辨，上之人能使昭明，善人劝焉，淫人惧焉，是以君子贵之。"此二条为全经大义。又河阳之狩，赵盾之弑，泄冶之罪，《左传》皆特引仲尼之言，以断危疑之理。其余"书""不书""先书""故书""不言""不称""书曰"之类，皆孔子据旧例而发新意。夫惟左氏亲见圣人，同修国史，而后知褒讳贬损之所在；其未见国史，不亲承圣训者，不能悉也。三曰《春秋》见诸行事，若舍事言义，则先自迷罔。二传不明本事，即不能知圣人本意也。案《公羊》《穀梁》说事，往往惝恍，又或兼存异说，不能自明。如《公羊》隐二年传曰："纪子伯者何？无闻焉尔。"又桓十四年传云："夏五者何？无闻焉尔。"何休以为口授相传，后乃记于竹帛，故有所失。此公羊于本事有所不知，而自言不讳也。又桓九年传曰："《春秋》有父老子代从政者，则未知其在齐与，曹与？"此公羊于经意所讥，不能确指其事也。又昭三十一年传曰："邾娄女有为鲁夫人者，则未知其为武公与，懿公与？"此公羊自记行事，犹有所不审也。又桓六年传曰："何以书？盖以罕书也。"庄三年传曰："何以书葬？盖改葬也。"是公羊于经义不能明晰为说，而为疑词也。又闵元年传曰：

"子女子曰：以《春秋》为《春秋》，齐无仲孙，其诸吾仲孙与？"此公羊不见国史，而直以意说经也。又庄二十五年传曰："以朱丝营社，或曰为暗，恐人犯之，故营之。"又闵二年传曰："或曰，自鹿门至于争门者是也；或曰自争门至于吏门者是也。"是公羊于自所传义，已不能自定其是非也。又桓六年传曰："何言乎子同生？喜有正也。子公羊子曰：'其诸以病桓欤？'"是公羊于自所持说，不能固执而游移不定也。《穀梁》虽与《公羊》谨肆小殊，而亦不能免上诸弊，然则《春秋》无《左传》，则终古无昭明之望也。四曰孔子非因丘明不能得鲁史，《左传》记事，即是释经，经传相合，不能或离也。孔子虽有圣德，而身非史官，纵复偶得观书，无缘亲加笔削，惟其与丘明同好恶，故丘明以笔削之权，奉之孔子而无所疑。及圣经勒成，又复躬搜载籍，以为之传，要之皆欲修明周公之制而已。孔子曰"其事齐桓、晋文"，谓其非王道也；"其文则史"，谓史官之记载，犹本王制也；"其义则某窃取之矣"，谓身非史官，而欲明周公之遗法也。《左氏》之于经，明其例，记其事，表其微旨，所谓文缓旨远，将令学者原始要终，与训诂之传，本非同类，而世遂以为不传《春秋》。至刘逢禄辈竟谓《左氏》义例为刘歆所增窜，又或比年阙事，而刘歆传其文，或本无年月，而刘歆为之增傅；由是《左氏》与《春秋》，竟渺不相涉，而后道听涂说之俗学，得以恣睢妄说，而莫敢正之。抑知《春秋》无《左传》，则《春秋》之本旨不见；《左传》不附经，则《左传》竟为谁而发乎？凡此四端，皆有关大义最切者，至谓《左氏》或有人傅益，其文非丘明自著，以悼之四年，及称赵襄子为疑。夫左氏年寿传记无文，案《史记·六国表》，鲁悼公卒于周考王十二年，赵襄子卒于威烈王九年，明年始为魏文侯元年，而威烈王十九年，《史记》书文侯受经子夏，假令左氏年同子夏，固可以书鲁悼、赵襄之谥矣。

第十章　论语

第一节　论语名义

《汉书·艺文志》云："《论语》者，孔子应答弟子、时人及弟子相与言而接闻于夫子之语也。当时弟子各有所记。夫子既卒，门人相与辑而论纂，故谓之《论语》。"

皇侃《论语义疏》叙云："哀公十六年，哲人其萎，……于是弟子金陈往训，各记旧闻，撰为此书。……然名书之法，必据体以立称，犹如以孝为体者，则谓之《孝经》；以庄敬为体者，则谓之《礼记》。然此书之体，适会多途，皆夫子平生应机作教，事无常准，或与时君抗厉，或共弟子抑扬，或自显示物，或混迹齐凡，问同答异，言近意深，诗书互错综，典诰相纷纭，义既不定于一方，名故难求乎诸类，因题'论语'两字，以为此书之名也。"案皇氏叙中复释"论"字"语"字及所以称"论语"不称"语论"之义，词繁不具录。

第二节　古论、鲁论、齐论及其篇数

皇侃《义疏》叙云："寻当昔撰录之时，岂有三本之别？将是编简缺落、口传不同耳。故刘向《别录》云：'鲁人所学谓之《鲁论》，齐人所学谓之《齐论》，孔壁所得谓之《古论》。'"

《汉书·艺文志》:"《论语》古二十一篇。"孟坚注口:"出孔子壁中,两《子张》。"如淳曰:"分《尧曰》篇后'子张问何如斯可以从政'已下为篇,名曰《从政》。"何晏《集解》序云:"鲁共王时,尝欲以孔子宅为宫,坏,得《古文论语》。分《尧曰》下章《子张问》以为一篇,有两《子张》,凡二十一篇。"皇侃曰:"《古论》分《尧曰》下章《子张问》更为一篇,合二十一篇。篇次以《乡党》为第二篇,《雍也》为第三篇,内倒错不可具说。"

《艺文志》:"鲁二十篇。"皇侃曰:"《鲁论》有二十篇,即今日所讲者是也。"

《艺文志》:"齐二十二篇。"孟坚注云:"多《问王》《知道》。"王应麟云:"《说文》《初学记》等书引《逸论语》言玉事,愚谓问王疑即问玉也,篆文相似。"洪颐煊《读书丛录》云:"《说文》引《论语》,自叙称古文,玉部璓字注引《逸论语》云,'玉粲之璓兮,其璓猛也';莹字注引《逸论语》,注曰'如玉之莹'。以其不在《古论》篇中,故称为逸,是亦《古论》无此二篇之证。"

兹列《鲁论》篇目于后:(附齐《古论》篇目。篇目下附皇氏《义疏》或邢昺《正义》语。)

(一)《学而》　皇云:"侃昔受师业,自《学而》至《尧曰》凡二十篇,首末相次无别科。而以《学而》最先者,言降圣以下皆须学成,故《学记》云'玉不琢不成器,人不学不知道',是明人必须学乃成。此书既遍该众典,以教一切,故《学而》为先也。"

(二)《为政》　皇云:"为政者,明人君为风俗政之法也。所以次前者,《学记》云'君子如欲化民成俗,其必由学乎',是明先学,后乃可为政化民。故以《为政》次于《学而》也。"

(三)《八佾》　皇云:"此篇明季氏是诸侯之臣,而僭行天子之乐也。所以次前者,言政之所裁,裁于斯滥,故《八佾》次《为政》也。"邢云："前篇论为政，为政之善，莫善礼乐，礼以安上治民，乐以移风易俗，得之则安，失之则危，故此篇论礼乐得失也。"

（四）《里仁》　皇云："此篇明凡人之性易为染著，遇善则升，逢恶则坠，故居处宜慎，必择仁者之里也。"邢云："此篇明仁，仁者，善行之大名也。君子体仁必能行礼乐，故以次前也。"

（五）《公冶长》　邢云："此篇大旨，明贤人君子仁知刚直，以前篇择仁者之里而居，故得学为君子，即下云'鲁无君子，斯焉取斯'是也。故次《里仁》。"

（六）《雍也》　邢云："此篇亦论贤人君子及仁知中庸之德，大抵与前相类，故以次之。"

（七）《述而》　皇云："《述而》者，明孔子行教，但祖述尧、舜，自比老彭，而不制作也。"邢云："此篇皆明孔子之志行也。以前篇论贤人君子及仁者之德行，成德有渐，故以圣人次之。"

（八）《泰伯》　邢云："此篇论礼让仁孝之德，贤人君子之风，劝学立身，守道为政，欢美正乐，鄙薄小人，遂称尧、舜及禹、文王、武王。以前篇论孔子之行，此篇首末载圣贤之德，故以为次也。"

（九）《子罕》　邢云："此篇皆论孔子之德行也，故以次泰伯、尧、舜之至德。"

（十）《乡党》　邢云："此篇惟记孔子在鲁国乡党中言行，故分之次前篇也。"

（十一）《先进》　皇云："此篇明弟子进受业者先后也。所以次前者，既还教乡党，则进受业者宜有先后，故《先进》次《乡党》也。"邢云："前篇论夫子在乡党，圣人之行也。此篇论弟子贤人之行，圣贤相次，亦其宜也。"

（十二）《颜渊》　邢云："此篇论仁政明达、君臣父子、辨惑折狱、君子义为，皆圣贤之格言，仕进之阶路，故次《先进》也。"

（十三）《子路》　邢云："此篇论善人君子为邦教民、仁政孝弟、中行常德，皆治国修身之要，大意与前篇相类，且回也入室，由也升堂，故以为次也。"

（十四）《宪问》　皇云："宪者，弟子原宪也。问者，问于孔子进仕之法也。所以次前者，颜、路既允文允武，则学优者宜仕，故《宪问》次于《子路》也。"邢云："此篇论三王二霸之迹，诸侯大夫之行，为仁知耻、修己安民，皆政之大节也，故以类相聚，次于问政也。"

（十五）《卫灵公》　邢云："此篇记孔子先礼后兵、去乱就治，并明忠信仁知、劝学为邦、无所毁誉、必察好恶，志士君子之道、事君相师之仪，皆有耻且格之事，故次前篇也。"

（十六）《季氏》　皇云："季氏者，鲁国上卿，豪强僭滥者也。所以次前者，既明君恶，故据臣凶，故以《季氏》次《卫灵公》也。"

（十七）《阳货》　皇云："阳货者，季氏家臣，亦凶恶者也。所以次前者，明于时凶乱，非惟国臣无道，至于陪臣贱，亦并凶恶，故《阳货》次《季氏》也。"

（十八）《微子》　皇云："微子者，殷纣庶兄也。明睹纣凶恶，必丧天位，故先拂衣归周，以存宗祀也。所以次前者，明天下并恶，则贤宜远避，故以《微子》次《阳货》也。"

（十九）《子张》　邢云："此篇记士行交情，仁人勉学，或接闻夫子之语，或辨扬圣师之德，以其皆弟子所言，故善次诸篇之后。"

（二十）《尧曰》　邢云："此篇论二帝三王及孔子之语，兼明天命政化之美，皆是圣人之道，可以垂训将来，故以殿诸篇非所次也。"

以上《鲁论语》二十篇篇目。

《齐论语》多《问王》《知道》，两篇皆佚。皇侃云："《齐论》题目与《鲁论》大体不殊，而有《问王》《知道》二篇，合二十二篇，篇内亦微有异。"

《古论语》多一篇，有两《子张》。（见《汉志》自注及何晏《集解》序，如淳则云"篇名《从政》"存。）

第三节　论语之传授

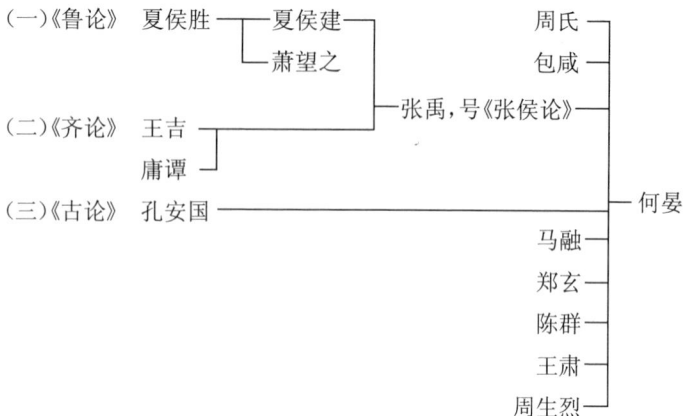

何晏《论语集解》序云："安昌侯张禹本受《鲁论》，兼讲齐说，善者从之，号曰《张侯论》，为世所贵，包氏、周氏（周氏不悉其名）章句出焉。《古论》惟博士孔安国为之训说，而世不传。至顺帝之时，南郡太守马融亦为之训说。汉末大司农郑玄就《鲁论》篇章考之《齐》《古》，以为之注。近故司空陈群、太常王肃、博士周生烈，皆为之义说。"皇侃《义疏》叙云："何晏，字平叔，因《鲁论》集季长等七家，又采《古论》、孔注，又自下己意，即世所重者，今日所讲，即是《鲁论》，为张侯所学，何晏所集者也。"

第四节 古论、鲁论之异文

臧琳《经义杂记》云："《释文·序录》云：'张禹受《鲁论》于夏侯建，又从庸生、王吉受《齐论》，择善而从，号曰《张侯论》，最后，而行于汉世。禹以《论》授成帝。后汉包咸、周氏并为章句，列于学官。郑玄就《鲁论》张、包、周之篇章，考之《齐》《古》，为之注焉。魏吏部尚书何晏集孔安国、包咸、周氏、马融、郑玄、陈群、王肃、周生烈之说，并下己意为《集解》，正始中上之，盛行于世。'据此，则张侯《论语》已不全为《鲁论》，厥后包、周所注，列于学官，皆是本也。郑康成就包、周之本，以《齐论》《古论》校正之，凡五十事。则郑本《论语》又参合《古》《鲁》《齐》三书定之，非张、包、周之旧矣。何晏所集七家内，孔安国、马融纯乎古文，余则三家并有。然郑君校从《古论》，有注以识别，使后人可考。何晏就三家本以意为之，自序'集诸家之美，有不安者颇为改易'，故采孔、马之注则改包、周之本，用包、周之说又易孔、马之经，自成一家，不今不古，甚可慨也。今据何氏以前书，略为分别之。汉石经残碑，此张侯《鲁论》也，《史记》孔子世家、仲尼弟子列传及许氏《说文》皆《古论》也。石经见洪氏《隶释》，不赘列。"

兹本臧氏说，列《古论》与《鲁论》异文为表如下：（凡见于《释文》者，皆不注所本。）

古　论	鲁　论
传不习乎	专不习乎
未若贫而乐道（《仲尼弟子传》）	未若贫而乐
而众星共之	而众星拱之
有酒食，先生馔	有酒食，先生餕
哀公问社于宰我	哀公问主于宰我
纵之纯如也（《孔子世家》）	从之纯如也
无适也	无敌也
可使治其赋也	可使治其傅也
夫子之言天道与性命，弗可得闻也已（《孔子世家》）	夫子之言性与天道，不可得而闻已矣（《汉书·睦两夏侯京翼李传赞》）
未知，焉得仁	未智，焉得仁（《汉书·古今人表》《论衡·问孔》《中论·智行》）
崔子弑齐君	高子弑其君
吾不知所以裁之（《孔子世家》）	不知所以裁之
命也夫！斯人也而有斯疾,命也夫（《仲尼弟子传》）	命矣夫！斯人也而有斯疾也！斯人也而有斯疾也
文质彬彬	文质份份（《说文·人部》。臧云："按《说文》是《古论语》，当互易。"）
夫子矢之曰：予所否者	夫子矢之曰:予所鄙者（《论衡·问孔》）
子之燕居	子之晏居
吾未尝无诲焉	吾未尝无悔焉
假我数年（《孔子世家》）	加我数年
五十以学《易》，可以无大过矣	五十以学，亦可以无大过矣
其为人也，学道不倦，诲人不厌，发愤忘食，乐以忘忧（《孔子世家》）	其为人也，发愤忘食，乐以忘忧
多见而识之，知之次也	多见而志之,知之次也（《白虎通·礼乐》）
揖巫马旗而进之（《弟子传》）	揖巫马期而进之

古　论	鲁　论
正唯弟子不能学也	诚唯弟子不能学也
君子坦荡荡	君子坦汤汤
民无得而称焉	民无德而称焉（《释文》，又《后汉书·丁鸿传论》）
巍巍乎！舜、禹之有天下也，而不与焉	巍巍乎！舜、禹之有天下也，而不预焉（《白虎通·圣人》）
空空如也	悾悾如也
弁衣裳者	絻衣裳者
夫子循循然善诱人	夫子恂恂然善诱人（《后汉书·张壹传》、赵岐《孟子章句》）
沽之哉！我待贾者也	贾之哉！我待价者也（《白虎通·商贾》）
孔子于乡党，恂恂如也	孔子于乡党,逡逡如也（《孔子世家》索隐)
辩辩言，唯谨尔	便便言，唯谨尔
朝，与上大夫言，闇闇如也；与下大夫言，侃侃如也（《孔子世家》）	朝，与下大夫言，侃侃如也；与上大夫言，闇闇如也
执圭，鞠躬如也	执圭，鞠穷如也
上如揖，下如授	上如揖，趋如授
不使胜食既（《说文·皂部》）	不使胜食气
虽蔬食菜羹，瓜祭，必如齐也	虽疏食菜羹，必祭，必齐如也
乡人傩	乡人献
君赐生	君赐牲
见弁者	见絻者
朋友死，无所归，曰于我殡	朋友无所归，生于我乎馆，死于我乎殡（《白虎通·三纲六纪》）
车中不内顾	车中内顾
德行：颜渊、闵子骞、冉伯牛、仲弓。政事：冉有、季路。言语：宰我、子贡。文学：子游、子夏（《弟子传》）	德行：颜渊、闵子骞、冉伯牛、仲弓。言语：宰我、子贡。政事：冉有、季路。文学：子游、子夏

古　论	鲁　论
南容三复白珪（《弟子传》）	南容三复白圭
仍旧贯	仁旧贯
师也辟，参也鲁，柴也愚，由也喭	柴也愚，参也鲁，师也辟，由也喭
无吾以也	无吾己也
因之以饑馑	因之以飢馑
咏而馈	咏而归
吾与黮也（《说文·黑部》《弟子传》作"篓"）	吾与點也
仲弓问政（《弟子传》）	仲弓问仁
片言可以折狱者	片言可以制狱者
子之迂也	子之于也
夫君子为之必可名，言之必可行（《孔子世家》）	故君子名之必可言也，言之必可行也
吾党有直躬者	吾党有直弓者
硁硁然小人哉	悻悻然小人哉（《孟子·公孙丑下》注）
朋友切切节节，兄弟熙熙（《毛诗·伐木》传）	朋友切切偲偲，兄弟怡怡
子贡方人	子贡谤人
有荷臾而过孔氏之门者（《说文·草部》）	有荷黄而过孔氏之门者
高宗谅阴三年	高宗谅暗三年（郑注本，又《公羊传》文九年注）
在陈绝粮	在陈绝粮
小人穷斯媚矣（《说文·女部》）	小人穷斯滥矣
工欲善其事，必先利其器	工欲善其事，必先厉其器（《汉书·梅福传》）
好行小慧	好行小惠
友谝佞（《说文·言部》）	友便佞
言未及之而言，谓之躁	言未及之而言，谓之傲

古　论	鲁　论
邦君之妻	国君之妻（《白虎通·嫁娶》两引）
邦人称之曰君夫人	国人称之曰君夫人（《白虎通·爵》，又《嫁娶》）
馈孔于豚	归孔子豚
涅而不缁	泥而不滓（《后汉书·隗嚣传》《史记·屈原贾生传》）
苟患失之，无所不至矣	苟患失之，亡所不至（《汉书·朱云传》）
古之矜也廉	古之矜也贬
天何言哉！天何言哉	夫何言哉！夫何言哉
夫三年之丧，天下之通义也（《弟子传》）	夫三年之丧，天下之通丧也
恶果敢而窒者	恶果敢而室者
恶徼以为知者	恶绞以为知者
齐人馈女乐	齐人归女乐
往者不可谏兮，来者犹可追也（《孔子世家》"也"亦作"兮"）	往者不可谏也，来者犹可追（今本无二"也"字，汉石经有）
已而！已而！今之从政者殆而	期斯已矣，今之从政者殆而
悠悠者，天下皆是也（《孔子世家》）	滔滔者，天下皆是也
朱张	侏张
行中清（《孔子世家》）	身中清
废中权	发中权
百工居肆，以成其事	百工居肆，以致其事（《白虎通·辟雍》）
君子之道，焉可诬也	君子之道，焉可帆也（《汉书·薛宣传》）
陈子禽问子贡曰：仲尼焉学（《仲尼弟子传》）	卫公孙朝问于子贡曰：仲尼焉学
敢昭告于皇皇后帝	敢昭告于皇天上帝（《白虎通·三军》）
孔子曰：不知命，无以为君子也；不知礼，无以立也；不知言，无以知人也	无此章
无此章	子曰：父在观其志，父没观其行（在《卫灵公》篇内）

第十一章　孝经

第一节　孝经名义及其作者

《孝经》制于何人，约有四说：

（一）《孝经钩命诀》云："孔子曰：'吾志在《春秋》，行在《孝经》，以《春秋》属商，《孝经》属参。'"

（二）《史记·仲尼弟子列传》云："孔子以曾参能通孝道，故授之业，作《孝经》。"

（三）《汉书·艺文志》云："《孝经》者，孔子为曾子陈孝道也。夫孝，天之经地之义民之行也，举大者言，故曰《孝经》。"

（四）郑玄《六艺论》云："孔子以六艺题目不同，指义殊别，恐道离散，后世莫知根源，故作《孝经》以总会之。"

以上四说，并称孔子作《孝经》，其实均不可信。孔子述而不作，经有明文，况此篇首云"仲尼居，曾子侍"，自命其书曰经，称曾子为子，其非孔子、曾子所自作明矣。大抵如百三十一篇之记，出七十子后学者之手也。说者谓魏文侯受子夏经义，故为《孝经》传，是知《孝经》之作，必更在其前。案《魏文侯传》引见蔡邕《明堂论》及贾思勰《齐民要术·耕田》篇，《汉志》并不著录，则其书晚出，传授不明，或后汉儒者所依托也。（《吕氏春秋》孝行、察微诸篇并引《孝经》，可知是先秦之书。）

第二节　孝经篇数及传授

古文《孝经》，《汉书·艺文志》："《孝经》古孔氏一篇。"孟坚注云："二十二章。"师古曰："刘向云，古文字也。《庶人》章分为二也，《曾子敢问》章为三，又多一章，凡二十二章。"王应麟曰："许冲上父《说文》云：'古文《孝经》者，昭帝时鲁国三老所献，建武时给事中议郎卫宏所校。'案志云'孔氏壁中古文'，则与《尚书》同出也。盖始出于武帝时，至昭帝时乃献之。沈钦韩《汉书疏证》云：《隋志》：'古文《孝经》一卷，孔安国传，梁末亡逸，今疑非古本。'《隋志》又云：'古文《孝经》与古文《尚书》同出，而长孙有《闺门》一章，其余经大较相似，篇简缺解，又有衍出三章，并前合为二十二章，孔安国为之传。至刘向典校经籍，除其繁惑，以十八章为定，郑众、马融并为之注。梁代安国及郑氏二家并立国学，而安国之本亡于梁乱。陈及周齐惟传郑氏。至隋秘书监王劭于京师访得孔传，送至河间刘炫，炫因序其得丧，述其义疏，讲于人间，渐闻朝廷，后遂著令与郑氏并立，儒者喧喧，皆云炫自作之。'《通考》《崇文总目》并云：'今孔注不存，而隶古文与章数存焉。'《中兴艺文志》云：'自唐明皇时，议者排毁古文，以《闺门》一章为鄙俗，而古文遂废。'"（元行冲《正义》载司马贞议曰："近儒欲崇古学，伪作《闺门》一章，刘炫诡随，妄称其善。且《闺门》之义，近俗之语，必非宣尼正说。案其文云'闺门之内，具礼矣乎，严父严兄，妻子臣妾，繇百姓徒役也'，是比妻子于徒役。文句凡鄙，不合经典。"）朱一新《汉书管见》曰："近日本人有作伪孔传者，流入中国，《四库提要》辟之。宋《黄氏日钞》谓古文分《三才》章'先王见教之可以化民也'以下为一章，与此注云（此注谓师古注）《庶人》章分为二者不合，又多一章，案即《闺门》章也。"

今文《孝经》，《汉志》："《孝经》一篇。"孟坚注曰："十八章。长孙氏、江氏、后氏、翼氏四家。"《隋书·经籍志》云："《孝经》遭秦焚书，为河间人颜芝所藏，汉初芝子贞出之，凡十八章，而长孙氏、博士江翁、少府后苍、谏议大夫翼奉、安昌侯张禹皆名其学。……郑众、马融并为之注。"桓谭《新论》云（马总《意林》引）："古《孝经》千八百七十二字，今（今文《孝经》）异者四百余字。"据此知《孝经》今古两本，篇数固不同，文字尤多异也。

《孝经注疏》序云："自西汉及魏，历晋宋齐梁，注解之者迨及百家。至有唐之初，虽备存秘府，而简编多有残缺。传行者唯孔安国、郑康成（或云郑小同作注，案《隋志》作郑众，未知孰是）两家之注，并有梁博士皇侃《义疏》播于国序，然辞多纰缪，理昧精研。至唐玄宗朝，乃诏群儒学官俾其集议，是以刘子玄辨郑注有十谬七惑，司马坚斥孔注多鄙俚不经（两家说均载《唐会要》），其余诸家注解，皆荣华其言，妄生穿凿。明皇遂于先儒注中，采摭菁英，芟去烦乱，撮其义理允当者用为注解。"《四库提要》云："《唐书·元行冲传》称'元宗自注《孝经》，诏行冲为疏，立于学官'。《唐志》疏作二卷，《宋志》则作三卷，殆续增一卷欤？宋咸平中，邢昺所修之疏，即据行冲书为蓝本。然孰为旧文，孰为新说，今已不可辨别矣。"兹表列今文《孝经》十八章如下：

（一）开宗明义章　　（二）天子章　　（三）诸侯章

（四）卿大夫章　　　（五）士章　　　（六）庶人章

（七）三才章　　　　（八）孝治章　　（九）圣治章

（十）纪孝行章　　　（十一）五刑章　（十二）广要道章

（十三）广至德章　　（十四）广扬名章　（十五）谏净章

（十六）感应章　　　（十七）事君章　（十八）丧亲章

古文《孝经》多《闺门》章。

第十二章　尔雅

第一节　尔雅名义及篇数

《汉书·艺文志》"《尔雅》三卷二十篇"附《孝经》家后。张晏注曰："尔，近也。雅，正也。"刘熙《释名》曰："《尔雅》，尔，昵也，昵，近也；雅，义也，义，正也。五方之言不同，皆以近正为主也。"阮元《与郝兰皋论尔雅书》云："古人字从音出，喉舌之间，音之所通者简；天下之大，言之所异者繁。《尔雅》者，近正也。正者，虞夏商周建都之地之正言也。近正者，各国近于王都之正言也。……《尔雅》一书，皆引古今天下之异言，以近于正言。夫曰近者，明乎其有异也。正言者，犹今官话也。近正者，各省土音近于官话者也。扬雄《方言》自署曰'輶轩使者绝代语释别国方言'，夫绝代别国尚释之，况本近正者乎？言由音联，音在字前，联音以为言，造字以赴音。音简而字繁，得其简者以通之，此声韵文字训诂之要也。"阮说精谛，殆得尔雅二字之义。

《汉志》附《尔雅》于《孝经》家，说者谓："《孝经序》疏引郑氏《六艺论》云：'孔子以六艺题目不同，指意殊别，恐道离散，莫知根源，故作《孝经》以总会之。'又《大宗伯》疏引郑氏《驳五经异义》云'《尔雅》者，孔子门人所以释六艺之文言，盖不误也'，然则《尔雅》与《孝经》同为释经总会之书，故列入《孝经》家，《隋志》析入《论语》非也。"案此说非是。《汉志》所录与《尔雅》同类之书，仅《小尔雅》一篇，《古今字》一卷，卷帙过少，不足特立一家，又以其职在解经，与小学家性质微有不同，故附缀于《孝经》家后，未必真谓其与《孝经》同属总会之书而并列之也。

兹列十九篇篇目于下：

（一）释诂　　（二）释言　　（三）释训　　（四）释亲

（五）释宫　　（六）释器　　（七）释乐　　（八）释天

（九）释地　　（十）释丘　　（十一）释山　　（十二）释水

（十三）释草　　（十四）释木　　（十五）释虫　　（十六）释鱼

（十七）释鸟　　（十八）释兽　　（十九）释畜

右十九篇，《汉志》有二十篇。《毛诗·关雎正义》引《尔雅·序篇》云：“《释诂》《释言》通古今之字，古与今异言也。《释训》言形貌也。”据此知亡佚之篇或为《序篇》也。（详见《经义丛钞》）陈先生曰：“《汉志》二十篇，或云今阙序篇，或云古有《释礼》篇（孙志祖《读书脞录续编》有驳翟灏说）；今案《广雅》亦十九篇，则一篇久佚，未知其篇名原第若何。”（邵晋涵《尔雅正义》云：“考诸书之征引《尔雅》者，似有佚句而无缺篇，班固所言篇第今莫可考。”）

第二节　尔雅作者及其传授

张揖《进广雅表》云：“昔在周公，制礼以导天下，著《尔雅》一篇，以释其义。……今俗所传三篇，或言仲尼所增，或言子夏所益，或言叔孙通所补，或言沛郡梁文所考，皆解家所说，先师口传，疑莫能明。”陈先生曰：“案如张氏此言疑之而不能定。《西京杂记》亦云‘旧传学者，皆云周公所记’，故记言孔子教鲁哀公学

《尔雅》。《史记》补《三王世家索隐》又云：'相传周公作《尔雅》以教成王。'是皆旧传相传之说耳。扬子云曰（见《西京杂记》）：'《尔雅》者，孔子门徒游、夏之俦所记，以解释六艺者也。'郑君《驳五经异义》云：'玄之闻也，《尔雅》者，孔子门人所作，以释六艺之旨，盖不误也。'斯为定论矣。"（《文献通考》云："《汉志》初不著撰人名氏，郭氏亦但称兴于中古、隆于汉氏而已。至陆氏《释文》始谓《释诂》为周公所作，其说盖本于魏张揖所上《广雅表》。"）

兹列传《尔雅》诸儒名氏如下：（《四库提要》云："大抵小学家缀辑旧文，递相增益，周公、孔子皆依托之辞。"据此文故下表不列孔子。）

子夏	叔孙通	梁文	
	犍为文学	终军	刘歆
	窦攸	樊光	李巡	孙炎

魏张揖《表》谓"鲁人叔孙通以《尔雅》撰置《礼记》"。陈寿祺曰："张揖之言，必有所据。"臧庸《尔雅汉注》曰："《白虎通·三纲六纪》篇引《礼·亲属记》，《孟子》馆甥注引《礼记》，皆《尔雅·释亲》文。《公羊》宣十二年《传》注引《礼》'造舟''维舟''方舟''特舟'，乃《释水》文。《风俗通·声音》篇引《礼·乐记》'箎大产中仲小药'，乃《释乐》文。此《礼记》中有《尔雅》之证。"《论衡·谢短》篇云："高祖诏叔孙通制作《仪品》十六篇。"《后汉书·曹褒传》云："叔孙通《汉仪》十二篇。"此十六篇十二篇中，本有《尔雅》，撰置《礼记》中。孝文帝别置博士。（见赵岐《孟子题辞》）至孝武时，有犍为文学始注其书。《释文·叙录》："犍为文学，一云犍为郡文学卒史臣舍人，汉武帝时待诏。"《文选》扬子云《羽猎赋》注引作郭舍人。翁方纲、卢文弨、邵晋

涵、宋翔凤并谓即《汉书·东方朔传》之郭舍人。洪颐煊更谓即《西京杂记》之茂陵郭伟。钱大昕则谓其人姓舍。诸说不同，要皆在终军使南越之前，以犍为郡于元光五年间夜郎国所置也。而其郡文学，能传《尔雅》。刘歆《与扬雄书》云："歆先君数为孝成皇帝言，当使诸儒，共集训诂《尔雅》。"（见《方言》）扬雄亦以典莫正于《尔雅》，拟之作《方言》。（见《华阳国志》）则《尔雅》于西京时，已极隆重。故班孟坚曰："古文读应《尔雅》，故解古今语而可知也。"又曰："函雅故，通古今，辨文字，在学林。"（上语见《艺文志》，下语见自叙）而郭景纯之序，谓："《尔雅》兴于中古，隆于汉氏，豹鼠既辨，其业亦显。"其注《释兽》鼮鼠下云："鼠文彩如豹者，汉武帝时得此鼠，终军知之，赐绢百匹。"邢昺疏引《汉书》云："武帝得豹文鼠，终军以《尔雅》释其名，故受赐也。"考《汉书》无此文。《文选》（任昉《为萧扬州作荐士表》）注引《三辅决录》，《艺文类聚》引《窦氏家传》，《水经·谷水》注并云"光武得豹文鼠，惟窦攸知为鼮"，故后汉樊光、李巡、孙炎传其业不衰，清儒诋之为重儓，误。

第三节　陈玉澍尔雅释例自叙

近儒于诸经多有释其例者，而于《尔雅》独未之及。近儒注《尔雅》者，有邵晋涵、郝懿行、严元照、翟灏、臧庸、钱坫、钱绎、王引之、俞樾诸家，于其例皆未之及。夫不明于经文在上之例，则不知讯汽崔萑鲦鳟鷾鹑之为误倒矣。不明于经文在下之例，则不知帱谓之帐、闭谓之门之为误倒矣。不明于文同训异之例，则不知谨之训敬当作禋，琛之训宝当作探矣。不明于文异训同之例，则不知宜之训事当作官，禧之训告当作祜矣。不明于相反为训之例，则康之为苛不可通，因有执抗荷为说者矣。不明于同字为训之例，则鹾之训嗟不可通，因有读咨鹾为句者矣。不明于名同文异之例，则不知其茎茄之茄，即其叶蕼之蕼，唐棣栘之唐，即常棣棣之常矣。不明于文同义异之例，则不知窃脂之窃，非窃玄窃蓝之窃，未成毫之成，非未成羊未成鸡之成矣。不明于名同义异之例，则不知宛中之宛丘，非丘上有丘之宛丘矣。不明于名异义同之例，则不知如陼之陼丘，即泽中有丘之都丘。不明于一字重读之例，则鹣鹣老鴜之老，骐蹄跈善升齫之蹄，为不可通矣。不明于因此及彼之例，则《释天》之释祭名、讲武、旌旗，《释鱼》之释龟贝蝾螈虺蛇，为不可通矣。不明于郭氏改经之例，则不知汝为渍之渍，众家作涓，郭改作渍，转谓渍为涓之误矣。不明于《释文》改郭之例，则不知阳予也之阳，郭本作阳，《释文》改作锡，妄谓阳有赐音矣。

第十三章　孟子

第一节　孟子作者及篇数

《史记·孟子荀卿列传》："（孟子）所如者不合，退而与万章之徒序《诗》《书》，述仲尼之意，作《孟子》七篇。"应邵《风俗通义·穷通》篇云："孟子去齐，又绝粮于邹薛，困殆甚，退与万章之徒序《诗》、《书》、仲尼之意，作书中外十一篇。"赵岐《孟子题辞》云："孟子通五经，尤长于《诗》《书》，……与高第弟子公孙丑、万章之徒难疑答问，又自撰其法度之言，著书七篇。……又有外书四篇：《性善辩》《文说》《孝经》《为政》，其文不能弘深，不与内篇相似，似非《孟子》本真，后世依仿而托之者也。"据上诸说，则《孟子》一书，是孟子所自作也。自韩退之《答张籍书》有《孟子》之书非自著，其徒万章、公孙丑相与托所言耳之说，始滋疑窦，（《文献通考》谓孟子决不能见鲁平公之卒，明为后人所追述。晁公武《读书志》亦谓非孟子自作。）然信唐宋人语，何如信汉人乎。

《汉志》："《孟子》十一篇，入儒家。"《文献通考》云："《隋·经籍志》，《孟子》书号为诸子，得不泯灭。前史《艺文志》俱以《论语》入经类，《孟子》入儒家类。直斋陈氏《书录解题》始以《语》《孟》同入经类。其说曰：自韩文公称孔子传之轲，轲死，不得其传。天下学者咸曰'孔孟'，孟子之书，固非荀、扬以降所可同日语也。今国家设科，《语》《孟》同列经，而程氏诸儒训解二书，常相表里，故合为一类。"《孟子》一书，汉时已为儒者所推崇。《法言·君子》篇："或问孟子知言之要，知德之奥。曰：非苟知之，亦允蹈之。或曰：子小诸子，孟子非诸子乎？曰：诸子者，以其知异于孔子者也。孟子异乎？不异。或曰：荀卿非数家之书，伣也；至于子思、孟轲，诡哉！曰：吾于荀卿与？见同门而异户也，惟圣人为不异。"（董仲舒《繁露》推崇荀子）是直以孔孟为前圣后圣，固无待宋儒训解而始尊矣。（赵岐为《孟子》作注，而《荀子》则直待唐杨倞始有注释，可见汉人之重孟非他诸子比矣。）

兹列《孟子》篇目如下：

（一）梁惠王上下　　（二）公孙丑上下　　（三）滕文公上下

（四）离娄上下　　　（五）万章上下　　　（六）告子上下

（七）尽心上下

以上内书七篇。外书四篇（《性善辩》《文说》《孝经》《为政》）亡佚。今《孟子外书》四篇，明人伪作。

第二节　孟子传授

程曾　　赵岐　　高诱　　应劭　　牟融　　马融　　郑玄

刘熙　　薛综

陈先生曰："《经典释文·叙录》独无《孟子》注解传述人，考《孟子题辞》曰：'孟子既没之后，大道遂绌，逮至亡秦，焚灭经术，坑戮儒生。《孟子》书号为诸子，故篇籍得不泯绝。汉兴，除秦虐禁，开延道德，孝文皇帝欲广游学之路，《孟子》置博士，后罢。迄今诸经通义，得引《孟子》以明事，谓之博文。'焦循《孟子正义》曰：'汉文时《孟子》必有授受之人，惜不可考。'如邹阳引‘不含怨，不宿怨’，终军引‘枉尺直寻’，兒宽引‘金声玉振’，王褒引‘离娄、公输’，贡禹引‘民饥马肥’，梅福引‘位卑言高’，冯异称‘民之饥渴，易为饮食’，李淑引‘缘木求鱼’，郅恽言‘强其君所不能为忠，量君所不能为贼’，冯衍言‘臧仓言泰山北海’，班彪引‘梼杌春秋’，崔骃言‘登墙搂处’，申屠蟠言‘处士横议’，王畅言‘贪夫廉，懦夫有立志’，傅燮言‘浩然之气’，皆《孟子》博士罢后，论说引证之证。（董子《春秋繁露·深察名号》篇引《孟子》性有善端，焦氏与周氏并失之。）《盐铁论》载贤良文学对丞相御史，多本《孟子》之言。《东观汉记》言章帝以《孟子》赐黄香，香能传之读之与否，不可知。刘陶复孟子，其所以复者不传。而郑康成注《礼》笺《诗》，许慎作《说文解字》，皆引之。《后汉书·儒林传》：豫章程曾作《孟子章句》在赵岐前，专为孟子之学者，自此始著。高诱《吕氏春秋》叙自言‘正《孟子章句》’。《隋书·经籍志》有‘郑康成《孟子注》七卷，刘熙注七卷’。刘熙、高诱皆与赵氏先后同时。”周广业曰：“《易》与《孟子》，不经秦焰，子长谓世多有其书，于时《韩诗》《毛传》载辄盈篇，《说苑》《法言》引非一节。孟坚采志《食货》（沈约《宋书·律志》序‘班氏采孟轲之意以序《食货》’，以《汉·食货志》所说画井授田及租税树畜之制虽未明引《孟子》，悉本《孟子》为说也。）仲任摘著《论衡》，以及牟融、马融、高诱、应劭、许叔重、郑康成之徒，赵氏所谓‘《孟子》以来，五百余载，传之者亦已众多’也。”章案汉文所立博士，皆为今文。汉河间献王所得书，皆古文先秦旧书《周官》《尚书》《礼》《礼记》《孟子》《老子》之属，则《孟子》亦如诸经，别有古文，今见于樊准、乐松，及许君、应劭诸家所引者，类与赵注本不同，或即以今古文之故欤。赵氏言传授众多，惜多遗佚矣。